认识期货

商品期货和金融期货的演进与发展

叶春和　著

中国财经出版传媒集团
中国财政经济出版社

图书在版编目（CIP）数据

认识期货：商品期货和金融期货的演进与发展／叶春和著. --北京：中国财政经济出版社，2023.5

ISBN 978-7-5223-1924-7

Ⅰ. ①认… Ⅱ. ①叶… Ⅲ. ①期货市场-研究-中国 Ⅳ. ①F832.53

中国国家版本馆 CIP 数据核字（2023）第 025236 号

责任编辑：白 静　　　　责任校对：胡永立
封面设计：陈宇琰　　　　责任印制：党 辉

认识期货——商品期货和金融期货的演进与发展

RENSHI QIHUO——SHANGPIN QIHUO HE JINRONG QIHUO DE YANJIN YU FAZHAN

中国财政经济出版社 出版

URL：http：//www.cfeph.cn

E-mail：cfeph@cfeph.cn

社址：北京市海淀区阜成路甲 28 号　邮政编码：100142

营销中心电话：010-88191522

天猫网店：中国财政经济出版社旗舰店

网址：https：//zgczjjcbs.tmall.com

北京时捷印刷有限公司印刷　各地新华书店经销

成品尺寸：170mm×240mm　16 开　20.75 印张　297 000 字

2023 年 5 月第 1 版　2023 年 5 月北京第 1 次印刷

定价：86.00 元

ISBN 978-7-5223-1924-7

（图书出现印装问题，本社负责调换，电话：010-88190548）

本社质量投诉电话：010-88190744

打击盗版举报热线：010-88191661　QQ：2242791300

序 言

2019 年春天，在与春和同志的一次交谈中，知道他想完成一部书稿，把自己从事期货工作的认识和体会整理出来，作为职业生涯的一份答卷。那时他刚从上海期货交易所入职中国金融期货交易所不久，书的框架还处于初步构思当中。几年来，我们一直保持着密切沟通，我也经常督促他及时将工作阅历沉淀到纸面。春和真正落笔是在 2022 年春夏上海新冠疫情期间，经过反复打磨，他近期寄来了书稿。作为首位读者以及春和的老领导，我在为他感到高兴的同时，自己也颇为欣慰和感慨。

我与春和的初识是在 1997 年。彼时他刚从财政部调入中国证监会，意气风发、才华横溢。此后我们共同参与了多项重点工作：在国际业务合作部，一同日夜奋战收集和分析 1997—1998 年香港金融危机的信息资料，向上级部门提出阻击境外资本大鳄、捍卫香港联系汇率的政策建议，提供应对 H 股和红筹股发行面临困境的选择方案；在发行上市监管部，为解决上市公司的再融资难题，大家首次提出并实践非公开定向增发的融资模式，获得极大成功。也是这些共事经历，春和给我留下善于创新、乐于研究、勤于写作的深刻印象。在他身上，“勤奋”一词得到了完美的诠释。所谓“人生在勤，不索何获”，也正是不断向上追求，成就了他在国家机关首次副司局级干部公开竞聘中脱颖而出。在进入证监会第六个年头的 2002 年，他开始担任期货部副主任，也是在那一年正式踏上了他的“期货道路”。

我在证监系统工作了近三十年，前后参与、分管过境内外证券发行、上市公司监管、证券经营机构监管等工作，唯独没有直接管理过期货业务，但在长期的工作实践中，我对期货业务有不少了解。我国期货市场的健康发展，对于建立大宗商品定价中心、金融市场风险管理平台，对于服务国家战略和实体经济发展具有非常重要的意义。这本《认识期货——商品期货和金融期货的演进与发展》将春和从业多年来在期货领域积累的理论与实践经验进行梳理，并结合他在伦敦金属交易所、上海期货交易所和中国金融期货交易所的工作经历，从境内、境外、商品期货、金融期货等多个维度展开对比分析，在比较中探究中国期货市场的特点，这一点在目前的书籍中并不多见。更具特色的是，春和还把自己亲身经历或处理过的期货市场重大事件进行专题分析，鞭辟入里、见解独到，这些事件的经验教训，至今仍对我国期现货市场发展具有深刻的借鉴意义。此书让我这个曾经的证券期货市场监管者眼前一亮，也值得期货市场同仁参阅探讨。

李小雪

2022 年仲秋　于北京

自 序

萌生写此书的念头已经好几年了。

从2002年初任中国证监会期货部副主任开始，我就与期货结下了不解之缘。期间我在英国伦敦金属交易所工作近一年，后来又在地方证监局工作，2012年调任上海期货交易所，2019年再来到中国金融期货交易所。以就职交易所来定义进入期货市场，算起来也有十余年的期货工作经历了。相与十年亲且旧。这十余年里，期货市场的发展波澜壮阔，我作为亲历者，把自己的一些感悟和思考整理记录下来，让期货人和社会读者更好地理解这个市场，也许是一件有意义的事情。

因为工作的原因，我得以近距离观察并深度参与到我国期货市场的建设发展之中。当前，世界进入新的动荡变革期，百年未有之大变局正在加速演进，我国期货市场机遇与挑战并存。习近平总书记曾经指出："走得再远都不能忘记来时的路"，期货市场必须坚持走自己的路，在努力实现借鉴国际最佳实践与立足国情市情有机统一的基础上，建设有中国特色的现代期货市场。伴随着我国经济的快速发展，期货市场的规模体量、品种体系、监管机制、市场功能发挥等，都得到了不断优化和长足进步。然而也必须看到，我国期货市场仍然是一个发展中的市场，尽管在短时间内迅速崛起，但是实践中仍然有许多需要解决的问题，还需要努力完善，总结境内外市场发展的经验和教训，使其在服务国民经济发展中发挥更大的作用。

在多年工作实践中，许多问题都引起我的研究兴趣和思考，譬如在完善市场监管机制的时候，我们常常碰到这样的讨论：国内期货市场应当如何以牢牢把握国情市情为前提借鉴境外市场建设经验？作为期货市场最主流的两类产品，商品期货与金融期货本质相同又各具特性，未来究竟应当如何发展？境内外期货市场竞争日益加剧，大宗商品定价权的争夺愈演愈烈，国外期货交易所加速兼并壮大自我，面对这些新的变化和挑战，我国期货市场该怎样突围？等等。

今年 3 月，突如其来的上海新冠疫情打破了我原有的工作和生活方式，连续 3 个多月足不出所，生活简单而纯粹，让我在烦琐的事务工作之余，有了更多静心思考的时间，也有了把碎片化的思索凝结成文字的想法和冲动。当然，我并不打算将此书写成一本对期货市场作一般介绍的工具书，或者是艰涩深奥的纯理论研究，而是主要结合自己在商品期货、金融期货交易所的工作经历，以过去十余年期货市场的改革发展实践为基础进行叙述和讨论。因此，在研究的过程中，我主要从境内外期货发展历史入手，通过对期货主流产品的对比、境外知名交易所期货业务的分析以及典型案例的剖析等，尝试对期货领域的这些永恒的话题进行回答。因为看问题的角度不同，相关的分析和结论难免有不全面之处，仅希望这本书能够给期货市场建设和发展的思考和讨论带来新的视角。

叶春和

2022 年深秋　于上海

目 录

导 言 …… 1

第一章 拨云见日：认识期货 …… 7
一、期货缘何而来 …… 11
（一）来自古代的案例 …… 12
（二）现代市场活动中的风险 …… 15
（三）风险管理工具应运而生 …… 18
二、期货的内涵 …… 19
（一）再识期货 …… 19
（二）期货与现货 …… 22
（三）期货与场外衍生品 …… 24
（四）期货的分类 …… 28
三、期货的功能 …… 31
（一）价格发现 …… 33
（二）风险管理 …… 34
（三）资源配置 …… 39
四、期货交易的风险及风险管控 …… 42
（一）期货交易的风险 …… 42
（二）交易所防范期货交易风险的主要措施 …… 44
（三）中国特色的期货市场管理体系 …… 50

第二章　适时而生：境外期货市场的发展历程 …… 55
一、在生产生活中诞生的商品期货 …… 57
（一）期货市场的早期萌芽 …… 58
（二）现货远期交易的发展 …… 59
（三）商品期货应运而起 …… 61
二、承袭与创新的金融期货 …… 66
（一）外汇期货 …… 68
（二）利率期货 …… 73
（三）股指期货 …… 80
三、境外期货市场发展现状与特征 …… 85
（一）商品期货品种丰富、亚太市场交易增速显著 …… 85
（二）金融期货交易活跃、产品创新日新月异 …… 88
四、从历史发展规律理解期货市场的本质 …… 91
（一）期货的诞生来自社会生产力的跨越式发展 …… 91
（二）期货市场的产生和繁荣离不开创新与改革 …… 92

第三章　砥砺前行：跌宕起伏的中国期货市场 …… 95
一、经济制度变迁推动期货市场曲折前行 …… 97
（一）改革开放催生期货市场进入萌芽重生期 …… 97
（二）从飞速成长到“无序发展” …… 99
（三）清理整顿 …… 100
（四）金融期货品种早期试点 …… 104
二、期货市场在新世纪的蓬勃发展 …… 108
（一）制度建设推动期货市场创新 …… 109
（二）商品期货市场蓬勃发展 …… 111
（三）金融期货市场重新起航 …… 114
三、我国期货市场发展现状与特征 …… 119
（一）商品期货市场功能有效发挥 …… 119
（二）金融期货市场面临诸多挑战 …… 129

第四章 异曲同工：商品期货与金融期货存同求异…… 133
一、商品期货与金融期货的异同综述…… 135
（一）两类期货的共性特征 …… 135
（二）两类期货的差异化特征 …… 136
二、商品期货与金融期货的差异表现…… 137
（一）合约设计差异 …… 137
（二）机制安排差异 …… 148
（三）市场运行差异 …… 155
三、商品期货与金融期货的差异原因…… 163
（一）期货合约标的物 …… 163
（二）宏观经济发展环境 …… 167
（三）现货市场运行情况 …… 169

第五章 他山之石：世界知名交易所概览…… 173
一、交易所的功能与特征…… 175
（一）交易所的功能 …… 175
（二）交易所的共性特征和发展趋势 …… 177
二、北美劲旅——芝加哥商业交易所集团…… 180
（一）跨越三个世纪的发展历程 …… 180
（二）丰富的产品体系 …… 181
（三）均衡稳健的收入结构 …… 182
（四）以风险管理为核心的多元化战略 …… 183
三、欧陆雄兵——德意志交易所集团…… 185
（一）从德国国内到全球 …… 186
（二）构建全链条服务体系 …… 190
（三）金融衍生品业务成为第一收入来源 …… 192
（四）立足欧洲、布局全球 …… 193
四、后起之秀——洲际交易所集团…… 194
（一）始于科技，成于并购 …… 195

（二）主打能源产品的业务结构 …… 195
（三）交易所业务成为主要收入来源 …… 197
（四）发展史也是并购史 …… 198
五、亚太明珠——香港交易所集团 …… 203
（一）从四所鼎立到统一上市 …… 203
（二）衍生品业务两翼齐飞 …… 204
（三）交易后业务是最主要收入来源 …… 207
（四）连接中国与世界 …… 208
六、相关启示 …… 210

第六章　前车之鉴：风险案例专题研究 …… 213
一、香港金融保卫战 …… 215
（一）香港金融市场经受四次攻击 …… 215
（二）香港特别行政区政府的主要应对措施 …… 221
（三）相关启示 …… 231
二、2015 年股市异常波动 …… 233
（一）股市异常波动中现货市场和期货市场的基本情况 …… 234
（二）2015 年股市异常波动的成因 …… 238
（三）股指期货在异常波动中扮演的角色 …… 240
（四）相关启示 …… 243
三、“原油宝”事件 …… 245
（一）事件始末 …… 245
（二）WTI 原油期货与“原油宝”产品 …… 248
（三）相关焦点问题 …… 253
（四）相关启示 …… 256
四、2022 年“伦敦镍”事件 …… 258
（一）相关背景 …… 258
（二）事件过程 …… 261
（三）同期境内镍期货市场情况 …… 267

（四）期货市场的逼仓 …… 268
（五）相关启示 …… 270

第七章　敬陈管见：启示与展望 …… 275
一、提升交易所综合服务能力 …… 277
（一）丰富期货品种体系 …… 277
（二）拓展多元化业务 …… 281
（三）金融科技推动监管创新 …… 284
二、创建良好的市场发展生态 …… 287
（一）提升中介机构的综合实力 …… 287
（二）深化对中长期资金和实体企业的服务 …… 292
（三）强化市场投教，优化产品认知 …… 299
三、优化期货市场的监管制度环境 …… 302
（一）加强期货市场法治化建设 …… 303
（二）推进定价中心建设和期货市场国际化 …… 305
（三）鼓励创新与竞争 …… 310

后　记 …… 316

导 言

从1990年成立郑州粮食批发市场算起，我国境内期货市场已经走过了三十多年的创新发展之路。与三十年前相比，无论是商品现货还是金融现货市场都已经发展成为“巨无霸”，大宗商品和股票债券等金融资产的交易量都极为可观。但相比而言，在曲折中前行的期货市场整体上依然还是一个小市场，表现为上市产品多而不强、运行质量需要提高、发挥市场功能的途径有待拓宽、全球竞争力影响力尚待增强等。风险管理小行业和经济运行大市场之间的不匹配，在一定程度上掣肘我国经济的健康发展，也不利于金融市场的平稳运行。因此，对境内期货市场保持客观深入认识并进行长远规划，从多个角度推进期货行业发展壮大，无疑是期货市场建设者面临的重要任务。

但这并非易事，无论是理论上如何更客观地认识我国期货市场所处的发展阶段、理解期货和场外衍生品的功能差异、明确期货三大功能的实现途径，还是实践中如何提升交易所的综合实力、培育更具竞争力的中介机构、引导正确的市场舆论、营造更理性的发展环境，都不是三言两语就能解释清楚，或者三拳两脚就能彻底解决的。如同推动期货市场发展需要诸多措施多管齐下一样，期货运行的逻辑、市场发展的规律、不同类别期货产品的异同、境外交易所的成功经验、相关历史事件的教训等，也都需要从多个方面、多个层次去做详尽的讨论、分析和总结。只有清楚地认识问题所在，才能有的放矢、直面困难，提出解决方案，探寻期货市场发展的奥义。而这些，正是完成此书的目的。

最初启发思考的，是商品期货与金融期货这两个类别的期货品种在现货市场发展现状匹配程度、市场运行制度、合约设计安排等方面的不同。

这些问题与期货市场紧密相关，弄懂其背后的原理有助于在更深层次上理解期货的本质和运行规律，从而因地制宜、对症下药，采取适当措施推动市场前行。这些问题相对比较冷门，目前尚未形成系统研究，然而正是因为冷门，深入探究才更有趣味和意义。在研究过程中，笔者以此为开端，探讨了期货市场产生的本源、交易所发展路径、市场风险防范以及场内外市场融合等相关问题。

第一，商品期货市场与金融期货市场发展不均衡之谜。现货交易以及由此产生的风险管理需求，是期货诞生和发展的前提基础和必要条件，管理现货交易风险是期货最主要的功能与使命，期货市场的发展也需要与现货市场相适应、相匹配。目前我国商品现货贸易规模较大，也已具备相应规模的商品期货市场。遗憾的是，尽管我国的金融现货市场正蓬勃发展，但金融期货市场发展明显滞后，无论是与境外的金融期货市场相比，还是与境内的商品期货市场相比，其市场规模、产品种类、对外开放程度等均难以匹配较高水平的现货市场。这一现象该如何解释？商品期货与金融期货之间是否存在本质区别？

第二，金融期货与商品期货在市场异常波动下的交易限制之异。2015年股市异常波动之后，股指期货交易受到严格限制并持续至今。通过对比发展历程可以发现，商品期货市场也发生过多起严重的风险事件，如“株冶”事件、“海南棕榈油”事件等，但商品期货并未因此受到长期的严格交易限制。金融期货在市场异动中受限的现象并非我国独有，美国、日本等国家或地区也曾对其有过争议。这一现象或可归因于大众对金融期货运行原理的理解还不够深入、认识不够到位。这样的看法是否合理正确？如果不合理，期货市场建设者应该如何科学地开展市场舆论引导工作？金融期货市场发展更当特别注重哪些方面？

第三，我国期货交易所发展路径之思。现阶段，优秀的交易所林立于世界各国和地区，上市产品数量大增，合约与机制设计都非常具有现代化特征。各家交易所（集团）在发展战略规划上各有侧重，有的专注于产品创新和体系丰富，构建风格多元的合约体系，不断满足市场对风险管理工具的需求；有的注重服务质量提升，不断拓展原有业务条线，通过加大技术和信息数据业务投入来提升服务水平；有的坚定走国际化道路，通过不断探索对外开放新途径来拓宽自身国际化水平；有的则通过不断并购形成大集团，或者上市整合更好资源，提升交易所综合竞争力和业务效率。在全球竞争日趋白热化的浪潮下，面对世界各地客户跨境投资和风险管理的需求，我国期货交易所如何紧密结合境内实践、对标世界一流交易所提升运作效率和国际竞争力？如何吸引更多优秀人才进入期货行业？如何为服务国家战略和实体经济发展作出更大贡献？

第四，交易所拓展场外衍生品市场相关业务之问。场外衍生品市场与以期货为代表的场内衍生品市场共同组成衍生品市场，两个子市场之间既有区别，也存在天然的联系，两者互为补充、相辅相成。2008 年金融危机后，场外衍生品市场出现期货化和交易清算机制场内化趋势，两个市场存在一定程度的融合，部分标准化程度较高的场外衍生品转为场内期货[①]。这种融合使得场外衍生品交易平台的运营主体可以是期货交易所，也可以是交易商、经纪商或电子交易平台运营商，交易所可以同时申请场外衍生品交易平台牌照与场内期货交易所牌照。从国际市场来看，各交易所（集团）在集中清算、交易报告和增值服务等场外服务方面均成为主流基础设施提供者。境内期货交易所不断拓展业务范围、提升服务能力是其增强竞争力的重要方面，交易所能否以及如何利用自身在期货产品清算结算业务中积累的经验，向场外标准化衍生品提供集中清算等优质服务？还有哪些交易所相关业务可以得到相应拓展？

第五，期货市场生态建设之困。在我国期货市场上，期货公司是连接市场和交易者的重要桥梁，是期货市场生态的重要组成部分。作为最主要的专业中介机构，期货公司的功能定位和作用发挥直接影响到整个期货市场的运行质量和服务效果。努力提升期货公司的综合实力，是期货市场发展和境内外市场竞争的必然要求。长期以来，期货公司一直未能实现业务多样化发展，一些中小型公司直到现在也几乎仅凭经纪业务中的手续费来实现收益，“靠天吃饭”的特征比较明显。随着行业发展和市场开放的深入

① 典型的案例有：2012 年 10 月 15 日，美国洲际交易所（ICE）把 800 余种在其场外平台交易的能源互换转化为期货合约交易；2013 年，新加坡交易所（SGX）在成功推出场外铁矿石等互换产品后，在场内上市了产品结构几乎相同的场内铁矿石等商品期货。

推进，中介机构越来越多地承担起盘活市场、架好桥梁、防控风险的责任，这也向期货公司提出了尖锐的问题。在这样的环境中，期货公司应当如何寻求业务多样化的出路，从而提升收益，实现快速发展？

除此之外，境内外期货市场发展中的诸多问题都还没有得到详尽解答，也足以引起研究兴趣。比如商品期货与金融期货均诞生于美国的芝加哥，这是历史的必然还是偶然？有哪些政策和监管因素在其中起到了重要作用？又如，在全球各大交易所均加大力度推进双向开放的大环境下，我国期货市场应当如何抓住机遇构建对外开放新格局？交易所、中介机构、交易者等市场参与者应当如何以此为契机壮大自身力量？再如，近年来大量交易所从会员制结构改为公司制，并纷纷通过上市、并购来拓展业务。境内交易所的市场化竞争力较弱，这类经验能否借而用之？交易所能否通过体制改革提高运行效率等。当然，前述问题未能涵盖本书要研究的全部话题，也无法穷尽期货市场发展面临的所有问题，以此作为导引，仅为阐明构思方式和研究主旨，让读者了解本书关注的重点。

本书的架构安排如下：

第一章主要论述期货的内涵、分类、功能、风险和相关防控措施，了解期货市场的诞生与发展基础，通过与现货、场外衍生品进行对比，加深对期货概念和运行原理的理解，深入了解期货市场的三大功能和实现途径、期货的交易风险和交易所防范风险的主要措施，并特别介绍我国特色的期货市场管理体系。

第二、第三章详细叙述境外和境内期货市场的发展历程和现状特征，探讨期货“应”现货交易风险管理需求之“运”而生、期货市场发展趋势必须顺应现货市场发展潮流和实体经济运行规律，了解期货发展经历了从分散交易到集中交易、从非标准化合约到标准化合约、从非集中清算到集中清算、从商品期货主导到金融期货主导的四个转变①，并对市场发展现状

① 1848 年，美国芝加哥期货交易所（CBOT）的成立，标志着商品市场交易模式从现货分散化交易到衍生品集中化交易的转变；1890 年，衍生品交易标的由远期合约主导转变为期货合约主导；20 世纪 20 年代，中央清算所的出现标志着结算模式的集中化变换；20 世纪 70 年代到 80 年代，外汇期货、利率期货、股指期货依次出现，标志着交易品种由商品主导转向为金融主导。

和特征有清晰的认知。

第四章通过多方面对比聚焦商品期货和金融期货两类期货的差异。相关分析表明，标的物的不同以及标的物所处的现货市场决定了期货市场如何适应和转变，从而更好地服务现货风险管理需求和实体经济发展需要，是导致两类期货在机制设计上出现些许差异的最主要原因。当然，刻意的存同求异只是为了从探究两类期货品种不同的过程中，更加了解期货市场运行和演进的原理，商品期货与金融期货在本质上还是一致的。

第五章主要聚焦世界知名交易所的对比，对境外四家知名交易所（集团）进行分析，着重研究期货业务板块，从发展概况、产品分类、业务条线、收入结构等方面总结出交易所近年来的发展路径与特色，并发现产品丰富、业务拓展、对外开放和组织优化是交易所发展的共性特征，各家交易所明确的发展战略规划也值得境内交易所学习借鉴。

第六章的主要内容是与期货市场相关的四个案例分析。“香港金融保卫战”和“2015 年股市异动”梳理还原了当年发生在现货市场上两起事件的来龙去脉，分析了期货在其中的作用。“原油宝”事件和“伦敦镍”事件则引出对期货市场交易风险的思考，案例将风险产生的原因分为内外两个方面：外因分析了境外期货市场环境和机构的影响；内因则更多剖析了我国市场中介、交易者方面存在的问题。

第七章以上述章节内容为基础，从交易所、中介机构与期货交易者①、市场发展环境三个大的方面，对期货市场进行全面思考和展望，讨论关于推进行业发展的渠道与方法。比如交易所需要着力推进新产品新业务，加强科技赋能，并思考体制革新以提升运行效率；中介机构需要在监管部门的支持下开拓思维、创新业务，改善目前同质化竞争较为严重的状况等。这些观点和见解均结合个人工作经历以及对期货市场的仔细观察，经过认真思考讨论后谨慎提出，受时间安排和研究能力所限，难免有管窥蠡测之处，仅希望对期货市场发展有一些借鉴意义，不见笑于大方之家。

① 《期货和衍生品法》第四十九条第一款：“期货交易者是指依照本法从事期货交易，承担交易结果的自然人、法人和非法人组织。”

第一章

拨云见日：认识期货

期货源于并服务现货市场。无论是通过对古代商品贸易活动的了解，还是对现代市场经济活动的分析，都可以看出：期货是管理现货风险的重要工具，期货市场是管理现货市场风险的重要平台。为此，深刻认识期货的本质和内涵，全面认知期货市场的功能和风险，对于有效践行期货市场服务实体经济的使命具有重要作用。

历经一个半世纪的蓬勃发展，期货市场已覆盖世界多数国家和地区，成为全球经济运行中必不可少的风险管理平台。

近年来，全球期货市场发展日益成熟、功能日趋完备、产品数量大幅增加①，期货受到的社会关注度逐渐上升，应用也越来越广泛。如今，期货不仅是金融市场专业人士使用的风险管理工具，即使并不参与金融市场的普通民众也对一些期货品种耳熟能详，比如黄金期货、原油期货等早已成为新闻媒体使用的高频词汇，生猪期货、大豆期货的价格本身也与普通人的生活息息相关。某些期货价格不仅受到媒体关注，还被政府部门作为监测大宗商品价格变化的重要指标，我国商务部就对国内外重要商品如国际原油、大宗农产品、黄金等的期货价格进行密切追踪和监测。

目前，部分产业企业、金融机构和个人投资者已参与到期货交易之中，或用以套期保值，对冲现货端的风险；或进行资产配置，管理自身财富。可以说，期货这颗金融市场皇冠上的明珠，已悄然“飞入寻常百姓家”，无论是企业的生产经营活动还是金融机构的投资活动，期货往往是其管理风险不可或缺的工具。

认识期货服务实体经济发展的作用，理解期货市场的运行机制与功能，可以先从一个近年上市的期货品种开始。

2020 年 12 月 7 日，芝加哥商业交易所（Chicago Mercantile Exchange，CME）宣布推出水指数期货（或称水期货）合约。该合约与规模达 11 亿美元的加利福尼亚州（以下简称加州）现货水市场相关，挂钩纳斯达克韦莱斯加利福尼亚水指数（NQH20）②，每张合约对应 10 英亩英尺的水③。农民、市政机构和对冲基金等均可参与交易，合约采用现金交割方式。水资源这

---

① 根据国际期货业协会（FIA）2021 年年报，向 FIA 提供材料的 33 个国家和地区期货市场上期货产品数量共计 2218 个，期权产品数量共计 725 个。

② 纳斯达克韦莱斯加利福尼亚水指数是纳斯达克、Veles Water 和 West Water Research 在 2018 年合作推出的首个以加利福尼亚州水现货价格为基准的水指数。该指数根据加利福尼亚州五个最大、交易最活跃的水市场交易量加权平均数，确定加利福尼亚州水权的每周基准现货价格。每周收集并于周三更新，表示约 123 万升水量的价格。指数受天气影响较大，干旱时水资源不足，指数就会上升，反之则会下降。

③ 即 4047 平方米 ×30 厘米的水，约 1233.5 吨。

种近乎公共品的产品以期货合约的形式进行交易，这在历史上尚属首次①。

水期货合约的推出与加州突出的水资源紧缺现状密切相关。CME 表示，推出水期货旨在协助加州用水大户追踪加州水指数的水源现货价，同时帮助全球投资者判断水资源的稀缺程度。加州是美国第一大农业州，全州种植了约 200 多种商品农作物，每年农业产值 500 亿美元左右，在全美 50 个州里常年占据第一的位置，产值甚至比第二名高出 50%。但是，加州地处美国西部，毗邻沙漠，纬度较低，降雨量相对较少，这些自然因素使得加州的水资源十分匮乏，导致该州大部分地区常年都处在干旱之中，而近几年频发的山火，更是加重了加州水资源负担。加州农业在干旱年的用水量占全州用水总量的比例可以达到 60% 以上。毫不夸张地说，水资源决定着加州农业的生死。在这个背景下，为了管控风险、更好地协调水资源的供应和需求，水指数期货应运而生。

从期货功能的角度来看，进行水期货交易可以达到三个目的：水期货市场可以为水资源管理产生透明的价格，提升水资源的交易效率；可以锁定未来的水价格，使农民、企业提前锁定使用成本，规避未来水价上涨的风险，同时可以保证未来水的可获得性和质量的稳定性；还可以将水资源信息引入市场，来促进水的过剩供给和超额需求的对接，通过市场调节机制来达到水资源运用的帕累托最优，缓解水市场的"公用地悲剧"②。纳斯达克首席执行官 Adena Friedman 对水期货高度称赞，认为"这些合约是革命性的，是一种利用期货市场来管理稀缺水资源的方式"。

水期货在广受赞誉的同时，也受到了部分质疑。在水期货合约上市仅一年后的 2021 年年底，超过 130 家团体组织联名要求美国商品期货交易委员会（CFTC）关闭此合约的交易。他们认为"水期货交易与公众利益相违背，因为该合约涉及一种重要资源的交易，水是生命的必需品，而不是一

---

① 值得注意的是，CME 推出的水指数期货只覆盖加州水价指数，仅对当地水资源利用具有一定的指导作用。

② 美国学者哈丁于 1968 年提出的一个著名理论模型，也称"公地悲剧"。模型假设有一片公共牧场，无偿向所有牧羊人开放。每个牧羊人从追求自身利益最大化的角度出发，都会倾向于放养尽可能多的羊，虽然他们知道如果每个人都这样做的话，牧场很快就会因过度放牧而退化。如果没有其他因素影响的话，草场沙化、羊群死掉的结果将不可避免。

种商品。这些合约破坏了加州法律和‘有益用途’（beneficial use）原则，该原则禁止将使用权用于投机性交易……大型机构可能会由此垄断市场，并采取囤积水的策略，从而推高水价，这对家庭和农民来说将是毁灭性的。”

正如伴随着质疑和争议成长起来的期货市场一样，水期货等创新品种还将在曲折中发展下去。但是，一百多年来的实践证明，期货市场本身的价格发现、风险管理、资源配置等功能越来越受到广泛认可，成为支持期货市场不断向更高质量发展的坚实动力。

水期货只是复杂且庞大的期货市场中的一个品种，要揭开期货市场的神秘面纱，寻求期货市场运行原理、商品期货与金融期货各自特征、市场发展壮大途径等重要问题的答案，还需从期货的内涵、类别、功能以及风险出发，明确期货到底是什么、它从何而来、有什么作用、可能隐藏着哪些风险，这也正是本章要阐述的主要内容。

一、期货缘何而来

从人们开始进行商品交换的那一刻起，交易风险就与之相伴而生，成为经济运行和市场交易中不可回避的要素。人们在生活、生产、贸易、投资中的种种决策，无一不是在风险和收益之间进行权衡和考量，每一位市场参与者都在其间寻求平衡。面对风险，有人选择全盘接受，有人选择积极规避，有人利用金融工具和手段进行主动管理，有人可能并没有意识到风险，也未采取任何应对措施，直到因为管理不善、经营不良、投资失败而产生重大损失。保守者因为风险会导致潜在损失而避之不及，冒险者又因其可能会带来巨大收益而趋之若鹜。因为与潜在收益的大小具有同向联动的特征，风险具有了独特的魅力。

风险厌恶假设是现代金融经济学的基础假设之一，对金融学基础框架的建立起到重要的作用。假设提出，理性的市场参与者①是风险厌恶者，在

① 有效市场理论建立在“理性投资者”假设之上，即投资者被认为是完全理性的，对风险的态度是厌恶的。

预期收益（或损失）相等的情况下，投资者厌恶风险较大的投资项目。风险相对较大的项目为了吸引投资者，必须保证其有较高的预期收益，即付给投资者一定风险酬金。因此，投资的预期收益与风险水平总是成正比，通俗来讲就是高风险高收益，低风险低收益。

这就产生了一个需要调和的矛盾：市场参与者是理性的风险厌恶者，但只要参与市场活动，风险就又无处不在。因此，必须寻求科学有效的手段和方法来管理风险。期货和以其为代表的衍生品，正是有效管理市场风险的最重要的工具之一。可以说，期货诞生于交易风险之中，是“应”管理现货市场风险这个“运”而生的。

那么，是不是只要存在交易风险，期货就会自然产生？答案并不是肯定的。

（一）来自古代的案例

【齐鲁商战】《管子·轻重戊》中记载了一场发生在春秋时期的精彩商战。

齐桓公得管仲为相，国力渐强，齐国逐步崛起成为鲁国的强邻，齐鲁积怨日深。虽然双方暂时和平共处，两国商贸往来繁盛，但并未能完全掩盖政治上的不和，齐国商人在鲁国经常受到诈骗、抢掠，鲁庄公对此采取纵容政策。

管仲想出了一个主意。当时，鲁国百姓以织绨[①]为业，管仲有计划地让齐桓公带头多穿绨制衣服，令左右亲贵大臣也都跟着穿，齐国百姓也就很快同样跟着穿。一时之间，绨料服装遍及齐国。但管仲却禁止齐国百姓织绨，并提高价格收购来自鲁国的绨料。鲁国有很多人本来就以织绨为本行，如今看到有厚利可图，就更是积极投入，连很多原本以耕种、畜牧为生的人也纷纷改为织绨。于是，鲁国田地荒芜、畜牧凋零，只有织成的绨源源不断流进齐国。

一年之后，管仲突然命令封闭边境关卡，不再进口绨，同时又让齐桓

① 一种厚而滑的绸子衣料。

公和亲贵大臣带动齐国上下都改穿帛料造的衣服。这可苦了鲁国，“人误地一时，地误人一年”，两季庄稼没有收成，全国所织的绨却堆积如山，百姓顿时陷入了饥饿之中，纷纷逃离鲁国，投奔齐国。鲁庄公急令百姓停止织绨，但为时已晚，他只好派员到齐国购粮，而管仲把粮价一提再提，鲁庄公焦头烂额，不得不承认过去之错。管仲既解决了两国商贸问题，又乘机充实了齐国国库。

【宋朝的商品交易】洛阳牡丹驰名天下，欧阳修的《洛阳牡丹记·风俗记第三》中记录：当时人们繁殖牡丹，主要是靠嫁接，个别名贵品种的接穗非常昂贵，譬如姚黄，秋来剪一枝，要价五千文。如果买回去的嫩枝嫁接未成活，钱也不白花。因为买卖双方立有合同，等来年牡丹开花了再交货款；如果一直没开花，说明接穗有问题，买方就不用交钱了。

跟欧阳修同时代的蔡襄写有一篇《荔枝谱》，其中提到莆田的荔枝贸易盛况：“今闽中荔枝，初着花时，商人计林断之以立券。若后丰寡，商人知之，不计美恶……”其大意为，北宋时期，福建荔枝一度供不应求，在荔枝刚刚开花的时候，水果商就先跟荔枝种植户订立购买合约（立券），并预付定金，订购某一片林场出产的全部荔枝，不管产量多少、质量如何，均由他包买。即使后来荔枝的长势和销路不如预计得那么好，商人也不能再压价；同样的，即使后来荔枝的长势和销路远比预计得要好，种植户也不能再抬价。

在齐鲁商战事例中，鲁国与齐国的商贸虽然往来频繁，但基本上都发生在民间商贩之间，规模较小且没有形成长期固定、受合同保护的供需关系。同时，现货与钱款即时兑付，交易时间不跨期，因而并不存在价格大幅涨跌和严重违约的风险。而像绨料的进出口这种类似现代大宗商品的贸易，在事例中也是拆分成零散交易，以民间交易的形式达成。这导致在面对可能出现的商品价格下跌和出口量急剧萎缩的外贸危机时，鲁国并没有表现出足够的风险预判意识，也没有采取任何管理措施主动应对风险。因此，在齐国单方面宣布不再从鲁国进口绨料的情况下，鲁国因为没有事先签订任何合同而只能由自身承担巨额损失。如果鲁国君臣具备现代化会计和金融思想，就会想到在投入生产之前，就与齐国订立远期合同，约定绨料的出口价格和数量，届时收款交货；或者提前收取货款或定金，保障在对外贸易中不至于受到重大损失。

第二个案例中的牡丹买卖很有意思，买家先拿货、后付款，待货物真正体现使用价值，没有风险后，再兑付钱款。这种交易方式，既传递了卖方对产品的信心，也减少了买方的顾虑，因此能够有效地促进交易的顺利完成。荔枝买卖与牡丹交易的处理方式不同，更有特色。水果商与种植户签订一种非常接近于远期合约的合同：商人在荔枝刚开花时就来订购，他们根据荔枝的长势和对未来销路的判断，跟种植户谈好价格，签好合同，等荔枝成熟了，再按合同约定成批购买。双方根据自身掌握的信息对交易标的的价格进行分析预判，并将所有风险包揽其中，在未进行实物交割前即以双方认同的价格约定商品的数量和交易时间，这在当时可谓是非常先进的商品交易模式。虽然案例中并未明确提出农民与商户信息不对称的问题，但可以肯定的是，这种交易方式或多或少体现出了现货的远期交易理念。

洛阳的牡丹以及福建的荔枝是否属于期货交易？

显然还不能算是。期货的交易机制是，买卖双方事先签订合同（买卖期货合约），约定在将来某一特定时间（交割日）按某个价格（相当于期货买卖时的价格）交收货物（标的物）。在此之前，双方往往都先支付保证金以保障交易的顺利完成，场内标准化期货交易还少不了中央对手方（CCP）的参与。而买卖牡丹是先交实货、后收货款，只是在会计上形成一笔应收—应付账款，既无保证金，又没有提前约定将来的买卖价格，更没有任何机构或个人承担中央对手方角色，因此并不符合期货交易原理。如果双方在前一年就约定好在牡丹花开时将要购买的数量——无论是 100 朵、500 朵还是 1000 朵，并像闽中荔枝的交易方式一样按约定价格支付保证金，才可称做期货的雏形。而闽中荔枝买卖案例，更符合现代市场对期货的理解①，约定的价格中蕴含了买卖双方根据自身拥有的信息对未来境况的判断和理解，支付的定金也有了保证金的意味。但实际上，这种模式只是体现

① 李开周："宋朝的期货"，《当代人》，2008 年 01 期，第 75 页。

了期货交易的思想，由于风险管理需求规模不足以及科学技术的落后，在宋代的福建并没有真正出现统一标准形式、以保证金交易的期货合约，也没有出现期货这个名词，更没有出现几百年后美国芝加哥密歇根湖畔那样的期货交易所。

可以看出，在中国古代绨料、牡丹、荔枝这类商品的交易中，由于小农经济生产力水平低下，现货商品交换的频率低、规模小，没有为商业快速发展创造条件，现货贸易难成规模，风险管理需求不大，因此没有产生期货，更遑论标准化合约、集中清算、交割库等现代化制度和设施的建立。

（二）现代市场活动中的风险

商业贸易的发展和市场经济的繁荣促使交易活动不断增多，交易风险也变得更为普遍且复杂多样，风险管理需求日益强烈。就市场个体而言，日常活动中面对的风险种类很多，比如政治风险、法律风险、管理风险、财务风险等，但缩小范围来看，市场参与者在交易、投资、外贸、筹资等活动中产生的风险主要是信用风险和价格风险，其中价格风险又包括了商品价格风险以及以外汇风险、利率风险等为代表的金融资产价格风险。

信用风险。在商品或金融资产的交易中，如果交易一方失信，拒绝履行到期义务而导致另一方蒙受损失，就会产生信用风险，也称违约风险。比如借款人或证券发行人因种种原因，不愿或无力履行合同义务而构成违约，致使银行或投资者遭受损失。齐鲁商战中，鲁国看似没有对价格风险进行预判和管理，实则是对交易中信用风险的估计过于乐观，即过于信任齐国。而管仲正是利用这一因素在齐鲁两国未缔结任何合同（当然只有签署合同后再违约才成为真正的信用风险）的情况下突然关闭口岸，阻断了进出口商贸活动。

【信用风险的应对】津成公司①成立于1992年12月，主营房地产开发及商品房销售，注册资金1500万元②。截至2004年6月末，公司在同信银

---

① 本案例中的公司与银行均为化名。

② 本书未作特别说明时，货币币种均为人民币。

行累计贷款余额为 1900 万元，抵押物为其在某市某区的 80 套房产。2004 年 6 月，津成公司还款能力出现问题；同年 9 月，其总经理因涉嫌诈骗被公安机关强行羁押。至此，公司无力偿还银行贷款，导致银行面临巨大的潜在信用风险。2006 年 4 月，同信银行向所在市第一中级人民法院提起诉讼来应对这一风险。

价格风险。市场交易中最为常见和最易于理解的风险是价格风险。顾名思义，价格风险就是参与者因商品价格波动而导致损失的可能性。比如钢铁冶炼厂的原材料铁矿石因开采成本升高、供给量下降而价格上涨，使得冶炼企业的成本上升，如果不能及时将这些增加的成本以提高钢价或者增加销量等方式转嫁出去，就会导致经营损失。农户也会面临农产品产出大小年的问题：苹果因花期受冻导致产量急剧下降，价格上涨；小麦因当年风调雨顺阳光充足而产量上升，价格下降等。虽然导致价格涨跌的因素复杂多样，但价格风险产生的本质原因主要是供给和需求的短期失衡。

【商品价格的大幅涨跌影响市场参与者的利益】2006 年和 2007 年，我国农户种植大蒜的土地面积大幅扩大，产量大增，蒜价出现暴跌，蒜农损失惨重。这导致在接下来的 2008 年和 2009 年，国内大蒜种植面积大幅减少，大蒜产量极度缩减，供需关系由宽松变为偏紧。同时，猪流感、禽流感、甲型 H1N1 流感等一系列疫情发生之后，大蒜消毒杀菌的作用被广为流传，国际市场的大蒜开始出现紧缺。众多因素引导国内大蒜价格大幅上扬，蒜农收益增高的同时，大蒜消费者的成本相应增加。

上海的 XLZ 进出口有限公司是一家丝绸面料生产企业，生产上乘的丝绸面料并出口世界各国。不过，在 2015 年 10 月到 2016 年 9 月的一年里，生产丝绸面料所需的原材料白厂丝价格翻了一番，每吨白厂丝的市场价从不到 17 万元涨到了超过 34 万元人民币。XLZ 公司因丝绸面料价格根本赶不上原材料涨价幅度，所以出口基本上无利可图。

外汇风险属于价格风险的一种。涉及对外贸易的企业，以及有对外投资项目的机构，经常要面对外汇风险，这是一种在约定以外币计价成交的交易过程中，由于结算时的汇率与交易发生时或签订合同时的汇率不同而引发损益的风险。如果涉及进出口或者外汇债权债务的企业只顾埋头经营，而不去管理外汇风险，就可能出现虽然生产效益好，但盈利能力差甚至无法继续经营的情况。比如在市场经济发展早期，由于受到计划经济的深刻影响，我国实体企业对金融资产的风险管理认识不足，曾经有过沉重的教训。

【中德啤酒厂的消失】1986 年，武汉中德啤酒厂通过借马克贷款成立，借款时汇率是 1 马克兑 0.78 元人民币，对应借款总额为 5444 万马克，合 4246 万元人民币。当时企业没有意识到汇率风险的存在，没有进行套期保值操作。不幸的是借款期间马克大涨，等到 1994 年还款时，已经涨到 1 马克兑 6.5 元人民币，原来的债务本息之和变为 4 亿多元人民币，8 年间扩大了 10 倍。虽然啤酒厂效益很好，但仍旧没有能力偿还巨额贷款，只好把啤酒厂卖给了德方，并最终于 1995 年被美国安海斯啤酒公司以 1.7 亿美元收购 97% 的股权，改名为百威啤酒。

利率风险也是一种价格风险。利率的变化使商业银行的实际收益与预期收益或实际成本与预期成本发生背离，使实际收益低于预期收益，或实际成本高于预期成本，从而使商业银行遭受损失的可能性。这是巴塞尔委员会①在 1997 年发布的《利率风险管理原则》中对利率风险进行的规范定义。实际上，利率风险不只存在于商业银行业务之中，当市场利率波动时，任何投资于利率金融资产的个体或机构都可能因其价格涨跌而蒙受利率风险导致的损失。

【银行面临利率风险】20 世纪 80 年代中期，美国明尼阿波利斯第一系统银行（First bank system, inc. of Minneapolis）预测未来的利率水平将会下跌，于是购买了大量政府债券。1986 年，利率水平如期下跌，从而为该银行该来了不少的账面利益。但不幸的是，1987 年和 1988 年利率水平却不断上扬，债券价格大跌，导致该行的损失高达 5 亿美元，最终不得不卖掉其总部大楼。

可以看到，商品贸易的规模扩大、频次增多导致风险多种多样、复杂

---

① 全称为巴塞尔银行监管委员会。1975 年 2 月成立于国际清算银行下的常设监督机构，由银行监管机构的高级代表以及比利时、德国、加拿大、日本、法国、意大利、卢森堡、荷兰、瑞典、瑞士、英国和美国的中央银行组成，通常在巴塞尔的国际清算银行（秘书处永久所在地）召开会议。

多变。参与其中的生产商、供应商和消费者，无论是工业还是农业或者金融业，如果不去主动管理这些风险，就可能面临非常惨重的损失。在这种情况下，学会识别交易风险、善于管理风险成为进入商业游戏的必由之路。

（三）风险管理工具应运而生

广义的风险管理方式有很多种，比如市场参与者可以选择承受风险，就是什么也不做，消极地接受风险并承担后果；也可以完全回避风险，索性停止或退出蕴含风险的商业活动，避免成为风险的承担者；或者补偿风险，即在主动承担风险之后，再采取适当的措施来补偿风险造成的损失；还可以控制风险事件发生的动因、环境、条件等，达到减轻损失或降低风险事件发生概率的目的。

较为高级的、积极主动的风险管理方法包括风险转移和风险对冲。前者是通过合同将风险转移到第三方，对转移后的风险不再拥有所有权。这种管理方式不会降低风险的严重程度，只是从一方移除后转移到另一方，由其他参与者来处理风险，并获得相应收益，比如购买保险等。后者则是指采取多种手段，包括使用以衍生品为代表的金融工具，引入多个风险因素或承担多个风险，使这些风险之间互相对冲、互相抵消。

在商业贸易不发达、风险管理理念较落后的时期，以及没有风险管理工具可供选择的市场上，参与者较多选择被动地接受风险、极端地回避风险或者通过事前控制和事后补偿来简单地管理风险。在逐渐增多的交易活动中，市场参与者一边与风险共存，一边积极寻求风险转换或对冲的方法。人们发现，风险对冲可以使多种风险的影响互相抵消，既可以保障交易正常进行，又可以尽量少地承担风险，甚至能在管理风险的过程中获得额外收益，在众多风险应对方式中最为高效。唯一需要考虑的是，风险对冲模式需要借助合适的风险管理工具。因此，工具的选择和科学运用成为风险管理成功的关键。在相关技术条件逐渐成熟的加持下，人们发明了以期货为代表的衍生品，来让多种风险的影响互相抵消或让风险在不同交易者之间进行转让，从而起到积极管理风险的目的。

衍生品市场向生产者、商人和行业消费者提供了风险转移的机制，将未来价格变动的风险转移到其他商业利益相关者身上。这种风险转移机制是企业实现风险中和、提升交易效率、进行远期交易的出发点，而随着风险转移需求的增加，集中、快速交易标准化远期合约的需求萌现，期货市场才真正诞生。

总结而言，期货是大规模商业和市场经济发展、交易风险积累到一定阶段的产物。

二、期货的内涵

（一）再识期货

日常所说的期货经常和期货合约这个概念混用，目前已出台的法规对期货合约作出了定义，两者在大多数场合都是指同一事物，期货交易即是期货合约的交易，买卖期货也就是买卖期货合约。2022 年 4 月 20 日，《中华人民共和国期货和衍生品法》（以下简称《期货和衍生品法》）经十三届全国人大常委会第三十四次会议表决通过，并于 2022 年 8 月 1 日正式施行，其中第三条规定：

本法所称期货合约，是指期货交易场所统一制定的、约定在将来某一特定时间和地点交割一定数量标的物的标准化合约。

对于如何理解期货和衍生品这两个名词的概念和各自的范围，目前存在两种观点。

第一种长久以来被大众所普遍接受和使用，即将衍生品一词更多地理解为“广义的衍生品”，它的概念大于期货。顾名思义，衍生品衍生于基础物品（即标的物，包括大宗商品、金融资产以及新型标的如碳排放权等），其价值衍生于基础资产的价值。不同于商品价格体现商品自身价值，衍生品的价格取决于其标的物的价格。从这个意义来理解，衍生品应当包括所有衍生于标的物的物品。套用这一概念，期货存在标的物，其权利衍生于基础物品，所以其本质也是衍生品，只不过它是标准化的场内交易的衍生品，是衍生品的一种。

第二种概念与范围的划分方式出现在《期货和衍生品法》中。从法律名称来看，期货与衍生品并列，此处的衍生品自然不能再理解为“广义的衍生品”，而是狭义的并不包括期货在内的场外衍生品。该法第三条中也确实将衍生品交易定义为传统意义上的场外衍生品交易：

本法所称衍生品交易，是指期货交易以外的，以互换合约、远期合约和非标准化期权合约及其组合为交易标的的交易活动。

在这种解释下，场内期权并不从属于以上任何两者。因此《期货和衍生品法》在期货交易的定义中，加入了场内期权交易，补上这一缺口，明确：

本法所称期货交易，是指以期货合约或者标准化期权合约为交易标的的交易活动。

以上关于期货和衍生品是从属关系还是并列关系的两种观点，并未引起广泛激烈的争论，但却是理解期货概念时必须厘清的问题。本书认为，第一种观点，即“期货概念小于衍生品概念”，较符合常理和使用习惯，易于被大众理解和接受。在普通语境中，衍生品的概念不仅仅单指场外衍生品；标准化期货期权产品也应当要纳入这个大范围中来理解。为了表述方便，后续行文若无特别说明，衍生品一词将采用其广义概念，而期货一词则专指包括场内期权在内的场内衍生品。

分析以上相关概念有助于探析期货的本质：

首先，期货是衍生品。前文分析，广义衍生品是一种资产或者金融工具，其价值衍生于另外一种资产的价值；期货也衍生于某一特定标的物，所以它是衍生品。

其次，期货是具有未来特征的衍生品。交易者在买卖期货合约时，交易的并不是达成交易那个时点的商品，而是一段时间后的商品。期货集合了买卖双方根据各种信息对未来某个时间点上该商品的价格的判断，因此其价格才具有风向标的作用。

最后，期货是标准化的衍生品，它的标准化体现在场内交易合约的规范、明确、统一。一方面，期货合约由特定的期货交易场所设计，并在交易场所内挂牌交易，买卖双方达成一项具有法律约束力、同意在将来某个时点买卖某种符合品级要求的特定商品或金融资产，是具有标准协议格式的契约。另一方面，合约对于交易品种、交易单位、交割日期和地点等要素都有非常明确且统一的规定。这种丰富的标准化含义，为期货合约能在交易所内集中交易奠定了基础。

通过解读期货合约表，可以更深理解期货的概念并感受其标准化特征。表1－1和表1－2分别为上海期货交易所（以下简称“上期所”）铜期货品种和中国金融期货交易所（以下简称“中金所”）沪深300股指期货的合约文本。

表1－1　　期货合约文本（阴极铜，上期所，2022年8月）

交易品种	阴极铜
交易单位	5吨/手
报价单位	元（人民币）/吨
最小变动价位	10元/吨
涨跌停板幅度	上一交易日结算价±3%
合约月份	1～12月
交易时间	上午9：00～11：30，下午1：30～3：00和交易所规定的其他交易时间
最后交易日	合约月份的15日（遇国家法定节假日顺延，春节月份等最后交易日交易所可另行调整并通知）
交割日期	最后交易日连续三个工作日
交割品级	标准品：阴极铜，符合BS EN1978－1998中A级铜（Cu－CATH－1）规定
交割地点	交易所指定交割仓库
最低交易保证金	合约价值的5%
交割方式	实物交割
交割单位	25吨
交易代码	CU
上市交易所	上海期货交易所

资料来源：上期所官网

表 1-2　期货合约文本（沪深300股指期货，中金所，2022年8月）

合约标的	沪深300指数
合约乘数	每点300元
报价单位	指数点
最小变动价位	0.2点
合约月份	当月、下月及随后两个季月
交易时间	上午：9：30~11：30，下午：13：00~15：00
每日价格最大波动限制	上一个交易日结算价的±10%
最低交易保证金	合约价值的8%
最后交易日	合约到期月份的第三个周五，遇国家法定节假日顺延
交割日期	同最后交易日
交割方式	现金交割
交易代码	IF
上市交易所	中国金融期货交易所

资料来源：中金所官网

从以上两份期货合约可以看出，参与者双方在尚未达成交易之前，期货合约的标的物、合约乘数、交易保证金、交割方式、最小变动价位、报价单位、交割日期、最后交易日等要素，全部都已经由交易所设计好，形式统一且不允许参与者自行更改。唯一没有约定的核心要素——期货价格，将通过买卖双方在集中交易过程中产生。

（二）期货与现货

期货与现货是相对而言的，两者彼此联系，受相同的基础供需关系影响，因此价格联动、走向一致；但就交易形式和机制设计而言，两者存在明显区别。

交易商品的交付时间不同。现货交易的是当期的商品或权利，无论是张三去小卖部购买香烟，还是某企业采购数十吨水泥，某机构购入一篮子股票，买卖的都是交易当时的商品，现货的“现”即体现在此。而期货交易的则是“将来某一特定时间”的商品或权利，并不在期货买卖的同时交换商品和钱款。

交付的内容不同。现货交易中，卖方交付的是商品本身，而期货的买卖并没有直接交付期货合约的标的物，而是在合约到期时，买方用该凭证以一种特定的方式（如交割）来获取标的基础商品。例如，小麦的现货交易是买方付款获得实际的小麦用以生产面粉或其他商品；小麦期货的交易则是买入期货合约，建立多头头寸，这些合约并不是买方真正需要的商品——毕竟记录在电子系统中的合约并没有任何实用价值，同时这些合约也不是小麦本身，而是在交割时可以换取小麦的金融凭证。

报价的连续性不同。一般来说，现货特别是商品现货的交易是散发而不连续的，没有统一的市场不断报出可观测的价格；而期货交易由于汇集了大量的交易者进行集中交易，因此价格连续且统一，反映出所有交易者对信息的判断。例如，同一时间内，北京某市场的大豆很可能与上海的大豆价格不一样；但大豆期货在大连商品交易所（以下简称大商所）挂牌交易，只要在交易时间内，我们随时都可以看到一个连续反映现货价格水平的期货价格。不过，在金融市场上，期货的这一点特性表现得并不明显，因为金融现货市场，比如股票和债券一般也有集中的交易模式和众多的投资者，反映信息能力较强，可以产生统一、及时、连续的价格，与期货市场相差无几。

合约条款具体规定不同。期货有交易时限，挂牌时间是有限的，比如中金所上市的几种股指期货，挂牌时间为当月、下月及随后的两个季月；股票现货的挂牌时间并没有这样的规定，而是从上市到退市期间一直存续。另外，期货还采用保证金交易，不需要在达成交易时交付全部本金，这使得期货交易具有杠杆效应，交易成本相对较低。

结算模式不同。与现货交易的结算过程不同，期货要在交易所规定的时间内进行集中交易和清算，交易所的结算部门或者交易所集团中的清算子公司负责统一的当日无负债结算。股票和股指期货的区别见表1－3。

表1－3　　股票和股指期货的区别

项目	股票	股指期货（以上证50股指期货为例）
交易对象	公司股权	期货合约

续表

项目	股票	股指期货（以上证50股指期货为例）
交易市场	一级市场发行和二级市场交易	不区分一、二级市场，无发行环节
交易方式	T+1，单向，无卖空（取得许可的机构可融券）	T+0，双向
涨跌停限制	主板、中小板新股上市首日涨幅限制44%，跌幅限制36%；主板10%（ST 5%）；创业板、科创板前5日无，第6日开始20%；北交所第2日开始30%	上一交易日结算价的±10%
交易标的时限	上市期间一直存续	当月、下月及随后两个季月
最后交易日	无	合约到期月份的第三个周五（遇国家法定假日顺延）
持有模式	可长期持有	平仓、移仓和交割
交易资金	全额交易	最低交易保证金：8%×合约价值
交易目的	获取或转让股权	规避风险、投资获利
功能	融资、定价	价格发现、风险管理

从发展先后顺序、市场产生目的和宗旨来看，现货市场是期货市场的基础和服务对象。也正因此，期货市场上设计交易结算机制时，一方面要配合期货本身的特点，另一方面也要参照现货市场的设计原则。这也决定了期货从业者，无论是交易所工作人员，还是期货公司中介人员，都要对现货市场的交易规则有较为深刻的了解和认识。只有掌握现货市场的运行规律，才能设计好期货合约和相关机制，并伴随现货市场而作出改变，以配套、应对现货发展，推动期货市场功能的有效发挥。同时，期货市场也会反过来影响现货市场，各类信息反映在期货价格上并影响现货价格预期，风险管理工具的充实与否也影响着现货投资策略的制定。因此，两个市场应该相互深刻了解，在需要进行风险管理时，现货市场交易者也要具备运用期货产品的主动意识和能力。

（三）期货与场外衍生品

期货诞生之前，交易者之间签订的是更加个性化、量体裁衣的非标准化“类期货”合约。期货合约的标准化特征虽然极大地提高了场内交易的便利性，但同时也牺牲了合约的定制性和个性化。在这种情况下，非标准化的场外衍生品市场仍然有继续存在和持续发展的现实基础。由此可以看出，以期货为代表的场内衍生品与场外衍生品是衍生品不同发展时期、满足不同类别需求的产物，两者既有共性，也存在不同。下面以一则金融机构为客户提供个性化场外衍生产品，同时利用场内期货对冲风险的实务为案例，从实践的角度探讨期货与场外衍生品之间的区别及联系。

2020 年，人民银行持续性下调货币市场 MLF 利率①，LPR 利率②也呈趋势性下行状态。当年初某实体企业需要对冲 LPR 利率下调风险，但目前场内期货市场并无以 LPR 利率为标的的期货合约③，无法满足其风险管理需求。该实体企业转而求助于场外衍生品市场，通过与证券公司 A 进行双方协商，后者为该企业提供了个性化的场外衍生品合约——挂钩 LPR 的利率下限期权④，有效化解企业面临的利率风险。证券公司 A 通过场外衍生品服务为各类具有个性化利率风险管理需求的客户提供定制化期货合约，同时在国债期货市场上进行动态对冲，有效地管理了自身面临的利率风险敞口。

期货与场外衍生品最基本的差异表现在两点：第一，合约制定主体。期货合约由交易场所统一制定，场外衍生品合约由交易双方协商制定，更

① 中期借贷便利（Medium - term Lending Facility，MLF），是指中央银行提供中期基础货币的货币政策工具，对象为符合宏观审慎管理要求的商业银行、政策性银行，可通过招标方式开展。中期借贷便利利率发挥中期政策利率的作用，通过调节向金融机构中期融资的成本来对金融机构的资产负债表和市场预期产生影响，引导其向符合国家政策导向的实体经济部门提供低成本资金，促进降低社会融资成本。

② 贷款市场报价利率（Loan Prime Rate，LPR）是由具有代表性的报价行根据其对最优质客户的贷款利率，以公开市场操作利率（主要指 MLF 利率）加点形成的方式报价，由中国人民银行授权全国银行间同业拆借中心计算并公布的基础性贷款参考利率，各金融机构应主要参考 LPR 进行贷款定价。LPR 利率市场化程度较高，能够充分反映信贷市场资金供求情况。

③ 截至 2022 年 10 月底，我国场内利率类衍生品主要包括三种标准化期货合约，其中 2 年期国债期货合约标的确定为面值 200 万元、票面利率为 3% 的名义国债，5 年期、10 年期国债期货的合约标的确定为面值 100 万元、票面利率为 3% 的名义国债，尚未上市利率类期权合约。

④ 地面期权或保底期权（Floor Options），即通过固定一个最低利率回避利率降低的风险。期权出售者保证购买者可以在一定时期内获得一个最低利率，购买者支付期权费。如果在结算日参考利率低于期权合约中最低利率，则期权出售者将利差付给购买者。此时购买者获得一个选择权，他可以在利率上升中得益，又可防止利率低于期权合约中最低利率所产生的风险。

大程度地考虑了个性化需求。第二，标准化程度。期货合约标准化程度高，场外衍生品合约灵活性高、定制化特征明显。当场内期货无法满足交易者的风险管理需求时，他们往往会诉诸场外衍生品市场，签订个性化合约来进行风险管理。以此两点为基础，期货与场外衍生品还存在多处不同，详见表1-4。

表1-4　　期货与场外衍生品的区别

项目	期货	场外衍生品
合约制定主体	交易场所统一制定	交易双方协商定制
标准化程度	标准化、统一	灵活性高①
交易场所	监管部门批准的衍生品交易场所	没有统一的、有组织的交易场所
规则框架	遵守交易所统一制定的业务规则，无需额外签订协议	没有统一的规则。主协议内容一致，补充协议自行约定，凸显个性化和一对一
市场参与者	普遍允许个人投资者等普通投资者参与	多为专业金融机构与风险承受能力较高的大型实体企业，一般不允许普通投资者参与
交易方式	主要采用集合竞价、连续竞价等集中交易方式；以大宗交易、期转现作为补充	合约条款各异、流动性较差、价格不连续，难以形成高频率的集中交易
交易的隐蔽性	匿名交易（大宗交易除外）	多为实名交易
合约平仓方式	可以直接反向交易平仓	交易双方进行提前冲销了结头寸，无法通过第三方交易平仓
风控机制	统一的风控机制，主要运用保证金、涨跌停板、持仓限额等一系列制度来保障履约和控制风险	主要由交易双方互相授信或者约定提供履约保障品来保障履约和控制风险
清算方式	必须通过交易所或清算所进行集中清算	一般由双方进行双边逐笔清算

① 目前也有部分标准化场外衍生品合约。

当然，场内交易的期货（含场内期权）与场外衍生品都属于衍生品这个大类，其产生目的都是为了解决现货市场风险管理这一难题。两者都以其他商品或金融资产为基础标的，共同点更多，相辅相成、互相补充。

近年来，场外衍生品市场发展迅猛，比如根据欧洲证券和市场监管局（ESMA）对欧盟市场的统计，2021 年上半年，以未平仓名义本金计算的总规模进行对比，场外衍生品超过场内衍生品的 10 倍。我国场外衍生品市场也迎来快速发展，其中权益类虽然规模不及外汇和利率类，但需求旺盛，产品结构逐步完善，与场内期货产品形成合力，在不同的市场上以不同的方式为管理市场风险发挥功能、贡献力量。总体上，国内场外衍生品市场（见表1－5）主要分为由人民银行主导、使用中国银行间交易商协会（NAFMII）版本主协议的银行间场外衍生品市场，和由中国证券监督管理委员会（以下简称中国证监会）主导、使用中国证券业协会（SAC）版本主协议的证券期货场外衍生品市场。前者产品种类以利率、汇率、信用和黄金为主，兼有少量其他大宗商品，且以平台市场为主要组织形式；后者产品种类以权益、商品为主，兼有少量其他标的，目前以柜台市场为主要组织形式。

表 1－5　　中国场外衍生品市场格局

中国场外衍生品市场	主协议体系	主导机构和市场
银行间场外衍生品市场	NAFMII 主协议	外汇交易中心（利率类、外汇类）
		上海清算所（大宗商品类）
		交易商协会（信用类）
		商业银行柜台（利率类、外汇类、大宗商品类）
		上海黄金交易所（大宗商品类）
证券期货场外衍生品市场	SAC 主协议	证券公司柜台市场和报价系统（利率类、权益类、大宗商品类）
		期货风险管理公司柜台市场（利率类、权益类、大宗商品类）
		商品交易所（大宗商品类）
		沪深交易所（信用类）

续表

中国场外衍生品市场	主协议体系	主导机构和市场
外资机构柜台场外衍生品市场	ISDA 主协议	人民银行与外管局（外汇类、大宗商品类）
		中国证监会（权益类、大宗商品类）
		国资委（大宗商品类）

（四）期货的分类

如前文所述，按交易的场所和标准化程度的不同，广义衍生品可以分为场内衍生品和场外衍生品：场内衍生品包括期货和场内期权；场外衍生品多为非标产品，包括远期、互换、场外期权等其他产品。

另一种比较常见的方法是按照标的物的不同对衍生品进行分类。比如期货就分为商品期货与金融期货两大类。[①]

顾名思义，商品期货是以大宗商品为标的的期货品种，根据商品品种的不同又分为三大类。

农产品类期货的标的物为农作物和农业产品，主要有玉米、大豆、白糖、棉纱、豆粕、生猪、鸡蛋等。农产品期货是最早出现的期货品种。从全球来看，美国各交易所，尤其是芝加哥期货交易所（Chicago Board of Trade，CBOT）是农产品期货的主要集中地。在我国，郑州商品交易所（以下简称郑商所）上市的小麦、棉花以及大商所的大豆相关期货品种为农民和农业企业管理农产品价格风险贡献了不可或缺的力量。“期货农业”也因期货产品可以提前发现价格、增收效益显著等优势而被农产品交易市场和广大农民接受。

金属类期货以各类金属产品为标的，分为有色金属（铜、铝、锌、铅、锡、镍）、黑色金属（螺纹钢、热轧卷板、不锈钢等钢材品种以及铁矿石、焦炭、焦煤等原料品种）和贵金属期货（黄金、白银）。金属期货是全球期货市场上比较成熟的品种之一。目前，世界上的金属期货交易主要集中在

① 场外衍生品的分类方法与之相同。另外，本部分未对碳排放权期货等另类创新品种进行讨论。

伦敦金属交易所（London Metal Exchange，LME）、纽约商业交易所（New York Mercantile Exchange，NYMEX，目前已属 CME 集团旗下）和我国的上期所。上期所是国内开展有色金属期货交易品种最多的交易所，以交易金属、能源化工等工业品为主，金属期货交易品种主要有铜、铝、铅、锌、锡、镍、黄金、白银、螺纹钢、热轧卷板、不锈钢等。

能源化工类期货的标的物为能源和化工产品，主要包括原油及其附属产品燃料油、汽油、煤炭、天然气等，天然橡胶、甲醇、玻璃、纯碱期货等也属于能源化工类期货。原油是目前全世界运用范围最广的能源，短期之内无任何能源可取代其地位。大部分的原油产量都集中在中东地区，所以原油价格易受到石油输出国组织（OPEC，欧佩克）对于石油产量决议的影响，美国为原油的使用大国，故对原油价格也具有相当大的影响力。目前较有定价影响力的原油期货品种为美国芝加哥商业交易所集团（CME Group）旗下 NYMEX 挂牌的西德克萨斯中质原油（WTI）期货以及在洲际交易所（Intercontinental Exchange，ICE）上市的布伦特原油（Brent）期货。

以上绝大部分商品期货品种已在我国上市，在服务实体经济发展、管理企业经营风险方面发挥了重要作用。由于全球工农业产品趋于一致，因此世界各地上市的商品期货品种也大致相同。与此同时，一些国家或地区的交易所也根据当地市场的需求情况，开发出一些独具特色的品种，例如美国的火鸡期货，日本的茧丝、生丝期货，我国的苹果、红枣期货等。

按标的物种类的不同，金融期货也分为三大类，即外汇、利率及权益类期货。以汇率为标的物、用来管理外汇风险的是外汇期货或者称为汇率期货，是金融期货中最早出现的品种。从世界范围看，知名的外汇期货市场主要在美国，目前交易的主要品种有美元、英镑、欧元、日元等。利率期货一般以债券为标的，用来管理利率波动引起的债券价格变动风险。通常按照期限分为短期、中期和长期利率期货三类，美国、欧洲是利率期货的主要交易市场。权益类期货通常包括股指期货与期权、股票期货与期权等，其中股指期货以股票指数为标的，用来管理股票指数价格变动的风险，是最为常见的权益类指数期货。美国市场以及巴西、印度等新兴市场上的权益类衍生品交易量较大。我国部分期货品种示例见表 1－6。

表 1-6　　我国部分期货品种示例

期货的分类		内容
商品期货	农产品类	棉花、普麦、强麦、粳稻、菜籽粕、棉纱、白糖、苹果、红枣、玉米、黄大豆、豆油、豆粕、鸡蛋、生猪、花生等
	金属类	有色金属：铜、铝、锌、铅、镍、锡等
		黑色金属：螺纹钢、线材、热轧卷板、不锈钢、铁矿石、硅铁、锰硅、焦炭、焦煤等
		贵金属：黄金、白银
	能源化工类	原油、燃料油、石油沥青、天然橡胶、动力煤、PTA、甲醇、玻璃、尿素、纯碱、聚乙烯、聚丙烯、乙二醇、液化石油气、短纤等
金融期货	外汇类	人民币汇率期货、交叉汇率期货（我国尚未上市外汇期货）
	利率类	2 年期（短期）、5 年期（中期）、10 年期（长期）、30 年期（超长期，尚未上市）国债期货
	权益类	沪深 300、上证 50、中证 500、中证 1000 股指期货，沪深 300、中证 1000 股指期权，沪深 300、上证 50ETF 期权等

商品期货与金融期货都属于期货品种，两者本质共通、基础功能一致，只是由于标的物的不同而担负着不同市场的风险管理责任。但两种基础现货市场本身存在较大差异，导致两个期货市场的发展历程具有不同特征，市场运行情况也不尽相同。以品种数量多寡为例，截至 2022 年 10 月底，我国上市期货品种总数已经达到了 104 个，基本涵盖了农业、金属、能化、金融等国民经济主要领域。但从品种分布来看，金融期货 7 个、期权 8 个①，远远少于已上市的商品期货品种（期货 64 个，期权 25 个）。除此之外，两个期货市场上的交易特征、规则设计、交易者结构也有不同之处。这些现象的产生，既和商品、金融两种不同标的物的特征以及基础现货市场的发展现状息息相关，又和目前两种期货市场面临的发展环境密切相关，还受到市场大众对不同期货品种的理解和认知不同的影响，背后的原因复杂而有趣，后续章节将作进一步深入阐述。

① 包括在证券交易所上市的 ETF 期权。

三、期货的功能

先看两则实际生产生活中运用期货的事例：

【期货价格的运用】期货价格经常出现在财经新闻和国家政府部门的相关网站当中，用来标示大宗商品价格。2020 年，受新冠疫情影响，全球原油需求断崖式下降致使国际油价跌至历史低位。这一时期，由于上海原油期货的存在，贸易商以上海原油期货市场的价格为指导，在中东地区购入原油，同时在境内期货市场卖出期货，在规避价格风险的同时，建立了大量低价原油库存，有效支持国家增加大量商业储备。

【陈云买糖】早在 20 世纪 70 年代，陈云同志就曾经指示运用期货工具规避现货贸易的价格风险。这在当时计划经济的体制下，的确需要不同寻常的胆识。1973 年，陈云同志起草的“关于进口工作中运用商品交易所问题的请示报告”，就生动展现了当年一次成功利用期货市场套期保值的故事（详见《陈云文选》）。

20 世纪 70 年代，陈云同志主管外贸工作。1973 年，中国经济发展需要大量原糖，当时国内产量不足，需要到国际市场进行采购。外贸部门指示中国粮油进出口总公司负责到国际市场采购年内到货的 40 余万吨原糖，具体由香港华润公司所属的五丰行来执行。

作为大宗商品进口大国，我国不掌握定价权。计划经济时代，中国政府大量的、集中式采购，常常引起国际卖家趁机大幅涨价。而且当年国际原糖市场供求形势尤其紧张，几大传统产糖国产量下降，市场货源不足，价格仍有继续上涨的趋势。在预计可能出现高价购糖的不利局面下，五丰行提出可以利用期货市场提前锁定成本。在上报陈云同志之后，陈云同志作出批示，同意该做法。

4 月，现货市场白糖价格 82 英镑/吨。4 月中，五丰行委托香港商人在伦敦市场购买期货 26 万吨，价格 82 英镑/吨。5 月初至 5 月底，五丰行向巴西、澳洲、伦敦、泰国、多米尼加、阿根廷等国购买现货 41 万多吨，平均价格每吨 89 英镑左右。5 月底至 6 月初，五丰行委托香港商人卖出全部期货合约，价格为105英镑/吨。

此次利用期货市场进行的套期保值操作，虽然现货市场价格上涨，但由于期货盈利，因此这次套期保值操作的净盈利为311万英镑。扣除香港商人的中间费用等，五丰行实际上赚了240万英镑（见表1-7）。

表1-7　“陈云买糖”期现盈亏表

期货市场	现货市场
数量：26万吨	数量：41万吨
买入价：82英镑/吨	拟买入价：82英镑/吨
卖出价：105英镑/吨	实际买入价：89英镑/吨（多批平均价）
期货盈利：26万吨×（105-82）元/吨=598（万英镑）	比计划多支付：41万吨×（89-82）元/吨=287（万英镑）
期现盈亏相抵后的净盈利：598万英镑-287万英镑-60万英镑（中间商费用）-11万英镑（其他费用）=240（万英镑）	

对于此次操作，陈云同志认为，“我们这次利用交易所，不是为了做投机买卖，不是为了赚取240万英镑，今后也不做投机买卖。这次利用交易所是一种迂回性的保护措施，是为了我们不吃亏或少吃亏。”陈云同志的这句话还精辟地阐述了利用期货市场进行套期保值、管理风险的功能。

此外，陈云同志还批示：“国际上的交易所是投机商活动场所，但也是一种大宗商品的成交场所。所以，资本主义市场的商品交易所有两重性……进出口价格许多是参照交易所价格来确定的……对于商品交易所，我们应该研究它，利用它，而不能只是消极回避”。

可以看出，早在20世纪70年代，党和国家领导人就有强烈的风险管控意识，对衍生品以及其功能有一定程度的了解，也认识到期货市场是管理风险的重要平台。随着我国经济发展，配套资本市场与金融及衍生品市场设施逐步完善，商品或金融衍生品也逐渐被广泛应用于企业、个人、机构的日常工作和理财活动之中。

期货产品的价格因为具有风向标的作用而被广泛应用，正确运用期货产品可以有效管理生产运营中各类特定风险引起的敞口，不论采购、销售还是投融资，都可以通过不同期货产品进行风险管理。一般而言，期货主要有价格发现、风险管理和资源配置三大功能。

（一）价格发现

在市场经济中，生产经营者根据市场提供的价格信号作出经营决策，价格是市场交易中最为重要的因素之一。

现货，尤其是商品现货的价格由独立的买卖对手方协商得来，不仅各个区域的价格存在割裂，即使在同一个区域内，由于买卖双方存在个体差异，价格形成中也容易存在信息不对称。相比现货市场特别是商品现货市场而言，期货市场是集中交易的市场，具有高度标准化、规范化、透明化的特征，正是由于其标准统一、规则明确、过程透明、博弈充分，所以能够吸引包括生产者、消费者、贸易商等各种类型的客户，以及大量的套利者、投机者等专业机构和自然人参与到交易中来，这些交易者跨越了行业和地域的限制，通过投入资金为自己的观点投票，最终通过充分博弈形成期货价格。这一过程极大地降低了交流壁垒，筛除了现货交易中诸如地域不同、质量不同、交通运输距离不同等复杂因素，从而汇集各方信息，产生更具公开性、权威性、连续性，以及更纯净、更高效的公允价格。

期货价格是未来的价格预期，期货价格的涨跌反映了市场参与者对未来现货价格预期的竞价结果，由于期货衍生于现货，两者受相同的供求关系和经济因素的影响，又因为期货交割结算价的设置，期货合约到期时的价格一定会收敛于现货价格，否则就会产生套利空间。所以，期货价格和现货价格具有较强的联动性，期货价格反映现货价格。在此基础上，因为期货的价格比现货价格更加公开透明，对信息的反映更加灵敏、全面、及时，因此期货价格反过来会影响现货市场交易者决策，成为各类现货交易的定价基准，故而成为现货市场的“温度计”。

实践表明，期货市场已成为重要的基础能源、农产品和大宗原材料的定价市场，这就是期货价格发现功能的体现。

期货价格发现功能的一个深层次意义是形成定价权。西方期货市场在市场经济的基础上自发产生，经历了从商品远期合约到标准化期货合约的发展历程，品种上大致沿着谷物期货—畜牧业期货—工业品期货—能化期货—金融期货的路径拓展，其中最早的谷物期货诞生于当时的芝加哥谷物交易所，该交易所由芝加哥地区的农场主、面粉加工商及贸易商联合发起组建。国际商品期货交易的繁荣源于第二次世界大战后传统主要经济体制造业和消费的崛起，当前这些主要经济体的制造业最繁荣的阶段已经过去，特别是中低端制造业已经基本转移到新兴国家。但是，绝大多数大宗商品的定价中心并没有伴随实体转移，而是留在了主要经济体中，使得现货市场和期货市场从地域上产生了割裂。当前日本、韩国、中国台湾、新加坡等地仅在橡胶、燃料油等个别品种上有定价权；南美是大豆、白糖和铜的主产区，东南亚是橡胶的主产区，但并没有形成和现货相匹配的期货定价中心。所以美国、英国等基本完成本土去工业化的发达经济体，依旧是农产品和有色金属的定价中心，如 CBOT、LME 等交易所仍拥有巨大的商品期货持仓量和交易量，成为发达经济体国家软实力的重要组成部分，相关经验非常值得借鉴：即期货市场的高级阶段是成为全球有影响力的定价中心，即便制造业转移到其他国家，但定价权还是可以留在本土。

目前，在金属铜、铝、锌、铅以及农产品大豆、豆油、豆粕等商品的国内贸易中，我国期货市场的价格已经成为定价基准和谈判的参考依据。但在国际贸易中，大豆的定价还主要参照 CME Group 的大豆期货价格，铜的定价主要参照 LME 的铜期货价格，原油的定价主要参照 ICE 的 Brent 原油期货价格和 NYMEX 的 WTI 原油期货价格。总体来看，由于我国期货市场对外开放程度不高，人民币资本项下尚不能完全自由兑换，我国期货市场的价格发现功能还有待进一步完善和有效发挥。

（二）风险管理

期货的风险管理功能以其价格发现功能为基础。

现货市场交易中的风险管理需求，是现代期货市场形成和发展的第一驱动力。近代历史上作为大宗商品生产国或消费国的各个主要经济体，自然衍化出最早的期货品种——农产品期货，诞生在 19 世纪的农业大国美国，当时美国国内谷物产区和消费区有地域隔离，谷物价格波动剧烈，于是成立 CBOT 并先后推出谷物远期和期货合约，对冲农场主、贸易商、粮食加工商等的价格风险；最早的工业品期货诞生在19世纪的工业强国英国，当时英国每年需要进口大量的铜和锡作为工业原料，风险巨大，于是推出铜、锡等期货合约以方便企业管理价格波动风险。

风险管理的原理在于，相比于现货，期货通常在每月或者每季到期。合约到期前，受市场环境、持有成本等因素影响，期货价格与现货价格会有偏离，可能会高于或低于现货。但由于套利以及交割结算价的设计等原因，在期货合约到期日，期现货价格必定收敛，趋于一致。因此，利用期货市场和现货市场进行反向操作，就可以用一个市场的盈利弥补另一个市场的亏损，最终达到固定成本、稳定利润、管理风险的作用。

此外，期货能够成为合适的风险管理工具来对冲现货端的风险，还有一个不可或缺的原因是期货的资金占用成本低于现货，只用支付一定比例的保证金就可进行全额交易，不需要实际上的本金转移。这在一方面保证了当投资者拥有现货时，可以使用期货来管理风险；另一方面，当投资者有现货需求时，期货也可以成为锁定利益的低成本投资工具。

企业使用期货管理风险，在全球都有广泛的基础。在海外成熟市场，商品期货帮助实体企业管理大宗商品价格、利率、汇率等风险，降低税收负担、减少财务成本、增加预期现金流、提升公司价值。金融期货等衍生品则通过管理利率风险、汇率风险等，解决金融机构资产负债期限错配等内在风险。除此之外，期货的风险管理功能对财政政策和货币政策的实施也起到了积极作用。例如，国债期货通过提供避险工具，让机构更多地参与现货市场，提升了国债现货市场流动性，有利于国债发行，盘活存量国债，为财政政策的实施和货币政策的公开市场操作提供了空间。

1. 风险管理功能的实现方式

期货的风险管理功能是通过套期保值操作来实现的。

《期货和衍生品法》所称的套期保值，是指“交易者为管理因其资产、负债等价值变化产生的风险而达成与上述资产、负债等基本吻合的期货交易和衍生品交易的活动。”通俗地讲，就是交易者预计将要买入（或卖出）现货的同时，在交易所卖出（或买入）同等数量的期货合约，通过持有与其现货头寸相反、时间相同的期货合约，或将期货合约作为其未来要进行现货交易的替代物，以期对冲现货市场价格风险的方式。

举例来说，一家螺纹钢生产企业，预计半年后要卖出1万吨钢，假设目前的钢价是3000元/吨，企业担心钢价下跌会带来利润损失，想要对冲价格风险，那么现在就可以在期货市场上卖出一份半年后到期的螺纹钢期货合约，即建立空头头寸，成为期货的卖方。期货合约规模对应预计售出现货的数量，也就是1万吨钢。

上述操作在期货交易上的含义是：到了半年后螺纹钢现货生产出来将要出售时，期货合约也刚好到期，这个时候企业有两个选择：一是交割，即准备好现货，把螺纹钢交到交易所指定的仓库，制成仓单，准备用于期货合约的交割，并按期货合约交割结算价收到货款；二是平仓，在现货市场上卖出螺纹钢，同时在期货市场上把手上持有的这些空头期货合约平仓。

在这两种情形下，期货均可以实现管理价格风险、保障企业利润的目的：

一是企业选择交割。假设半年后，螺纹钢现货价格真的下跌了，比如到了2900元/吨，由于期现价格收敛，合约到期时的期货价格必然与现货价格相同，这时的期货交割结算价也是2900元/吨。企业选择交割，就是把产出的螺纹钢按2900元/吨这个交割结算价交付给交易所指定的仓库。同时，因为期货市场采用的当日无负债结算制度，期货持仓的盈亏都会在每个交易日结束后，由相关结算部门或机构进行结算，将对应的盈亏资金划转至期货保证金账户。所以，作为期货空头的持有者，从开仓到期货合约到期的这段时间里，钢价从3000元/吨跌到2900元/吨，期货价格也下跌了100元，企业的期货交易保证金账户上也相应增加了100万元。因此，现货市场和期货市场的盈亏加总后，企业相当于还是按原定的3000元/吨卖掉了螺纹钢。

二是企业选择平仓。如果选择不交割，情况则更为简单：首先，在期货市场上，由于期货价格下跌，企业只需花2900元/吨左右的价格就可以买回等量的期货合约，对手上的这份空头合约进行平仓，前后轧差赚到100万元。其次，在现货市场上，无论是否卖出这1万吨钢，与预想情况相比，实际亏损或者账面亏损都是100万元，期货和现货一赚一赔，盈亏互抵，实现保值目的。

由此可以看出，无论企业最后选择哪一种操作，都可以把这批螺纹钢货款总额锁定在 3000 万元，有效降低价格波动风险。

当然，出现钢价上涨时，不使用期货可能比使用期货还要赚更多。但是，期货管理风险的本质并不是保证参与者一定能从期货交易中获利，而是降低参与者收益的波动性，这也是期货作为衍生品工具对市场风险进行管理的题中之义。

该事例中的具体套期保值操作叫做卖出套期保值，又称空头套期保值，就是套期保值者通过在期货市场建立空头头寸，预期对冲其目前持有的或者未来将要卖出的商品或资产的价格下跌风险的操作。还有一种反向的买入套期保值，又称多头套期保值，是指套期保值者通过在期货市场建立多头头寸，预期对冲其目前持有的或者未来将要买入的商品或资产的价格上涨风险的操作。

延续上述事例，假设该螺纹钢生产商不再担心钢的卖价，而是担心原材料铁矿石涨价。为管理此风险，企业现在可以在期货市场上开仓一份多头合约，头寸对应铁矿石若干吨。同样的道理，到了要购入铁矿石的时候，无论市场上的价格如何变动，企业都可以用这个确定好价格买到原材料；或者不要想现货了，到时就用期货的当期价格平仓。总之都能锁定购买原材料的成本，管理经营风险。

再以金融期货为例来理解套期保值操作。首先，卖出套期保值。金融期货的空头套保是为了对冲交易者手中持有金融现货（一般为股票、债券或外汇）价格下跌的风险。比如某投资机构准备卖出股票，为了避免或减少指数下跌导致的损失，机构可以在期货市场上建立空仓，卖出股指期货合约。这样即便是指数下跌，机构也已经从期货市场上获得相应盈利，弥补了现货亏损，降低了投资风险。该机构建仓股指期货空头之后便锁定了卖出的价格，可以在现货市场上逐步减仓，对于股票市场而言也缓解了抛压。

其次，买入套期保值。金融期货的多头套保可以帮助交易者提前锁定股票建仓成本。假设某家基金公司预判指数将有上行趋势，想要立即建仓并在以后卖出获利，但此时资金尚有缺口，不足以全部买入。该基金公司可以借资金买入股票建仓，或者买入股指期货合约来建立多头仓位，并取得相同的效果。前者持有股票现货，行情上行，卖出即可获利，但需要支付资金成本；后者持有同等规模的期货合约，在基金公司资金逐渐回笼时，可以慢慢卖出期货并持有现货，达到建仓目的，而且因为期货利用杠杆交易，只需动用保证金就可以帮助基金公司锁定成本、降低风险、减少跟踪误差。剩余未动用资金还可以为公司获取额外收益，因此金融期货的多头套保被相当多的机构当作现货配置工具，运用在多头替代、指数增强等相关策略当中。

套期保值操作在金融期货市场中的实际应用非常常见，例如我国某证券公司运用国债期货进行风险对冲，就是极具说服力的案例。

【国债期货的应用】近年来，国债单次发行规模逐步增加。2022 年记账式国债平均单次发行规模 609.56 亿元，较新冠疫情发生前提高 63%。利用国债期货对冲已成为承销团成员不可或缺的风险管理手段。2022 年 2 月 16 日，财政部发行 2022 年记账式附息（三期）国债，我国某证券公司当天在一级市场中标约 7 亿元，较难快速卖出。为规避中标日到卖出国债期间的价格波动风险，该证券公司同步运用 10 年期国债期货进行套期保值，至 3 月逐步卖出中标现货头寸后，对国债期货进行平仓，期间现货端亏损约 448 万元，期货端盈利约 472 万元，盈亏基本相当。2022 年初至 5 月 10 日，该证券公司利用国债期货套保一级市场国债共成交 26504 手，名义金额约 265 亿元，基本对冲了承销期间的价格波动风险。证券公司等国债承销商通过国债期货管理承销风险，有效提升了承接能力，切实保障国债顺利发行。

2. 套期保值操作的条件

通过套期保值操作实现风险管理，必须具备以下条件：第一，应保证期货合约头寸与现货头寸的价值变动大体相当；第二，期货头寸应与现货头寸方向相反；第三，期货头寸持有的时间段要与现货市场承担风险的时间段对应起来。

上述条件中只要有一项不符合，就会导致套保操作失败，产生额外的风险。比如螺纹钢案例中，根据套保原理，交易期货合约的数量需要根据将来交易的现货量，即螺纹钢的产量来确定，其卖空的期货合约应当等于或小于企业所持有的现货或者将来持有的现货数量，否则期现货头寸不对等，就有可能出现风险敞口。如果期货头寸小于现货，就是没有完全套保，将有一部分现货头寸出现风险敞口，当然这在实际操作中是经常存在的，毕竟企业不必为所有的产品都“买上保险”。但是，如果期货头寸超过现货数量，就需要承担期货市场上额外的头寸风险。需要注意的是，期货采用保证金交易，一旦产生不利于交易者的价格走势，就很容易因其杠杆效应造成巨额亏损。

（三）资源配置

期货的第三个功能是资源配置。《期货和衍生品法》第四条强调，“国家支持期货市场健康发展，发挥发现价格、管理风险、配置资源的功能”。

期货资源配置功能的实现以期货价格发现和风险管理功能为基础，并可以从三个层面理解。

第一，资源配置功能是价格发现功能的延伸，期货市场具有较高的价格发现能力，可以有效指导资源的配置。

在市场经济中，价格是调节供需的重要手段，也是供需双方信息的集中体现。一个完善的期货市场是一个高度近似完全竞争的市场，在保障公开、公平、公正的交易规则约束下，期货交易所将原来一对一的交易模式转变为多对多的交易模式，标准化合约集中交易制度确保大量交易者的信息迅速、集中、公开传播，减少了人为因素的干扰，形成有效预期，通过充分博弈产生了动态、透明、连续、客观的期货交易价格。这个价格反映了参与者当前对未来供求关系的预期，实体企业和其他交易者可以利用这个有效的价格信号来提前安排生产和销售，从而实现资源的有效配置。

在现实生活中，通过期货市场的价格发现功能来配置资源的例子比比皆是，政府部门经常利用期货市场价格来指导经济活动。比如在宏观层面，期货市场为各类产品提供公开、权威的近、中、远期价格，为宏观管理部门所用，作为预判经济发展走势、制定宏观调控有关政策的重要方式，来优化政府治理经济的模式、增强经济的稳定性①。前面提到报纸、电视和各大财经媒体报道世界各期货交易所的多个品种期货价格，政府宏观部门根据这些价格来干预市场供需，引导各类资产走向，即对资源进行优化配置。在微观层面上，期货的价格也是引导企业合理安排、动态调节经营管理的有效指标。

正因如此，国务院发展研究中心市场经济研究所相关报告提出：期货交易具有透明度高、流动性强、市场需求旺盛的特点，能够非常真实地反映未来市场的需求的状况。这是其他的市场所不能表现、不能完成的。对生产和经营者有非常强的指导作用，也一定程度上决定着未来的生产和投资，使资源配置中的引导作用增强。供给侧结构性的改革，主要是资源的机制，而期货的调整恰恰能够引导这样的机制配置资源。

第二，期货的资源配置功能是期货市场风险管理功能的延伸，风险管理职能为相关资源在全社会范围内实现有效配置提供了基础。

参与者通过套期保值操作实现对现货市场价格风险的管理。运用期货可以提前锁定成本或利润，规避市场价格波动风险，从而维持产业链上中下游环节的正常运行，使产品按照预定计划和社会的真实需求进行生产，不受突发事件的干扰。也就是说，因为企业可以通过期货市场来进行风险管理，所以敢于进行长期经营和投资，农业、矿产等生产加工企业也可以大胆地投资新项目扩大产能，进而达到稳定生产活动、更优配置资源的目的。

期货作为一种资产，本身具有低成本等优点，各类机构和个人投资者对于期货的广泛、科学、合理应用，可以有效地使用这种特殊资源构建投资组合。另外，期货通过中央对手方清算模式，可以有效解决交易者可能存在的信用不足问题，并采用保证金交易方式节约了资金成本。相对于现货市场，期货市场较高的流动性也能够满足大额交易者的需求，大幅度提高资金的使用效率，降低交易成本和市场冲击成本，因此能更便捷地作为

---

① 冉华：“《期货和衍生品法》开启期货市场高质量服务实体经济新篇章”，《中国证券报》，2022年5月8日。

资产选项进入投资过程，对资源进行合理配置。

前文在套期保值操作中已经论述过，在整体投资组合中，期货产品可以对冲其他部分交易风险，降低投资收益的波动性。从这个层面来看，相较于商品期货，金融期货在资产配置方面的应用更为广泛，起步也更早，特别是对于公募、私募基金管理机构来说，金融期货是平衡资产配置的有力工具。具体体现在：一方面，机构可以利用股指期货将股票型基金从传统的高风险、方向性投资，转为以市场中性策略为主的低风险、稳定收益的业务模式，避免业绩大幅波动。另一方面，在股市持续下跌时，可以利用持有股指期货达到稳定投资的目的，不必频繁调整股票头寸，大大减少股票换手率。同时，金融期货除了构造市场中性策略以外，还可以实现收益增强等效果。比如，现货替代策略运用期货的杠杆性降低投资成本，通过股指期货合成指数增强型基金、结构化保本型产品、绝对收益型产品、可转移 Alpha 产品以及创新性 ETF 等品种丰富的创新金融工具，并将剩余资金充分利用起来，这些被节约出来的资金，将会被运用到其他可以为机构带来收益的地方，使金融期货更多地表现出真实资产的性质，而这正是期货市场发挥资源配置功能的体现。

第三，期货合约关于标准交割品的相关要求和规定，提升了标的交割产品的总体质量，降低了交易风险，从而使市场资源向更有效的地方流动。

我国商品期货普遍采用实物交割、品牌注册、质量异议回溯等制度，并对交割品质作出较高要求，有效规避了期货在交割过程中的信用和产品质量风险。这些关于期货市场的规定促进标的现货在不同地区之间流转，实现资源在各地区间的优化配置。在此基础上，期货市场的相关制度也增强了全行业对产品质量的重视，对扶优限劣、加快结构调整起到了积极作用。

举例来说，交易所对实物交割产品的地区升贴水设置，可以促进产业投资生产更高标准的产品，指定交割库设置吸引相关产业资源向交割库周边集聚。交易所在期货合约标的选择、规则设计和交割标准制定过程中，通过融入技术、环保、节能等要素，对不同等级的期货交割产品给予有差别的升贴水设置，利用价格导向的作用，促进产业政策的落实，推动产业的转型升级。比如上期所的铅期货品种，交易所对提供交割产品的注册企业的生产规模、工艺和质量提出明确要求，注册品牌必须符合国家铅锌行业准入条件关于新建或扩建项目产能5万吨以上、环保部清洁生产标准三级工艺以上和应存放在通风、干燥、无腐蚀的库房内等要求。这些要求有利于淘汰现货市场的落后产能、提升行业环保水平、激发企业加强技术改造、提高整个行业产出品的质量，从而更有效指导资源向优质企业流动，增强市场在发挥资源合理配置作用中的能力。

正因为具有以上三项不可替代的功能，期货市场才推动了现货市场的长期稳定的发展，吸引更多的投资者更放心地进入商品和金融市场，带动其他相关行业的安全发展。总体来说，期货市场在我国金融体系中发挥着不可忽视的重要作用。

四、期货交易的风险及风险管控

（一）期货交易的风险

管理风险是期货的基础功能，但期货交易本身也存在风险。这些风险主要表现在以下四个方面。

1. 价格风险

在衍生品交易中，无论是场内的期货、期权合约交易，还是场外的互换、远期交易，都具有“即时订立，未来以价差结算交割”的特征，绝大多数交易者是通过价格波动博取价差收益，市场价格的波动为交易者带来盈利或亏损。期货市场采用保证金交易，在使用同样资金的情况下，交易者无疑需要面对更大的风险。期货市场实行当日无负债结算制度，若交易者未及时补充保证金，就可能被强行平仓，甚至亏损全部本金并退出交易。

此外，若期货价格触发涨跌停板并维持在涨跌停板上，市场流动性差，亏损的交易者即便想要平仓也很难成交，就会面临亏损进一步放大的风险。

还有一种更极端的行情：单边市，是指某一期货合约在某一交易日收盘前一定时间内出现只有停板价位的买入（卖出）申报、没有停板价位的卖出（买入）申报，或者一旦出现卖出（买入）申报即成交、但未打开停板价位，且最新价与涨（跌）停板价格一致的情况。如果连续出现同方向单边市，交易所可以调整涨跌停板，并采取包括限期平仓、强行平仓、限制出金、强制减仓、限制交易等紧急措施。

2. 交割风险

交割风险是指交易者没有能力进行交割而产生损失的风险。交割制度是联通期货和现货市场、发挥期货市场价格发现功能的重要制度。期货合约都有到期期限，对于采用实物方式交割的期货，所有未平仓合约在到期时，买方需要准备足够的资金，卖方需要准备足够的符合交易所仓单要求的货物，并注册仓单，双方按照交割结算价格交易仓单。无论是多头还是空头，参与交割所需的资金或商品价值都要比期货交易保证金大得多。如果交易者资金或仓单准备不足，就会触发交割违约，进一步产生一系列债务或罚款。所以，期货的投机交易者会尽量避免交割，而是在交割日前平仓离场。

在市场博弈中，如果期货投机交易者在临近交割时没有及时对冲平仓，则可能被交易另一方凭借资金或仓单优势主导行情单边运行，陷入被逼仓的困境，甚至因此需承担交割责任，凑足足够资金或实物货源应对交割要求。逼仓有“多逼空”“空逼多”两种类型，相对来说，由于实物资源更为有限，多头可以通过控制期货持仓和现货货源来推动价格大幅波动，所以“多逼空”的情况更为常见，比如 1997 年的“株冶”事件和 2022 年的“伦敦镍”事件，都是交割风险的直接或间接体现，本书第六章会作详细介绍。

3. 操作风险

操作风险是指在期货交易时，由于操作错误带来的风险，包括计算机系统故障、个人疏忽操作失误等。比如交易者在下单时下错方向、输错价格或数量、弄混开仓和平仓指令等，这些失误往往会导致严重损失。

操作风险不仅仅为期货市场所独有，现货市场上同样也存在操作风险，比如著名的 2013 年“816 光大乌龙指”事件，交易员发现某些下单操作没有成功之后，绕开了交易台在下单前验证资金额度的风控系统后重新下单。

但由于操作失误，输错了买入180ETF成分股的数量，导致多只权重股触及涨停，上证综指急速上涨5.96%，造成市场异常波动。

4. 期货交易委托风险

自身不具备结算资格的交易者，需要委托拥有结算资格的交易所会员（一般为期货经纪公司）进行结算。期货交易所对其会员结算，会员对其客户结算①。期货结算的流程涉及交易者的保证金、盈亏、手续费、交割货款等的计算和划拨。如果出现会员计算错误、违约甚至挪用保证金的情况，将会对交易者产生委托风险。比如在2009年6月19日，就有期货公司因挪用客户保证金被中国证监会查处，相关责任人被罚款并实施期货市场禁入，公司的期货经纪资格也被依法吊销。所以，从防范期货交易委托风险的角度来说，交易者在选择期货经纪公司时，需要对其规模、资信、经营状况等作考察决策。

（二）交易所防范期货交易风险的主要措施

为保护投资者权益，维护期货市场平稳健康发展，交易所相应制定了应对市场风险的管理制度和措施。《期货和衍生品法》赋予了交易所采取调整保证金、调整涨跌停板、调整交易限额或持仓限额、限制开仓、强行平仓等一系列风险管理措施的权利②，各交易所内部相关管理办法或合约交易规则也都对风险控制制度作出明确说明。

1. 保证金制度

保证金制度是保障市场交易安全的基础性制度之一，是期货风险控制的第一道防线。期货交易中，通常会要求交易者按照所买卖期货合约价值的一定比例缴纳资金，作为履行期货合约的财力担保，这笔资金就是保

---

① 在分级结算体系中，拥有结算资格的期货公司为客户结算，不具备结算资格的期货公司需要通过交易所的其他结算会员进行结算。

② 《期货和衍生品法》第八十七条 期货交易场所应当加强对期货交易的风险监测，出现异常情况的，期货交易场所可以依照业务规则，单独或者会同期货结算机构采取下列紧急措施，并立即报告国务院期货监督管理机构：（一）调整保证金；（二）调整涨跌停板幅度；（三）调整会员、交易者的交易限额或持仓限额标准；（四）限制开仓；（五）强行平仓；（六）暂时停止交易；（七）其他紧急措施。异常情况消失后，期货交易场所应当及时取消紧急措施。

证金。

保证金的收取是分级进行的。交易所向会员（在我国一般为期货公司）收取保证金，会员向客户收取保证金。保证金分为结算准备金和交易保证金。结算准备金是指结算会员在交易所专用结算账户中预先准备的资金，是保证金中未被合约占用的部分，通常规定一个最低余额标准，比如目前中金所结算会员的结算准备金最低余额标准为200万元。交易保证金是指结算会员存入交易所专用结算账户中确保履约的资金，是已被合约占用的保证金。当买卖双方成交后，交易所按照持仓合约价值的一定比率，或交易所规定的其他方式向双方收取交易保证金。会员向客户收取的交易保证金水平不能低于交易所规定的最低交易保证金水平。

交易所在设计合约时，会制定与合约标的面临风险相对应的最低交易保证金水平，并据需进行调整，包括对距离到期日不同的合约设置梯度保证金、根据市场风险状况调节保证金等。

保证金比率的设定，是综合权衡风险控制效果和交易成本等因素的结果。如果保证金比例设置过低，不足以弥补可能发生的损失，则会造成保证金透支，增加交易者违约的可能性；如果设置过高，则会增加交易成本，影响市场交易的积极性和流动性。

我国市场上，保证金比率需要能够覆盖下一个交易日期货价格的波动水平，保证次日盘中不会触发保证金不足的情况。一般而言，保证金比率和现货的涨跌停板设置相关。由于商品期货上市品种较多，而不同商品的现货单日价格波动水平差异较大，所以商品期货的保证金比率设置范围也较大。当然，在市场环境发生变化时，交易所会及时通过调整保证金比率来抑制波动，比如2015年股票市场大幅下跌时，市场恐慌推高股指期货价格波动率，交易所因此多次提高保证金水平，并在之后数年中缓慢下调（见表1－8）。

表1－8　股市异常波动前后中金所股指期货非套保持仓保证金率变动情况

调整日期	沪深300/上证50股指期货	中证500股指期货
调整前	10%	

续表

调整日期	沪深300/上证50股指期货	中证500股指期货
2015/8/26	12%	
2015/8/27	15%	
2015/8/28	20%	
2015/8/31	30%	
2015/9/7	40%	
2017/2/17	20%	30%
2017/9/18	15%	30%
2018/12/3	10%	15%
2019/4/19	10%	12%

在同一份期货合约上市运行的不同阶段，交易保证金收取的标准也不尽相同。一般来说，临近交割时，交易所可以提高期货特别是商品期货的交易保证金收取标准，即实行梯度保证金制度，来满足控制日常交易风险和出现交割违约时需要支付交割违约金的双重要求。合理的梯度保证金制度有利于引导没有交割意愿或者不具备交割能力的交易者将交易转向非交割合约，有效降低交割风险、减少逼仓事件的发生。在期货合约达到调整交易保证金的标准时，交易所会在新标准执行前的一个交易日对该合约所有历史持仓按新的交易保证金标准进行结算，客户要在下一个交易日前将保证金追加到位。

我国金融期货市场上，股指期货采用现金交割方式，交割违约风险较小，因此无需专设梯度保证金制度。国债期货采用实物交割，在设计保证金收取标准时，既需要参考商品期货设计思路，又需要结合金融产品特征，因此最终采用了不同的规则。具体而言：首先，国债期货价格的日波动幅度仅为商品期货日波动幅度的1/6到1/10，相比于某些商品期货预留合约价值30%左右的保证金比例，国债期货最多预留合约价值5%的交割保证金即可以实现对交易和交割风险的覆盖；其次，国债期货的每个合约仅有3个月左右的活跃期，短于大部分商品期货6～9个月的活跃期，所以交易梯度保证金的变化频率相对较低。

交易所并不只是以现金形式收取保证金。比如，在商品期货进入交割月之后，卖方就可以用与期货合约面值对应的标准仓单作为履约保证，免于缴纳现金。再如，中金所于 2015 年 1 月初次试点运行国债质押充抵期货保证金业务，2019 年 1 月起正式运行；2020 年，上期所、大商所和郑商所也陆续批准开展国债作为保证金业务。根据《期货和衍生品法》第二十二条，除现金、国债和仓单之外，保证金的形式还可以包括股票、基金份额等流动性强的有价证券，法条也为未来保证金发展的多样化预留了空间。多元的保证金形式有利于降低期货交易资金成本，提高市场效率。

2. 涨跌停板制度

交易所会根据市场风险情况制定期货合约每日最大价格波动幅度，并根据市场风险状况等进行适时调节，这一措施称为涨跌停板制度。在市场面临剧烈波动时，涨跌停板制度的实施可以为市场管理者争取时间缓冲风险，同时也给交易者一个理性思考和判断的机会，避免市场过度反应。比如在单边市行情中，期货合约价格连续触发涨跌停板，价格风险增大，此时交易所一般会提高涨跌停板幅度，以释放合约价格风险。

涨跌停板制度本质是对每日价格最大波动幅度进行限制，是一种价格限制制度。1987 年 10 月全球股灾爆发前，除了原伦敦国际金融期货交易所（London International Financial Futures and Options Exchange，LIFFE）的FTSE 100 指数期货设置价格限制外，其他交易所均未对股指期货合约设置此类条款。股灾爆发后，市场对股指期货的风险认识得到加强，世界上绝大多数交易所都制定了价格限制制度。

商品期货的涨跌停板幅度设置变化更为频繁。比如临近假期时，考虑到现货价格波动风险，交易所会适度调整扩大涨跌停板。但因为在节假日期间，股票债券等金融现货市场不进行交易，所以金融期货的涨跌停板幅度通常以现货的涨跌停板幅度为参考基准，不会因为节假日而做专门调整。与大部分股票的涨跌停板幅度设置相对应，目前境内上市的股指期货涨跌停板幅度为上一交易日结算价的 ±10%。债券的波动幅度较小，国债期货考虑了固定收益类产品的特殊性，将 10 年期、5 年期和 2 年期国债期货的涨跌停板分别设置为 2%、1.2%、0.5%，以防止投机与过度波动。

3. 当日无负债制度与强行平仓制度

当日无负债结算制度又称每日盯市制度，是指每个交易日闭市后，交易所按照结算价结算所有合约的盈亏、交易保证金及手续费、税金等费用，计算应收应付款项的净额并进行一次划转。交易所对会员进行结算，相应增加或减少会员的保证金账户金额，具有结算资格的会员对其客户采用同样的方法进行结算。当会员、客户的资金水平未达到相应要求时，则需要追加保证金。可见，当日无负债结算制度可以有效阻断风险的累积。

强行平仓主要指期货交易所或期货公司按照有关规定对会员、客户持仓实行平仓的一种强制性措施。首先，会员未在交易所规定的时间内追加保证金或者自行平仓的，交易所对该会员的合约强行平仓；客户未在期货公司规定的时间内及时追加保证金或者自行平仓的，期货公司对该客户的合约强行平仓。其次，会员和交易者持仓超出限额、违反交易所有关规定的情况时，或交易所根据其法定程序采取紧急措施时，交易所有权对相关会员的合约实施强制性平仓。强行平仓的实行，能及时制止风险的扩大和蔓延，把风险控制在最小范围内。

此外，市场上出现单边市行情时，在连续几日价格触及涨跌停板情况下，交易所可以采取强制减仓措施①。具体而言，在强制减仓基准日闭市之前，交易者挂跌停或涨停价平仓，如果当日没有成交，交易所会为其安排一个该合约净持仓盈利的客户按持仓比例自动撮合成交。与强行平仓的强制性和被动性不同，强制减仓制度实际上为亏损的交易者在连续涨停或跌停的行情中提供了一个撤离的机会，若该交易者选择不在强制减仓基准日闭市之前挂单平仓，就不会进入到强制减仓的执行中。举例来说，2008 年国庆假期之后，国际商品价格单边下滑，国内商品期货市场遭遇百年一遇的空头行情，大部分商品期货都出现连续跌停。其中，上海铜期货以前所未有的速度暴跌，短短三个星期内出现 11 个跌停板。当时的上期所从第三

---

① 不同交易所的强制减仓措施的规则不同，例如大连商品交易所规定在连续两日触发涨跌停板单边无连续报价，且第三日不是最后交易日时，第三日有可能采取强制减仓措施；郑州商品交易所规定连续三个交易日出现同方向单边市，则在第四日有可能采取强制减仓措施。总的来说，交易所是否采取强制减仓措施，取决于其对当下具体市场环境的判断。

个跌停板后的第四个交易日，即当年 10 月 9 日就开始采取风控措施，执行了强制减仓，并在当年 10 月 24 日执行了第二次强减操作。根据当时的新闻报道，国内某企业持有的超万手多单在第二次强制减仓中大规模撤离了近七成仓位，减少了进一步浮亏。

4. 交易限额和持仓限额制度

交易限额制度是指交易所可以根据市场情况，对不同的上市品种、合约，对部分或者全部会员、客户制定日内开仓交易量的限制标准，以防范市场过度交易。

现阶段，对于中金所四只股指期货合约，客户日内开仓交易手数限制为 500 手。商品期货波动较大，修改交易限额成为交易所重要的风险管控手段，比如 2021 年 9 月，郑商所的锰硅出现了拉涨行情，9 月 28 日郑商所发布公告“自 2021 年 9 月 30 日起，非期货公司会员或者客户在硅铁期货 2201 合约上单日开仓交易的最大数量为 500 手，在锰硅期货 2201 合约上单日开仓交易的最大数量为 1000 手”。

持仓限额制度是指交易所对会员或客户某一期货合约单边持仓最大数量予以限制。根据不同期货品种的具体情况，交易所会分别确定不同品种不同月份合约的持仓限额，同时，进入交割月份的期货合约通常会从严控制持仓。对于利用期货市场对冲现货交易风险的客户，交易所提供套保审批制度，通过套保审批的持仓可以豁免持仓限额的限制，以实现最大化满足交易者套保持仓的需要。

之所以对会员和客户限制持仓水平，主要有两个出发点：一是减少或消除期货市场上的过度投机，二是防止市场操纵及逼仓。值得注意的是，持仓限额的数值不可以设置过小，需要确保标的市场的价格发现功能不受干扰，为真实套期保值者提供足够的市场流动性。交易者持仓占全市场比例越高，就越容易操纵市场；接近交割时，交易者在市场可交割份额中的持仓数量越高，也越容易开展逼仓行为。所以交易所采用比例限仓和数额限仓相结合的办法，可以有效预控市场风险。比如，上期所的铜期货合约就对期货公司会员、非期货公司会员和客户分别设置限仓标准，同时对非期货公司会员和客户还设置了按合约存续时段划分的不同限仓标准。

5. 其他风险防范措施

此外，交易所还设置了大户报告和风险警示制度等，用以防范期货市场风险。

大户报告制度是与限仓制度紧密相关的另一个控制交易风险、防范大户操纵市场的制度，是指当会员或者客户某品种持仓合约头寸达到交易所规定标准时，应当向交易所报告其资金、头寸等情况。比如《上海期货交易所风险控制管理办法》要求，“当会员或者客户在某品种持仓合约（所有上市交易合约，包括交割月合约及交割月前一月合约）的投机持仓达到交易所对其规定的投机头寸持仓限额80%以上（含本数）时，会员或者客户应当向交易所进行大户报告。”通过大户提交的报告，交易所可以了解客户的开户情况、交易情况、资金来源、交易动机等，便于审查大户是否有过度投机、操纵市场等行为。

风险警示制度是指当交易所认为必要时，可以分别或者同时采取要求会员和客户报告情况、谈话提醒、书面警示、公开谴责、发布风险警示公告等措施中的一种或者多种，以警示和化解风险。

在具体操作中，交易所往往根据实际情况，综合运用多项措施来应对风险。比如2021年，在受新冠疫情后经济复苏遭遇产能瓶颈、环境保护和市场价格调控政策等因素的影响下，我国动力煤现货价格波动较大（见图1－1），动力煤期货价格全年先扬后抑，波动巨大，大量交易者蒙受损失。为了控制期货市场风险，郑商所对动力煤期货实施了风险控制“组合拳”，包括调整保证金比率、交易手续费、开仓限额、涨跌停板幅等，有效抑制了异常波动（见表1－9）。

（三）中国特色的期货市场管理体系

除了上述风险管理制度之外，我国期货市场经过多年的探索与发展，已逐步建立起了“五位一体”监管体系、保证金集中统一监管、“看穿式”监管等具有中国特色的期货市场管理制度，为期货市场风险化解提供坚实保障。

1.“五位一体”监管体系

“五位一体”监管体系是我国期货市场风险管理体系的特色之一。“五

数据来源：Wind

图1－1　2021年动力煤（ZC. CZC）主力合约行情

表1－9　2021～2022年郑商所动力煤期货合约交易标准调整一览

通知发布时间	郑商所风险控制操作
2021年7月23日	部分合约交易限额调至500手
2021年8月26日	部分合约交易限额调至200手
2021年8月26日	部分合约交易保证金提高至30%、20%
2021年9月22日	部分合约交易限额调至100手
2021年9月30日	部分合约交易限额下调至500手和100手
2021年10月12日	交易手续费和日内平今仓手续费提高至60元/手
2021年10月19日	部分合约交易限额调至100手
2021年10月20日	交易手续费和日内平今仓手续费提高至90元/手
2021年10月20日	部分合约交易限额调至50手
2021年10月22日	跌停触发单边市，涨跌停板幅度由10%调整至14%，部分合约保证金调整为30%、20%、16%
2021年10月25日	部分合约交易保证金提高至40%、30%、20%，交易手续费和日内平今仓手续费提高至120元/手
2021年11月2日	部分合约交易保证金提高至50%、40%

续表

通知发布时间	郑商所风险控制操作
2022 年 2 月 18 日	合约交易指令每次最小开仓下单量调整为 2 手，限价指令每次最大下单量调整为 50 手，市价指令每次最大下单量调整为 10 手
2022 年 3 月 11 日	部分合约交易限额下调至 20 手

位”是指中国证监会、证监会各派出机构、期货交易所、中国期货市场监控中心（原名为中国期货保证金监控中心，以下简称监控中心）和中国期货业协会。其中，中国证监会负责监管协调机制，统一领导协调和监督检查。中国证监会及各地证监局对期货公司及其分支机构进行监督管理。期货交易所、中国期货业协会按照有关法律和自律规则实行自律管理。中国期货市场监控中心负责统一开户和对客户的保证金实施监控。“五位一体”监管体系在中国证监会的领导下，可以在出现重大系统性风险时，确保市场各参与主体各司其职、各负其责，及时采取风险化解手段，保证市场平稳运行。

2. 保证金集中统一监管制度

《期货和衍生品法》第一百一十五条规定，“国务院期货监督管理机构应当建立健全期货市场监测监控制度，通过专门机构加强保证金安全存管监控”。这里的“专门机构”就是指极具中国特色、全球首创，被称为我国期货市场“电子眼”的监控中心。2006 年 5 月，中国证监会设立了中国期货保证金监控中心（2015 年更名为中国期货市场监控中心），对客户保证金进行集中、严格、实时的监控和预警，有效杜绝抽逃资本金、挪用保证金等风险，保护投资者的利益。

2011 年 10 月 31 日，作为曾经世界最大的期货交易商之一的曼氏全球金融公司（MF Global Inc.）受到欧债危机影响而宣布破产。在清算资产过程中，美国金融监管部门发现该公司还挪用了客户资金 6 亿美元，该笔款项下落不明，造成了大量通过曼氏公司购买期货来套期保值的农业企业、家庭遭受了损失。

曼氏公司破产事件从反面突显出我国保证金监管制度的优势：我国的期货市场保证金由监控中心统一监管，如果发生保证金挪用现象，监控中心可以及时发现并采取相关措施，客户资金的安全性得到充分保护，为期货市场平稳健康发展提供了坚实的保障。

3. “看穿式”监管制度

从全球来看，目前只有我国境内证券和期货市场实现了独具特色的“看穿式”监管制度。该制度赋予监管部门和交易所及时、有效、准确地穿透中介机构期货公司的能力，可直接获得客户的交易终端信息，发现客户的异常交易行为和保护投资者利益。因而，“看穿式”监管制度成为打击违法违规行为、威慑期货市场异常交易、保护投资者利益的得力工具。

我国期货市场的“看穿式”监管制度包含多项内容。第一是账户实名制管理，所有的交易者都要以真实的身份开户，并由监控中心对客户的身份信息进行核对，确保真实性。第二是一户一码制度，规定期货公司为每个客户开立账户、申请各期货交易所交易编码时，必须通过监控中心办理。一个客户无论在几家期货公司开户，只要开户资料是同一身份证或同一营业执照，在同一家交易所内只能拥有唯一的交易编码，交易编码专码专用，不得借用、混用。第三是实际控制关系账户（以下简称实控账户）管理，由监控中心负责实控账户信息报备工作，汇总交易所、期货公司以及其他中介机构上报的信息，形成跨市场名单，对实控账户信息进行统一管理；交易所对实控账户项下的持仓量、交易量等进行合并计算。这些制度设计成为是我国“看穿式”监管制度的重要基石，一方面保证了交易者开户的真实性，便于监管机构掌握所有开户客户在各市场的交易、持仓情况，另一方面在市场面临风险时，可以保障监管机构根据客户信息进行精准定位，有效防范市场风险和价格操纵行为。

在国际证监会组织的会议中，中国证监会曾多次被邀请介绍“看穿式”监管制度。这项制度得到很多国家和地区的认同，被认为是有效保护投资者利益、防范系统性风险的制度安排。欧美国家也在尝试向这个方向努力，比如欧盟 MiFID II 下要求交易事后要记录对应的客户；美国证券交易委员会（SEC）和 CFTC 在操作层面上要求经纪商提高透明度，但均无法做到完全的“看穿式”监管。在当前的美国市场，将散户投资者的订单打包转卖给做市商是很多证券经纪商的重要收入来源。这些经纪商向散户提供免费的行情和廉价甚至免费的交易手续费，但将散户的订单流转卖给做市商，做市商便可以根据订单流来预测市场价格的高频走势，在其中“吃点差”。比如美国的互联网券商巨头 Robinhood 在其 2020 年报中就披露，有 34% 的订单流卖给了顶流对冲基金 Citadel。散户表面上支付了更便宜的交易手续费，但实际付出了更多的隐形交易成本。由于美国的相关监管部门无法实现“看穿式”监管，也就无法有效避免这种对散户投资者可能的侵害，从而降低了对投资者合法利益进行保护的力度。

第二章

适时而生：境外期货市场的发展历程

现代意义上的期货市场起步于美欧发达经济体。尽管境内外期货市场起步时间有先有后、区域发展现状差异明显，但发展路径有相似之处，也都具有产品不断创新、交易逐步活跃、国际化进程有序推进等特点。因此，研究和了解境外期货市场的成因、演进和发展，特别是探究把握其当前的发展状况和特征，对进一步理解期货市场的功能作用，建设具有我国特色的现代期货市场具有重要的借鉴和参考价值。

欲知大道，必先为史。

了解期货市场的现状，理解其运行规律，需要从期货的诞生与发展历程谈起。早期的期货理念曾出现在世界各地，比如美索不达米亚的大麦交易①和第一章提到的我国宋朝的荔枝买卖等。但这些还不能被称为真正的期货交易，只能算作具有一定期货性质的贸易活动，或可叫作“现货的远期交易”。

现代意义上的期货市场②源自19世纪中期的美国芝加哥，起步于玉米、小麦等农产品的远期交易并迅速扩大规模、增加品种、跨越地区，逐步风靡全世界，成为现代化市场创新过程中一颗璀璨的明珠，在近两百年的社会进步中得到蓬勃发展。金融期货则晚于商品期货一个多世纪诞生。得益于战后美国的资本积累和金融基础，外汇、利率、股指三大金融期货品种在20世纪七八十年代列次涌现于美国市场，并迅速传至世界各国，在数年间成为交易量最大的期货类型。

从全球来看，虽然期货市场呈现出各自不同的特征，比如起步有早晚、产品类型有偏重、交易者结构有差异等，但期货市场的发展历程，无论是商品期货还是金融期货，无论是交易所的建立发展还是合约产品的创新，总体上呈现出一定共性。这些共性并非偶然现象，而是有着期货市场发展的必然性。

带着对这些问题的思考，本章穿越历史、跨越地区，从公元前的古希腊到19世纪中叶，从荷兰阿姆斯特丹到美国芝加哥，去了解商品期货与金融期货在境外的发展历程。

一、在生产生活中诞生的商品期货

商品期货最先出现在农产品市场，随后逐渐扩展至金属工业品和能源

① 考古研究显示，早在大约4000年前的美索不达米亚地区，就出现了“类期货”合约。它们用楔形文字写在泥板上，主要内容是在播种前约定未来交付的大麦数量、价格和交割日期，部分远期合约甚至可转让给第三方。寺庙则是重要的交易场所，行使着交易登记、商品仓储、质量和数量检查等职能。

② 可以理解为具备成熟的期货交易理论和制度规则基础，期货合约具备法律效力且具有一定交易规模。

化工领域。随着风险管理功能受到越来越多参与者的认可，商品期货迎来迅速发展的时期，成为基础风险管理工具，并在不断创新中为金融期货的诞生奠定了基础。

（一）期货市场的早期萌芽

期货交易是社会经济发展到一定阶段的产物，期货思想和市场雏形最早萌芽于欧洲。尽管直到最近一个半世纪，全球多个国家和地区才建立起现代化的证券和期货交易所，为期货的集中场内交易提供了场所，但人类对集中交易、风险管理的摸索古已有之。

古希腊早在米诺斯文明时期（约公元前29世纪到前15世纪）就对工商业和海上贸易极为重视。早期人类通过以物易物缔结了简朴原始的交易关系，当时农业生产的主要品种——谷物、橄榄和葡萄经常参与到商品交易当中。公元前1750年左右，美索不达米亚古城和亚述帝国的城邦之间出现了基于交易达成关系开展的银行活动及会计规则。到迈锡尼文明时期（约公元前20世纪到前12世纪），商业已成为希腊社会经济的重要支柱，其中海外贸易占有很大比重，陶器、橄榄油与葡萄酒等特产是希腊最主要的大宗出口商品。与美索不达米亚平原地区以当地生产分配为主、长途贸易为辅的古代城市运行模式不同，雅典和罗马当地的农业不足以支撑城市的迅猛发展，必须代之以海外贸易。① 公元前5世纪至公元前4世纪，支撑海洋交通的主要港口出现，加上传统大宗商品输出与商船队的优势，希腊对外贸易和国内商业活动空前繁荣。从黑海经爱琴海到地中海东部形成了一个贸易圈，希腊商人往来频繁。② 希腊国内的大宗交易在雅典的大交易市场等地区进行，这些市场逐步成长为全国性的中心交易场所。古罗马共和国（公元前509至公元前27年）虽以农立国，早期商业发展缓慢，但后期由于政策的支持，商业和对外贸易也获得高速发展。罗马帝国（公元前27年至15世纪）海路交通便捷，境内的区域贸易和对外贸易空前兴旺发达，

---

① 【美】威廉·戈兹曼著，张亚光、熊金武译，《千年金融史——金融如何塑文明，从5000年前到21世纪》，中信出版社，P47。

② 【日】森安孝夫著，石晓军译，《讲谈社兴亡的世界史》，北京日报出版社，P58。

国内出现了罗马议会大厦广场等集中交易广场，开展大宗现货交易。

风险伴随交易而生。在漫长的、自给自足的农业社会，人类经济活动面临的主要是纯粹风险、外生风险，譬如地震、海啸、火灾、洪涝、风暴等自然现象带来的影响，这些风险一般只能带来损失，无从产生收益，小规模的以物易物式交易，不太存在较大价格波动风险。针对这类风险，人们除了消极的占卜、祭祀、祈祷，哀求上天垂怜外，在实践中也采取了逆周期储粮、通过丰年的“有备”力求灾年的“无患”，或者群体共同参加保险、通过每个个体小投入弥补遇险个体的大损失等措施。海事贷款、有限合伙、海事保险、股份制等风险分担的形式，都可以视为商业活动发展背景下对外生风险的创新回应。

商业活动的扩张、远程贸易的发展、世界市场的发现，让人类的经济活动联系更加密切，所谓内生风险（内生于经济活动的风险），如对外贸易中汇率变动的风险、商品价格的波动风险等开始大量涌现。与外生风险相比，内生风险更具可变性，既可能带来损失也可能带来收益，这激发了市场参与者对新的风险配置工具和机制的需求。

商业贸易的繁盛使古希腊、古罗马人较早具备了风险管理觉悟，他们敏锐地感受到风险与收益的平衡关系并采用相应措施来化解风险。比如公元前5世纪的雅典人针对未开发的、已开发的、已开发但被弃用了的3种不同银矿，在租赁时会签订不同的协议，根据自身的风险要求不同的回报率作为补偿，这反映了他们在风险与收益之间权衡取舍的意识。① 出于规避交易价格风险的需要，他们尝试在一些大宗交易中采用双方口头承诺在某一时间交收一定数量商品的形式，这种交易形式带有“现货的远期交易”特征。后来，交易范围逐步扩大，口头承诺逐渐被买卖契约代替。这种契约行为日益复杂化，需要有中间人担保，以便监督买卖双方按期交货和付款。

（二）现货远期交易的发展

12世纪后，古希腊、古罗马的现货远期交易方式在西欧等地普遍发展

① 【美】威廉戈兹曼著，张亚光、熊金武译，《千年金融史——金融如何塑文明，从5000年前到21世纪》，中信出版社，P60。

起来，并随着贸易量级的提升、交易频率的增多而逐渐规范化、专业化。

1251 年，英国大宪章正式允许外国商人到英国参加季节性交易会，商人可以随时把货物运进或运出英国，开启了英国的国际贸易之门。后来，在贸易中出现了对在途货物提前签署文件，列明商品品种、数量、价格，预交保证金购买，进而出现买卖文件合同的现象。比如，13 世纪和 14 世纪，在英格兰的意大利贸易公司就开始以支付定金为基础签署提前 1 年、4 年、6 年甚至 12 年的羊毛采购合同。再比如，快速发展的海上贸易推动 16 世纪比利时的安特卫普出现了以香料、鲸鱼油、青鱼、盐等为标的的“即将到达”合约，商人借此可以提前买入商品，待船队到达时再进行交割。在金融交易市场上，14 世纪威尼斯的放债人开始向其他放债人和个人投资者出售债券，16 世纪安特卫普已有市场开展银行票据和债券的交易转让。

与此同时，期货交易所的雏形开始在各国显现。英国于 1571 年创建了伦敦皇家交易所。虽然 1666 年该交易所毁于大火，但交易仍在当时伦敦城的几家咖啡馆中继续进行，后在其原址上成立了伦敦国际金融期货交易所（LIFFE）。

1600 年前后，以郁金香球茎为交易标的的远期合约风靡荷兰，成立于 17 世纪初期的阿姆斯特丹证券交易所（Amsterdam Stock Exchange，AEX）被公认是第一家现代意义上的证券交易所。AEX 的建立与荷兰东印度公司（VOC①）紧密相连，后者为分担海上运输风险向社会募集资金，初步具备了现代股票发行交易特征，包括首次向公众发行股票；股票可以互相转让，二级市场由此产生；股票初期附带回售权，投资者有权将股份还给公司并收回资金，后期股票存续期扩展到永久、不再返还本金，使发行股份与现代交易所上市公司的股票性质更为接近。AEX 于 1611 年正式运营，每日固定时间开放 VOC 股票买卖，尽管不具备集中报价竞价及撮合机制，交易者需要自行接洽对手达成协议，但 VOC 股票的公众发行特征、可转让机制、活跃的二级市场为其后 VOC 股票衍生品的出现奠定了市场基础。到 18 世纪末期，开展股票交易的伦敦证券交易所（London Stock Exchange，LSE）和

① 荷兰语：Vereenigde Oostindische Compagnie。

纽约证券交易所（New York Stock Exchange，NYSE）也先后成立。

在亚洲地区，1650 年左右（德川幕府时代）的日本大阪，幕府以征收大米的方式替代土地税，发行了所谓的“米票”，承诺在特定时间向特定个人交付特定数量的仓储大米，催生在大阪形成了相应的交易市场，初具期货合约形态的“大米券”连续运作时间长达 300 多年。1730 年，德川幕府授权堂岛大米市场成为官方交易场所，并具备了类似现代交易所的会员制度和结算功能。

凡此种种探索与创新，都为后来真正的现代化期货市场产生奠定了思想与物质基础。到 19 世纪，美国内战推动了中西部地区的谷物、猪肉等农产品交易，孕育出芝加哥期货交易所（CBOT）等一批商品期货交易所。

（三）商品期货应运而起

1. 农产品期货首先诞生

可以看到，商品期货交易的理念萌芽于人类生产力进步、剩余产品富足、日常交易高频化的过程当中，商品大宗交易不断向广向深发展为远期交易夯实了物质基础。到 19 世纪中叶，这些现货远期合约交易完成了向现代期货交易的飞跃，真正意义上的商品期货伴随人类社会生产力的进一步提高、经济贸易活动的进一步发展、风险管理需求的进一步增强而诞生在美国的芝加哥。

19 世纪三四十年代，美国掀起了轰轰烈烈的中西部开发，即西进运动。芝加哥地处美国中西部平原和密歇根湖畔，地理位置优越，四通八达的水路航运和陆路运输使其成为全美国最重要的交通枢纽，连接着内陆和东部口岸之间的货物运输与贸易往来。中西部的粮食先汇集在此，再从这里运往东部，芝加哥迅速从一个小村落发展成为重要的粮食集散地。1833 年，芝加哥已成为美国国内贸易的中心地带主要城市，也成为当时世界上人口增长最快的城市之一①。

① 1833 年 8 月芝加哥镇成立时，拥有 350 名居民，4 年后的芝加哥市人口发展到 4000 余人，到 1870 年时，人口增加到 30 万，在 1900 年时猛增到 170 万。

1848 年，密歇根运河与伊利诺河连接到密歇根湖。商人由此得以更加便利地收购沿岸产出的农作物，但由于粮食生产有季节性，每到粮食收获大量上市时，便大大超过芝加哥当地市场的需求和容量。当时芝加哥的粮食仓库不足，交通运输条件与现今之便捷不可同日而语，粮食不能及时运到东部，购销商也无法在大量购买粮食之后，再等待良好的时机出售以赚取利润，所以在粮食充足时期囤积储存动机不足。到了来年春季，粮食开始短缺，粮价又因前一年储备不足而飞涨，消费者和加工企业皆面临困境，备受价格波动之苦。

在这种情况下，粮食商不得不思考如何进行经营风险的管理。第一个问题是大批粮食价格因供需季节、地域等不平衡而上下波动；第二个问题是贸易量迅速增长，交易量越来越大，导致交易者之间经常因为粮食产品质量、货物运输、交收仓储等问题发生纠纷。

为解决第一个问题，粮食商在供求矛盾的反复刺激下，率先在交通要道旁设立仓库，收获季节从农场主手中收购粮食，来年再发往外地，这样就可以缓解部分粮食供求的季节性矛盾。但这又引出另一个难题：粮食商相当于将风险全部转移到自己身上，如果收购价高于出售价，就会亏本。因此，聪明的商人在购入粮食后就立即与其他交易者签订第二年春季的供货合同，事先确定销售价格和销售数量，进而确保利润，也就是在长期的经营活动中摸索出一套远期交易方式。

为解决第二个问题，1848 年，许多常年在五大湖畔收购谷物的商人，在芝加哥市中心一家面粉仓库集会，创建了芝加哥商会，扮演调解人和仲裁者的角色，用来解决合同纠纷。他们当时可能没有想到，这个商会很快发展成为 CBOT，并带来一场伟大变革，开启了现代意义上的期货交易。

成立不久之后，CBOT 的角色开始发生转变，更多地承担起市场组织和促进交易的职能。此后，CBOT 聚焦于通过期货交易方式管理农产品的价格风险，并由此衍生出大量制度创新：1851 年引进远期合同；1859 年出现可以作为商品交割凭证的纸质仓单；1865 年推出标准化交易标的品质、数量、交货时间地点和付款条件等要素的合约，并实行保证金制度，标准的期货合约取代了远期合同；1882 年允许会员以对冲方式免除履约责任，即对冲平仓，增加了期货交易的流动性；1883 年成立结算协会，为会员的交易提供资金清算服务，改变了之前会员清算和资金划转自行完成、清算量大、效率低下的状况；1925 年成立清算公司，CBOT 的所有交易都通过清算公司结算。清算公司作为中央对手方来提供结算服务，以每个卖方的买方，以及每个买方的卖方的身份，介入市场的交易和结算中，这为资金结算提供了履约担保，从而消除了对手方违约的风险。这些重大创新奠定了期货交易结算制度的基础，使 CBOT 快速演化为成功的现代化期货交易所。

2. 金属期货诞生于工业化的英国

CBOT 创立之初，交易的品种多为谷物、棉花、小麦、黄豆、玉米等农作物，而如今全球期货市场上，金属期货和能源化工期货交易量已非常庞大。

工业革命开始于 18 世纪 60 年代，在此之前，英国国内开采的铜矿主要用于出口。19 世纪 30 年代，英国率先完成工业革命，工业经济迎来飞速发展，金属原料的供需情况亦发生巨大转折。1860 年，英国全国的经济总量已占到世界经济总量的两成，成为世界经济绝对的领头羊，英国对各种工业原料的需求量也大幅增加。尽管当时英国仍是世界上最大的铜生产国，但本国的产量已经不能满足其飞速发展的工业生产所需。在这种情况下，英国开始从国外运输铜矿石和锡矿石回国冶炼，从金属的净出口国变成净进口国。

英国所需的大量金属原料主要来自南美、非洲和远东地区。受制于交通运输条件，金属原料从采购到使用之间需要花费较长时间，经常会出现采买时价格过高，使用时价格已回落的情况。这一风险促进了远期交易市场的兴起，即通过预约价格来采买将来的货物。和芝加哥的粮食商一样，英国的商人们根据对到货时间和市场需求的判断，得出预约价格，提前签订未来合同，锁定利润并进行交易。

1876 年，300 名金属商人发起成立了伦敦金属交易有限公司（London Metal Market and Exchange Company），并于第二年 7 月改建为伦敦金属交易所（LME），这对世界范围内的有色金属生产和销售产生了重要影响。LME 组建当年，即 1877 年，铜期货上市，开创了金属期货交易的先河，随后，锡期货也顺利上市。虽然当时还没有形成正式的标准期货合约，但已经确定以智利铜棒、马来西亚和新加坡的锡分别作为铜和锡的基准级别，并以 3

个月作为远期合约的交货期[①]。世界上全部铜生产量的近七成都按照 LME 公布的正式牌价为基准进行贸易。1899 年，LME 将每天上下午进行两轮交易的做法引入到铜、锡期货的交易中，每场又分为两轮交易。1920 年，铅、锌两种金属正式在 LME 上市交易。目前，伦敦金属交易所主要交易品种有铜、锡、铅、锌、铝、镍、白银等，其价格被称为国际金属市场的“晴雨表”。

20 世纪初期，美国、德国的工业化进程逐步加快。1933 年纽约商品交易所（New York Commodity Exchange，COMEX）成立，铜期货在此上市，时隔半个世纪，美国的金属期货也开始交易。COMEX 铜期货合约的标的一般是高级电解铜，但其他品质的熔炼铜等也可以通过升贴水后进行交割。1975 年该交易所上市了黄金期货，引入做市商机制，并通过佣金奖励提高做市商的积极性，市场流动性大幅提高，在国际市场上具有重要影响。目前 COMEX 上市的其他金属品种还包括白银、铝等。

3. 石油危机催生能源化工期货

20 世纪 70 年代，国际社会连续发生了多个导致原油市场动荡的事件。

1973 年，第四次中东战争爆发，引发了第一次石油危机。战争开始于 10 月 6 日的“赎罪日”，阿拉伯等石油生产国利用时机发动打击以色列及其支持者的战争。初期，阿拉伯人节节胜利，但一周后战局逆转，在美国及其他西方国家的支持下，以色列开始大规模反攻。10 月 17 日，阿拉伯产油国石油部长开会，讨论如何以实际行动打击支持以色列的支持者，逼迫他们在政治上站到阿拉伯一方。会议最终决定逐步压缩产量和出口量，减少对美欧的石油供应。

美国初始对此并没有非常在意，还在 10 月 19 日宣布对以色列提供 22 亿美元军事援助。此举激怒了阿拉伯产油国，利比亚当天宣布向美国禁运石油。20 日，沙特阿拉伯等海湾产油国一致行动，对美国、欧盟禁运石油。世界市场上一下减少了 500 万桶/日的石油供应量。美国无力增加产量，于是油价飞涨，许多加油站汽车排起了长队。OPEC 于当年 12 月下旬把油价提高到每桶 11.65 美元，之后一度超过 13 美元。

这场危机导致世界各国受到严重影响。由于西欧和日本 80% 以上的石

① 从圣地亚哥和新加坡到英国的航行时间大约为 3 个月。

油来自进口，进口来源又集中于中东，因此所受打击远远超过美国。出于对自己国内能源需求的考虑，11 月下旬，欧共体和日本均表态在中东问题上支持阿拉伯人，孤立了美国和欧盟国家。

石油斗争大大加强了阿拉伯国家的经济实力。可以说阿拉伯国家把石油作为捍卫国家主权、收复失地和反对霸权主义的战略武器，通过采取减产、提价、禁运以及国有化等措施开展了一场震撼世界的战争。

1978 年 8～12 月，伊斯兰革命爆发，大规模的罢工和示威活动让伊朗陷入瘫痪。次年 4 月，伊朗亲美的温和派国王下台，巴列维王朝被推翻，伊斯兰共和国建立。1980 年 9 月 22 日，伊拉克趁乱突袭伊朗，爆发两伊战争。战争使得这两个石油输出大国的生产完全停摆，石油出口量锐减，一度完全中断，全球石油产量从每天 580 万桶骤降到 100 万桶以下。随之而来的是，油价在 1979 年开始急剧上扬，国际市场石油价格从之前的每桶 13 美元一度暴涨到每桶 42 美元，这一高价一直持续到 1981 年，随后才终于稳定在每桶 34～36 美元的范围内。

与其他商品不同，石油是全球工业的基础能源，其价格上涨会引起社会经济各方面的连锁反应。自此次石油危机开始的半年多里，美国再次发生油荒，高企的油价不仅影响人们的用车成本，所有商品的运输成本都水涨船高。受此影响，1979 年美国的通货膨胀率高达 10%①。

欧美国家认识到，在几次石油危机中，原油均受到中东国家原油产出、政治动荡的影响，价格剧烈波动，并被中东国家用作对抗西方制裁的手段。为削弱 OPEC 对石油价格的控制，完善以市场供需为基础的价格体系，欧美国家逐步放松了对原油及成品油的价格管制，并再次开始探索原油及成品油期货市场的建立②。

---

① 这几次石油危机成为 20 世纪 70 年代末西方经济全面衰退、经济陷入“滞涨”的一个主要原因。值得关注的是，日本在第一次石油危机中已经吸取了教训，在第二次石油危机前就已进行了大规模的产业结构调整，增加了节能产业设备的投资，提升核电在能源结构中的比例。由于石油在能源消费总额中的比例大幅下降，第二次石油危机对日本经济造成的危害远远小于第一次，也远远小于美国，这帮助日本创造了 80 年代的经济增长奇迹。

② 1973 年，纽约棉花交易所曾率先推出在鹿特丹交割的原油合约，拟避开美国政府的价格控制。由于当时美国政府保持价格控制，石油贸易的参与者对石油期货持怀疑态度，该合约最终没有发育起来。

随后十余年中，世界石油产业市场结构和价格机制发生重大的转变，市场参与者增多、竞争性加强，现货市场发展迅速，市场参与者对石油期货的需求与日俱增。大家开始意识到，石油期货不仅可以满足石油行业对风险管理的需求，也可以为投资者提供进行市场投机的捷径。

1978 年，纽约商业交易所（NYMEX）推出第一个成功的石油期货合约——纽约取暖油期货合约①。刚上市时，纽约取暖油期货合约主要吸引小型的独立市场参与者和部分炼油商，但很快现货石油交易商和一些市场投机者也进入了石油期货市场。

1981 年 4 月，伦敦国际石油交易所（The International Petroleum Exchange，IPE）推出的重柴油期货成为欧洲第一个能源期货品种，该期货合约规格为每手 100 吨，最小变动价位为 25 美分/吨。重柴油在质量标准上与美国取暖油十分相似，相应的现货市场是在安特卫普、鹿特丹、阿姆斯特丹地区进行交割的燃料油驳船市场，它被用于欧洲及其他地方石油蒸馏产品定价的参考，上市后交易量一直保持稳步上升的走势。至 20 世纪 80 年代，Brent 原油和 WTI 原油期货合约和期权合约推出，正式奠定了影响至今的基准全球油价体系。目前，全世界已经有多种石油期货合约遍布纽约、芝加哥、伦敦、东京、新加坡等各地交易所，交易活跃，既方便石油公司对冲风险，也给予了市场投资者更多的投资机会。

二、承袭与创新的金融期货

在现代期货市场诞生之后的一个世纪里，商品期货的交易一直占绝对主导地位。随着商品期货种类日益丰富，市场逐步扩张，期货合约设计与市场运行理论也不断成熟，这为金融期货市场的科学构建与规范运行提供了重要的思想指引。

1930 年，凯恩斯（Keynes）提出基于仓储成本的期货定价理论，其中

---

① 值得注意的是，商品期货中能源化工期货的推出时间，要晚于金融期货中外汇期货的推出时间（1972 年）。

对期货与期货、期货与现货的套利交易进行了详细论述。1953 年，美国期货专家霍布鲁克·沃金（Holbrook Working）在《期货交易与套期保值》一文中深入分析了企业的套期保值行为，并提出期货合约设计应当符合现货交易运作方式，以吸引套期保值者参与。上述从商品期货市场实践中破土而出的思想理论同样适用于金融期货，因此一旦 20 世纪 70 年代金融期货市场产生的契机成熟，就可以直接指导其建立与发展。

一方面，金融期货市场的组织制度自然承袭于商品期货交易所制度，后者为前者提供了孕育环境。1848 年芝加哥商会创建并持续进行大量制度创新；1874 年芝加哥农产品交易所成立，并几经重组于 1919 年设立 CME。这些探索，促成了现代期货交易和交易场所的诞生。

另一方面，金融期货市场的监管制度是商品期货市场制度的自然延拓，后者为前者提供了坚实基础。例如，在美国，“商品”的定义不断被扩展：1970 年，“商品”的定义扩展到一种交换的媒介物，“可数”这一元素在商品的概念中不再必要，这为外汇期货的产生奠定了基础。1974 年“商品”被定义为任何有形或无形的用于期货交割的物品，从而使利率期货和股指期货这类金融期货的监管适用成为可能。这一定义还为基于事件和产权的期货的引入提供了方便，例如巨灾期货、天气期货和碳排放权期货交易等。

时势造英雄。金融市场的日益发达，金融变革的风起云涌，促使现代金融期货走向台前。20 世纪 70 年代，第二次世界大战后布雷顿森林体系的解体，固定汇率制被浮动汇率制所取代，汇率、利率频繁剧烈波动。1972 年 5 月，CME 首次推出包括英镑、加拿大元、西德马克、法国法郎、日元和瑞士法郎等在内的外汇期货合约。1975 年 10 月，CBOT 上市房利美抵押凭证期货合约，从而推出世界上第一个利率期货合约。1982 年 2 月，美国堪萨斯期货交易所（Kansas City Board of Trade，KCBT）开发了价值线综合指数期货合约，使股票价格指数也成为期货交易的对象。至此，金融期货三大类别的外汇期货、利率期货和股票价格指数期货均上市交易，全球期货市场进入了一个崭新的时代。

金融期货问世后发展十分迅速，交易量突飞猛进，使期货市场发生了翻天覆地的变化，彻底改变了期货市场的发展格局。

（一）外汇期货

1. 布雷顿森林体系的建立和瓦解

1929～1933年，经济危机爆发后，以邻为壑的竞争性货币贬值与贸易保护政策加上大规模的国际资金流动冲击，使金本位制彻底崩溃。在此背景下，建立国际货币体系协调机制成为各国政府的基本共识。1944年7月，日、德战败已成定局，美国召集英、法等44个国家在新罕布什尔州的布雷顿森林小镇召开会议，以确定战后新的国际金融体系。当是之时，西方主要国家力量对比呈现美国一家独大，英、法、德、意等国百废待兴的鲜明特点。虽然布雷顿森林会议与会国家众多，但核心是老牌经济强国英国和靠两次世界大战弯道超车的美国之间对战后国际金融体系主导权的争夺。

在会议上，英国经济学家、财政部顾问凯恩斯公爵和美国财政部部长助理哈里·德克斯特·怀特各准备了一个方案。怀特的方案依托于美国在黄金储备上的绝对优势，力图回归金本位的基本原则，反映了美国的战略利益诉求。他建议建立国际货币基金，发行一种能兑换黄金、可以在成员国之间转让并与各成员国货币保持固定汇率的新世界货币单位Unita，成立世界银行。而凯恩斯提出的是一个摆脱金本位束缚的方案，可以让英国错开美国的黄金储备优势，他建议建立一个类似世界中央银行的国际结算联盟，创立一种不可兑换黄金的世界货币Bancor。

两相比较，凯恩斯计划中的Bancor作为世界基础货币不属于任何一国，国际货币体系中产生的铸币税会按份额分配给各个国家，相对更具公平性。而怀特方案事实上赋予美国在国际货币体系中最大的特权，美元实际上变成了世界货币，铸币税将最大限度地流向美国。然而，由于美国日渐强盛的国力，会议的议程完全处于美国的掌控之下，以怀特方案为底版的布雷顿森林体系最终建立起来。该体系的核心内容是规定了“双挂钩”的汇率制度，即美元直接与黄金挂钩，各国货币则与美元挂钩。布雷顿森林体系实际上就是美元—黄金本位制，黄金是世界货币的基础，美元几乎就是黄金的替代品。该方案事实上确定了美元在国际货币体系中的霸权地位和以美元为核心的固定汇率体系。

从历史发展的角度来看，布雷顿森林体系是英国和美国此消彼长的国际政治地位在金融领域的映射，意味着美国逐渐取代英国成为新的世界经济中心和金融中心。

布雷顿森林体系的运行可以分成两个时间段：第一阶段是美元短缺时期，从战后一直持续到 1958 年。第二次世界大战结束后，大部分国家百废待兴、进口需求旺盛，但国际储备不足，依赖于美国的赤字来满足贸易进口需求、恢复经济内生动力。美国大量发行美元以弥补国际清偿力的不足，各国积极配合，为布雷顿森林体系顺利运行提供了良好条件。第二阶段是美元过剩时期，从 1958 年一直持续到布雷顿森林体系解体。1958 年之后，欧洲各国大多度过了战后重建时期，货币恢复了可兑换性，开始关心如何避免美元过度积累的问题。而美国则不断利用赤字为其海外政策（如越南战争、美苏争霸等）融资，在布雷顿森林体系双挂钩的机制下将国内的通货膨胀输出到其他国家，导致越来越多国家不满，并开始怀疑美元与黄金可兑换的持续性。1965 年，法国把大量美元兑换成黄金；从 20 世纪 70 年代开始，英、德等国家也不再有意愿继续维护布雷顿森林体系下的双挂钩汇率制度。

很显然，在第二阶段，布雷顿森林体系自身不稳定的内在缺陷已越来越明显。耶鲁大学罗伯特·特里芬教授于 20 世纪 50 年代指出，布雷顿森林体系本身在流动性创造和国际收支平衡调节机制上存在不可克服的缺陷。具体而言，即为了满足世界各国经济发展与国际贸易增长的需要，美元供给必须不断增长；而由于美国持有的黄金储备是有限的，为了维持美元与黄金的固定比率兑换，美元供给又必然有一个上限。这就是著名的“特里芬难题”。

虽然依靠第二次世界大战后的政治、经济与资源优势主导了布雷顿森林体系的建立，但美国始终无法解决上述矛盾。从 1960 年开始，国际金融市场上投资者大量抛售美元抢购黄金，引起黄金价格上涨的危机事件一再发生，较大的美元危机事件共爆发四次（见表 2 - 1）。1971 年 8 月 15 日，美国政府宣布停止外国中央银行以官价用美元兑换黄金。在国际金融市场极度混乱的条件下，西方“十国集团”① 于 12 月达成“史密森协议”，宣布

① 美国、英国、法国、德国、意大利、日本、荷兰、加拿大、比利时、瑞典。

美元对黄金贬值 7.89%。这标志着作为布雷顿森林体系两大支柱之一的“美元与黄金挂钩”事实上已不复存在。之后，美国国际收支持续恶化、美元投机现象时有发生。从 1973 年开始，西方各国纷纷放弃本币对美元的固定比价，宣布实行浮动汇率制度。至此，布雷顿森林体系彻底崩溃。

表 2－1　四次美元危机事件

时间	背景及事件
1950～1960 年	1950 年，美国发动朝鲜战争，海外军费激增，国际收支持续逆差、且幅度不断增大，黄金储备日益减少。 1960 年 10 月，美国黄金储备降至 178 亿美元，低于其 210 亿美元的对外流动负债，引起国际金融市场上抛售美元的风潮，战后第一次美元危机爆发
1968 年	20 世纪 60 年代，美国卷入越南战争，国际收支进一步恶化的同时，国内经济开始过热，通货膨胀也开始攀升。 1968 年 3 月，美国黄金储备下降至 121 亿美元，对外流动负债高达 331 亿美元，第二次美元危机爆发
1971 年	美国出现了自 1893 年以来未曾有过的全面贸易收支逆差。5 月，欧洲市场的投资者再次大规模抛售美元，第三次美元危机爆发，此时美国完全丧失了承担美元兑换黄金义务的能力
1972 年	下半年开始，美国国际收支状况继续恶化，投资者对美元信用彻底失去信心，引发了第四次美元危机

布雷顿森林体系解体以后，国际金融市场持续动荡，各国为建立一个新的国际货币体系进行了长期的讨论与协商。最终于 1976 年 1 月在牙买加首都金斯顿签署《牙买加协议》，对包括浮动汇率制在内的汇率安排多样化、黄金非货币化等进行了追认，国际贸易与投资中面临的汇率风险大大增强，这为外汇期货的产生与蓬勃发展提供了巨大的空间。

2. 外汇期货产品的破局

外汇期货最早曾产生于 1970 年的纽约农产品交易所。当时，布雷顿森林体系虽已风雨飘摇，但毕竟仍处于固定汇率时代，汇率波动风险较低。该外汇期货上市后交易量很低，很快停止交易。

布雷顿森林体系解体后，汇率波动加剧，极大地增加了国际贸易企业等承担的风险，市场对外汇风险管理工具的需求日益强烈。在此背景下，CME 理事长利奥·梅拉梅德产生了上市外汇期货的灵感。当时 CME 正面临和 CBOT 的激烈竞争，而 CME 的产品主要是没有太大影响力的农产品期货，梅拉梅德希望通过推动外汇期货上市增强 CME 的竞争力。1971 年，梅拉梅德专门访问了诺贝尔经济学奖得主弗里德曼，邀请他从理论上阐述在美国建立外汇期货市场的重要性和迫切性。

当年 12 月，弗里德曼撰写了一篇题为《货币需要期货市场》的论文，从外汇期货可以促进外贸增长、有助于顺利实施货币政策等角度论述了在美国本土建立外汇期货市场符合美国国家利益，同时驳斥了外汇期货会给汇率带来不稳定性等的言论（见表 2-2）。弗里德曼还给他的朋友，同样是芝加哥学派的教授、财政部长乔治·舒尔茨写信，请求财政部支持 CME 上市外汇期货。在弗里德曼的支持下，CME 立即成立了国际货币市场部门（International Monetary Market，IMM），并于 1972 年 5 月 16 日正式推出了 7 种外汇期货合约，其中标的包括英镑、加元、西德马克、日元、法国法郎、墨西哥比索和瑞士法郎。

表 2-2　弗里德曼《货币需要期货市场》主要结论

内容		结论
建立外汇市场的重要性	对外贸易方面	浮动汇率制度下，发展外汇期货有助于促进外贸增长。布雷顿森林体系崩溃后，不定期出现的汇率过度浮动进一步加大了外贸汇兑风险，建立期货市场，为外贸商提供合适的风险管理工具，才能保护其不受汇率风险的影响
	货币政策方面	在美国设立活跃的外汇期货市场有助于顺利实施货币政策。包括：可以减轻欧洲美元市场波动对美国市场的影响，削弱欧洲美元市场的重要性；减少美元的跨境流动；促进国内货币市场的发展，进一步提升其广度与深度，便于美联储公开市场操作的实施
	国家利益方面	在美国本土建立外汇期货市场不仅会提升金融业务出口的利润，也将鼓励各类国家金融业务流入美国，扩大、增强本土资本市场，逐步削减欧洲美元市场等海外市场的规模

续表

内容		结论
对潜在风险的考量	价格方面	汇率的变化主要受外汇现货交易影响，而非期货交易，而且期货市场对现货市场没有直接影响
	稳定性方面	期货市场不仅不会给汇率带来不稳定，其套期保值和套利交易反而有利于现货市场稳定

当然，在 CME 创建 IMM、上市外汇期货之初，也面临过商业银行不支持、G7 国家[①]中央银行不认可、定价与现货市场联系不紧密等多方面的外部挑战，以及上市合约数目过多、合约面值过大等内部机制设计问题。针对上述矛盾，CME 采取了多方面措施进行应对，比如派出由梅拉梅德组成的高级代表团巡访欧洲，拜访交易货币所在国中央银行寻求支持；通过创新结算会员机制积极引进套利者，吸引商业银行直接参与外汇期货市场交易等。此外，还通过不断缩小外汇期货合约规模，将合约规模降至 10 万美元左右等方式，明显提升成交量和市场活跃度。

CME 的创举正式开启了外汇期货市场发展的先河。自推出以来，外汇期货获得了长足的发展。目前，北美是外汇期货的主要交易市场，美元仍为第一大外汇期货合约货币。

3. 外汇期货的蓬勃发展为美元霸权提供强力保障

外汇期货的推出标志着现代金融期货正式诞生。从市场参与者的角度看，外汇期货提供了规避国际经贸活动中重大风险的高效工具。但从更加宏阔的视野看，外汇期货的意义远不止于此。众所周知，主权国家货币不仅仅充当单纯的流通、计价、支付和储存手段，更是一国综合实力和国际影响的关键载体，以货币价格为标的的外汇期货已经成为货币国际地位沉浮过程中的重要角色。

事实上，外汇期货的上市就对巩固美国全球金融交易中心和大宗商品定价中心的地位起到了举足轻重的作用。布雷顿森林体系解体后，为维系美元霸权地位，美国盯上以石油为代表的大宗商品，在 1973 年石油危机事

① 成员国包括美国、英国、法国、德国、日本、意大利和加拿大七个发达国家。

件后，迅速与沙特阿拉伯达成协议，将美元作为石油贸易结算的唯一货币，并建立了一套石油美元回流机制，正式实现美元与石油的紧密挂钩。美元外汇期货市场则为应对浮动汇率制度下的汇率波动风险提供了风险管理工具，进一步支持美元与石油挂钩的能源金融新体系有效、平稳运行。美国依托于石油美元和发达的美元外汇期货市场等，建立了一整套包括定价评级、中介服务、交易清算、信息监测等在内的全球美元流通网络，使其他国家产生了对美元的依赖，在布雷顿森林体系瓦解的废墟之上重新建立起了更富弹性、韧性的美元霸权新体系。外汇期货诞生相关大事记见表2－3。

表2－3　　外汇期货诞生相关大事记

年份	事件
1944年	布雷顿森林体系建立
1960年	第一次美元危机
1961年	美国介入越南战争； 美国同7个国家建立黄金总库，以稳定伦敦自由市场上的黄金价格
1968年	第二次美元危机
1970年	纽约农产品交易所（ICE前身）推出外汇期货，因无交易量而失败
1971年	第三次美元危机，美国宣布停止外国中央银行以官价用美元兑换黄金，美元与黄金脱钩； 西方十国集团签订史密森协议，宣布美元对黄金贬值7.89%，标志着作为布雷顿森林体系两大支柱之一的美元与黄金挂钩事实上不复存在
1972年	第四次美元危机； CME正式成立国际货币市场部门（IMM），推出7种外汇期货合约
1973年	西方各国纷纷放弃本币对美元的固定比价，宣布实行浮动汇率制度，布雷顿森林体系彻底崩溃

（二）利率期货

1. 两次石油危机使美国深陷滞胀泥潭

20世纪60年代初，美国深受越南战争影响，国际收支恶化、美元濒临危机，肯尼迪政府为促进投资和刺激经济增长，采取扩张性的财政金融政策①。但越南战争升级、军费开支扩大，导致美国财政开始出现连年赤字，财政政策趋于长期扩张，埋下了滞胀的根子。60 年代后期，美国国内消费物价指数不断上涨，通货膨胀愈演愈烈。尼克松政府通过财政金融双紧政策抑制货币供应量，并缩小军费开支，试图消除通货膨胀，但却导致美国经济增长率暴跌至零，失业率上升近 1 倍，美国开始陷入通货膨胀与经济衰退伴生的滞胀。1972～1973 年爆发的粮食危机、1973 年爆发的石油危机，以及布雷顿森林体系解体对国际收支产生的影响交互叠加，使美国 1974 年的通货膨胀率在战后首次超过两位数，而经济增长率则首次跌到零以下，滞胀现象更加严重。1979 年再次出现的石油危机更是将美国的 CPI 推上了巅峰，经济负增长再现，滞胀阴影持续不散（见图 2－1）。

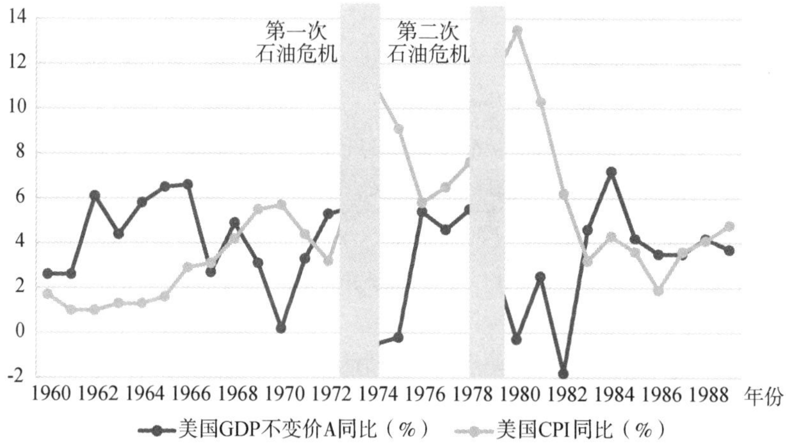

数据来源：Wind

图 2－1　1961～1989 年美国 GDP 与 CPI 增速

2. 利率市场化进程开启

在通胀日益高企的背景下，货币市场与债券市场利率持续上升，波动性不断提高。而美国银行当时执行的是美联储于 1933 年发布、旨在避免银

① 主要措施包括增加军费和福利开支，同时削减个人所得税和企业所得税，实行相对宽松的货币政策，即双重利率政策——为防止黄金外流提高短期利率，为促进经济增长降低长期利率。

行之间利率恶性竞争的 Q 条例[①]，这导致银行活期存款、定期存款与储蓄存款利率在管制下保持低位，弊端日益显现。一方面，市场利率上升甚至高于存款利率上限，导致银行存款对投资者的吸引力急剧下降，金融国际化、投资多样化引发银行存款大量流向证券市场或货币市场，传统银行业务萎缩[②]，出现了金融脱媒现象[③]。另一方面，利率管制限制了银行放贷能力，导致信用创造不足，进而制约了经济增长。此外，受管制的金融机构利用各种方式和手段逃避监管，创造了新的金融工具或融资策略[④]，既削弱了利率管制应有的效果，也使得货币政策传导路径受阻。

为解决上述问题，美国开始推进利率市场化改革，最终于 1983 年取消了所有定期存款的利率上限。美国利率管制与利率市场化进程见表 2－4。

表 2－4　　　　美国利率管制与利率市场化进程

阶段	时间	事件
利率管制阶段	1933 年 6 月	不得对活期账户支付利息，并授权美联储对其商业银行会员的定期存款和储蓄存款设置利率上限
	1935 年 8 月	将利率管制扩大至非美联储会员的商业银行
	1966 年 9 月	将存款利率上限管制扩大至储蓄机构，允许其存款利率上限高于商业银行

① 1929 年经济危机重创了美国银行业，并从金融领域蔓延到整个实体经济。到 1933 年 3 月 4 日罗斯福宣誓就任总统时，全国几乎没有一家银行营业，支票在华盛顿已无法兑现。在这一背景下，罗斯福摈弃了自由放任主义的传统原则，以凯恩斯理论为基础，运用国家调控手段维护国家经济的稳定发展。为避免银行之间的利率恶性竞争，降低银行风险，先后出台多项法案，如 1933 年《格拉斯－斯蒂格尔法》、1934 年《证券交易法》、1935 年《银行法》，对银行业进行了严格的管控。其中比较具有代表性的就是美联储发布的"Q 条例"。该条例规定银行对于活期存款不得公开支付利息，对于储蓄存款和定期存款的利率设定最高限度。这些金融抑制措施有利于经济发展获得低成本本金，对美国在大危机后的恢复、第二次世界大战战时低成本筹措战款和战后美国经济的快速发展发挥了重要作用。

② 20 世纪 70 年代，美国开始出现了银行业经营危机，银行破产数量逐年增加，到 20 世纪 80 年代中后期达到最高。

③ 金融脱媒是指在金融管制的情况下，资金供给绕开商业银行体系，直接输送给需求方和融资者，完成资金的体外循环。

④ 例如利用银行持股公司发行商业票据、回购协议以及吸收欧洲美元存款等。

续表

阶段	时间	事件
利率市场化进程①	1970年6月	取消面值高于10万美元、期限在90天以内的大额可转让存单的利率上限
	1971年11月	准许证券公司引入货币市场基金
	1973年5月	取消面值高于1000万美元、期限5年以上的定期存款利率上限
	1978年6月	准许存款机构引入货币市场存款账户（6个月、1万美元以上），不受支票存款不允许支付利息的限制
	1980年3月	取消贷款最高上限规定，提出分阶段取消存款利率上限，设专门委员会负责调整金融机构存款利率
	1980年12月	允许所有金融机构设立可转让支付命令（NOW）账户
	1982年5月	准许存款机构引入短期货币市场存款账户（91天期限、7500美元以上），并放松对3年6个月期限以上定期存款的利率管制
	1982年12月	准许存款机构引入货币市场存款账户（2500美元以上）
	1983年1月	准许存款机构引入超级可转让提款通知书账户
	1983年10月	取消所有定期存款的利率上限
	1986年3月	取消NOW账户的利率上限，取消所有利率上限，但仍不得对活期账户支付利息

3. 利率期货的诞生

综上所述，20世纪七八十年代，滞胀导致了管制利率逐渐松绑、非管制利率波动剧烈、整个市场上的利率风险不断加大的局面。而1972年外汇期货的诞生②把商品期货的成功经验推广至金融领域，让投资者广泛意识到金融期货具有有效的风险管理能力，对利率期货的需求与研发动力日益强烈。市场上的有识之士开始研究利率期货的可行性，并于1975年推出了第

① 20世纪70年代美国推行的利率市场化措施并没有从根本上解决"Q条例"限制带来的现实问题，短期资金仍然大量从商业银行流出，"金融脱媒"现象没有得到有效遏制，这些措施仅是开启了利率市场化的序幕。到了20世纪80年代，美国才正式开启了打破利率管制、实现利率市场化的金融自由化改革。

② 1972年5月，CME推出了7个外汇期货合约，打开了金融期货的大门，也开启了CME和CBOT之间的竞争拉锯战。梅拉梅德在2009年回忆称"从1972年开始萌生的外汇期货观念非常成功。最终，它完全改变了期货市场的属性……我最大的忧虑是，芝加哥期货交易所是否复制这个理念，并把我们的市场夺走。事实上，当芝加哥期货交易所1975年上市交易政府国民抵押协会抵押凭证期货合约（GNMAs）的时候，这场竞争就开始了。"

一份利率期货合约。

1975 年 10 月，在美国国内利率波动加剧、市场对利率风险管理工具需求迫切的背景下，CBOT 推出了房利美抵押凭证期货（GNMA 期货[①]），标志着第二类金融期货——利率期货的诞生。GNMA 期货的标的是一种住房抵押贷款证券（GNMA - CDR[②]），其实际收益率与 10 年期美国国债利率的相关性较强。

GNMA 期货的推出并非一帆风顺。20 世纪 70 年代早期，CBOT 就产生了推出利率期货合约的想法，但他们把精力聚焦在抵押贷款市场上，直到发现抵押贷款几乎不可能标准化，才将注意力又转移到了由房利美作担保的抵押贷款支持证券上。该市场与抵押贷款相比更具有同一性，且证券发行量大、持有人数量较多，在利率波动逐年增强的情况下，对冲需求较强。CBOT 于 1972 年起草了第一份 GNMA 期货合约，至 1975 年该合约推出前，原始条款修改了至少 23 次。但 GNMA 期货合约存在交割对象单一、流动性较差等问题，不能完全满足市场多元化的利率风险管理需求，交易量从 1980 年的 232.6 万手下降至 1987 年的 8000 手[③]，并最终摘牌停止交易。

随着利率市场化的不断推进，商业银行存贷款利率逐渐放开，银行存款利率波动比较剧烈，市场上对于规避利率风险的要求更高、范围更广。在这一背景下，国债期货（3 个月美国短期国库券期货）于 1976 年诞生，并在不断创新品种的过程中迅速发展成为全球最受欢迎的金融期货品种之一。利率期货的推出满足了市场投资者对冲利率风险的需求，也为利率市

① GNMA 是政府国民抵押协会发行的抵押存托凭证，是一种住房抵押贷款证券，其持有者的收益来自于抵押贷款利息与本金的支付，并受到美国政府国民抵押协会的担保，可视为一种低风险债券。GNMA 期货的标的是剩余名义本金为 10 万美元、票息为 8% 的 GNMA - CDR，票息不等于 8% 的 CDR 证券也可交割，但需要根据转换因子计算相应的名义本金。

② GNMA - CDR 是一种住房抵押贷款证券，其持有者的收益来自于抵押贷款利息与本金的支付，并受到美国政府国民抵押协会的担保，可视为一种低风险债券。其抵押贷款的期限最长为 30 年，但由于可以提前还款，因此 GNMA - CDR 的到期期限是不确定的，通常在 12 年以内。GNMA - CDR 的价格与无风险利率紧密相关，若无风险利率下降，一方面贴现率减小，另一方面提前还款行为增加从而到期期限缩短，均导致其价格上涨，反之则价格下跌。

③ E. T. Johnston, J. J. McConnell, Requiem for a Market: an Analysis of the Rise and Fall of a Financial Futures Contract, The Review of Financial Studies, 1989, Volume 2, No. 1, pp. 1 - 23.

场化进程提供了保障。

4. 利率期货品种在竞争中不断创新发展

利率期货的诞生与发展，离不开宏观经济环境变化的“天时”、政府不断放松利率管制的“地利”，更离不开市场上有识之士积极支持和参与的“人和”。尽管 GNMA 期货合约并不算是成功的利率期货品种，但是它的推出开创了金融期货的新阶段，为后期利率期货的不断发展繁荣提供了一个新起点。随着 CME 和 CBOT 之间竞争日益激烈，两者开展了差异化的金融创新业务，CME 主要专注于短期利率期货合约的设计上市，CBOT 则不断推动中长期利率期货合约上市。

在短期利率期货方面。1976 年 1 月，CME 推出了 3 个月的美国短期国库券期货交易并大获成功，成为整个 70 年代后半期交易最活跃的短期利率期货。80 年代，CME 注意到了欧洲美元市场，并于 1981 年 12 月推出 3 个月期的欧洲美元定期存款期货合约。由于欧洲美元定期存款不可转让，该期货品种创新性地实行了现金结算。现金结算方式的成功，在整个金融期货的发展史上具有划时代的意义，它不仅直接促进了欧洲美元定期存款期货的发展，也为股指期货的推出铺平了道路。

在中长期利率期货方面。1977 年 8 月，CBOT 推出 30 年期的美国长期国债期货，该合约的成功运行得益于交易所创造了一个因子转换机制。长期国库券信用等级高、流动性强、对利率变化更为敏感，且交割简便，因此这一合约推出后获得空前成功。随后 CBOT 分别于 1979 年、1982 年、1983 年趁势推出了 5 年期、10 年期和 2 年期国债期货。1985 年 6 月，CBOT 还上市了极具吸引力的市政债券指数期货合约。

可以看出，20 世纪七八十年代，在 CME 和 CBOT 两家交易所互相竞争、持续创新的格局下，美国利率期货合约品种不断丰富，形成了覆盖短中长期的产品体系。这在为交易者提供更加多样的利率风险对冲工具的同时，也在美国政府推行货币政策、利率体系改革等方面发挥了积极作用。例如，1979 年 10 月 6 日（周六），美联储主席保罗 · 沃尔克宣布中央银行不再使用目标利率来控制通货膨胀，央行将焦点转向货币供应量。10 月 8 日（周一），CBOT 的国债期货开盘涨停，收盘跌停，不仅灵敏地反映了政府政策非预期变动带来的风险，也为金融机构提供了良好的利率风险管理工具。据 CBOT 利率期货主要负责人理查德·桑德尔回忆，所罗门兄弟公司为 IBM 公司进行债券承销业务时，采用了 CBOT 的国债期货进行对冲，取得了较大的成功。从此，美国国债市场交易商纷纷运用国债期货对冲利率风险、进行套期保值，相关实践渐成行业惯例。①

纵观这一时期的历史背景与发展实践，利率期货的诞生与利率市场化改革的开启均受到滞胀这一共同经济环境的催化。二者相辅相成、彼此成就：一方面，利率市场化的推进不断扩大利率期货标的范围，丰富了利率期货品种；另一方面，利率期货发挥的价格发现和风险管理功能，在一定程度上降低了利率市场化进程中由于利率剧烈波动产生的代价，确保利率市场化顺利推进。利率期货诞生相关大事记见表 2-5。

表 2-5　　利率期货诞生相关大事记

时间	事件
1929～1933 年	美国经济危机
1933 年	富兰克林·罗斯福任美国总统，推行一系列经济政策，推出《格拉斯-斯蒂格尔法》
1934 年	美国推出《证券交易法》
1935 年	美国推出《银行法》
1961 年	美国介入越南战争
1970 年	美国利率市场化改革开始
1972 年	CME 推出外汇期货合约
1972～1973 年	全球粮食危机
1973 年	第一次石油危机
1975 年	CBOT 推出房利美抵押凭证期货合约
1976 年	CME 推出 3 个月美国短期国债期货合约
1977 年	CBOT 推出 30 年期美国长期国债期货合约

① 理查德·桑德尔著，陈晗、宾晖译，《衍生品不是坏孩子——金融期货和环境创新的传奇》，东方出版社。

续表

时间	事件
1978 年	第二次石油危机
1979 年	CBOT 推出 5 年期国债期货合约
1981 年	CME 推出 3 个月欧洲美元定期存款期货合约
1982 年	CBOT 推出 10 年期国债期货合约
1983 年	CBOT 推出 2 年期国债期货合约； 美国取消所有定期存款的利率上限
1985 年	CBOT 推出市政债券指数期货合约
1986 年	美国利率市场化全面实现

（三）股指期货

1. 股指期货破茧而生

20 世纪 70 年代初期，美国国内外环境复杂多变。布雷顿森林体系解体使美元汇率开始自由浮动，两次石油危机拉高国内通胀水平，利率市场化渐进式推进解绑银行存款利率。这些变化导致金融市场的不确定性日益增强：债券价格和利率波动加剧，股票市场遭遇了自 1929～1933 年大危机以来最为严重的冲击。面对动荡的市场，投资者缺少必要的风险对冲工具，只能抛售金融资产，导致市场更加不稳定。

在这一背景下，1972 年 CME 推出外汇期货，1976 年 CBOT 推出国债期货，这两种产品一经推出便获得了市场认可，为外汇和债券持有者提供了风险管理工具和对冲手段。可以看出，外汇期货和国债期货的产生皆伴随着经济秩序更替、重大金融变革，背后都是宏大的历史叙事。相比之下，股票市场的价格波动在其诞生之初便如影随形，对股票价格波动进行风险对冲的需求也一直存在，那么股价波动风险管理工具为何迟迟未能产生？

实际上，早在 20 世纪 60 年代，CME 的场内交易员埃尔默·福克就萌生了设计股票指数期货对冲股价波动风险的想法。他曾与梅拉梅德讨论过以道琼斯工业平均指数为标的来设计股指期货，但最终因“它将永远无法实现，因为你无法交割”的困难而放弃。1968 年，纽约土产交易所（New

York Produce Exchange，NYPE）会员默里·博罗维茨也曾建议推出道琼斯工业平均指数期货，但被美国证券交易委员会否决。

总的来看，在当时的市场环境下，股指期货推出主要面临三大技术和专业层面的问题：指数授权、交割方式和监管权划分。

股指期货推出所面临的第一道关卡——指数授权问题最为突出。当时华尔街对期货交易一直漠不关心，在他们看来，期货交易不过是农场主和食品商的小圈子和专属领域。加之股指期货没有先例，以股票指数为标的设计期货产品被许多人看作是以股票指数进行赌博的行为。

1977 年初，因看到股票市场对有效的风险对冲和保值手段的庞大需求，当时主要以农产品期货交易为主的堪萨斯期货交易所（KCBT）决定开发股指期货，以提振其竞争力。当年 10 月，KCBT 向 CFTC 正式提交了报告，提出开发以股票指数为标的的期货产品，来规避股票投资中的系统风险。几乎同时，CME 和 CBOT 也开始规划推出股指期货产品。这三家交易所对股指期货标的指数的首选都是道琼斯工业平均指数，该指数历史悠久且在当时的市场中认可度很高。但道琼斯公司的管理层并不认可股指期货的设想，他们认为“一群期货商竟然想以我们的指数来赌博”，拒绝了这几家交易所上市道琼斯指数期货的要求，并表示在必要时将以妨碍名誉罪提出诉讼。

面对道琼斯公司的不合作态度，三家交易所策略不同。CBOT 认为，道指作为一个具有超高市场影响力和关注度的股票指数，理应被看作是市场的公共资源，推出以道指为标的的期货合约不需要道琼斯公司的授权，因而在没有征询道琼斯公司同意的情况下上市了道琼斯指数期货。道琼斯公司将 CBOT 告上了法庭，并在伊利诺伊州高等法庭胜诉，道指被判为道琼斯公司的私人财产，CBOT 被迫撤销已经上市的道琼斯指数期货合约。

KCBT 和 CME 则决定另寻合作伙伴。KCBT 首先找到标准普尔公司寻求合作，但遭到拒绝，最终于 1979 年与 Arnold Bernhard & Company 达成合作，使用后者的价值线指数（Value Line Index）作为期货合约标的，并重新提交 CFTC 等待审核。1980 年，CME 与标准普尔公司达成协议，以标普 500 指数作为期货合约标的。而由于道琼斯公司对期货的偏见，道指错失了成为第一只股指期货标的的机会。

股指期货产生的第二个障碍是无法解决期货合约到期交割的问题。商品期货和其他金融期货可在合约到期时交割实物，股指期货则存在困难：股票指数同其他实物商品或金融工具不同，它是由一篮子股票组成，如若采取到期实物交割的方式，则意味需要交割若干类型不同、权重不同的股票组合，这对于交易双方来说都是不现实的。1981 年 CME 推出的 3 个月期欧洲美元期货创新采用了合约到期现金结算的办法，即交易双方之间建立起一种清算信用，到期时，盈利一方从亏损一方获取收益完成一笔交易的清算。这次交割方式的革新使股票指数期货的交割难题从操作层面得以解决。

股指期货面临的第三个问题是监管权划分模糊。在股指期货诞生前，美国的股票市场与期货市场分别由 SEC 和 CFTC 监管。由于股指期货横跨了股票市场和期货市场，所以一时难以明确监管主体。1981 年，SEC 和 CFTC 就股票指数及股票衍生产品的监管权归属达成协议并签署了《夏德 - 约翰逊协定》，确定美国股指期货及股指期货期权的监管权归 CFTC；而 SEC 则对股票期权、股票指数期权享有监管权。同时还规定股指期货合约的设计必须满足现金交割等一系列限制条件。这一协定的签署打破了股指期货市场监管权划分的僵局，同时亦将股指期货的现金交割方式合法化，从制度层面为股指期货的推出铺平了道路。

在指数授权、交割方式和监管权划分问题均解决后，股指期货终得以推出。1982 年 2 月，KCBT 推出以价值线综合指数作为标的的第一份股指期货合约，即价值线综合指数期货合约。同年 4 月，CME 推出标普 500 股指期货合约。虽然标普 500 指数在当时的市场认知度并不高，但其因更合理的指数编制颇受机构投资者青睐。标普 500 股指期货在上市后取得了巨大的成功，仅仅 5 个月后，交易量便超过了当时其他股指期货的总和。同年 5 月，纽约期货交易所（New York Board of Trade，NYBOT）以其母公司纽约证券交易所（NYSE）的综合指数为标的，推出 NYSE 综合指数期货。

股指期货这一产品从设想产生到正式推出共经历了十多年的孕育过程，历经重重困难，终得以破茧而出。它的推出标志着涵盖货币、利率及股票衍生品的场内金融衍生品体系在美国得以完整建立，期货市场最终实现了从商品期货到金融期货的革命性转变。股指期货一经推出，很快便风靡全球，发展浪潮遍及主要发达及新兴经济体，成为资本市场最重要的风险管理工具和不可或缺的重要组成部分。

2. 股指期货的不断创新

美国股票市场的高度发展，促进股指期货逐渐发生着演变，不断适应新的市场需求。20 世纪 80 年代初至 90 年代中后期，美国历经 15 年的长牛市。1997 年，标普 500 指数突破了 1000 点，传统期货合约名义价值也越来越大。为适应交易者需求，当年 9 月 CME 在原始合约的基础上推出全球首个迷你期货——迷你标普 500 指数期货。该合约有两方面特点，一个是规模小、交易成本低，便于中小投资者入场；另一个是最小变动价位小，一个点数的变化引起的资金变化小，方便交易者精准管理风险敞口。在 2000 年新经济泡沫破裂后，股市进入剧烈震荡期，迷你标准普尔 500 指数期货广受欢迎，2001 年起就在成交量上遥遥领先初始的标准普尔 500 指数期货合约，目前仍是全世界成交量最活跃的股指期货品种。

股指期货发展过程中曾受到过质疑，如部分声音将 1987 年股灾归咎于股指期货交易，但随着时间的推移和研究的深入，监管者逐渐认识到股指期货和金融危机之间并没有因果关系。金融衍生品本身没有错，关键是如何进行合理使用和有效监管。进入 21 世纪后，“黑天鹅”事件和重大金融危机的爆发，更使人们充分认识到股指期货风险管理功能的重要意义和价值。

2001 年爆发了震惊世界的“9・11”恐怖袭击事件，面对这样一场突如其来的灾难，全世界都陷入了巨大的恐慌中，金融市场剧烈波动、风险陡增。“9・11”事件之后的一周，NYSE 股票、标普 500 指数期货均暂停交易。恢复开盘之后，股市由于恐慌因素难以成交，但标普 500 指数期货交易量与持仓量却大幅度增加，说明在极端条件下市场参与者对风险管理工具需求强烈。同样的情况还发生在 2008 年的次贷危机中：自 2008 年 9 月 15 日雷曼兄弟破产后，股指期货合约交易呈现出交易量和持仓量在短期内急剧增长的现象。例如迷你标普500指数期货主力合约交易量①至9月18日达到601万张，相当于承载了大约3600亿美元的抛盘，客观上起到了稳定市场的作用。纵观2008年金融危机的发展过程，全球股指期货市场都表现出色，不但自身运行平稳，还保持充沛流动性，交易量、持仓量及套保比例显著提升，成为金融风暴中的避风港。统计表明，在危机期间，全球30个主要股票市场中，22个推出股指期货的市场最大跌幅平均为46.91%，而没有推出股指期货的8个市场最大跌幅平均为63.15%。

股指期货之所以能成为危机中的避风港，是因为多数股票市场都上市有多达几千只股票，一旦发生系统性的恐慌，个股极易发生流动性枯竭的现象。而股指期货是以市场指数为标的的标准化合约，既有广泛的市场代表性，又采用保证金制度、具备杠杆属性，这使得参与各方可以用有限的资金维持一个有高度流动性的市场，在极端行情发生时提供了避险的宝贵平台。

综合股指期货合约推出的初心和历史实践过程可以看出，股指期货作为基础性的金融衍生产品，已经成为一个产品体系完善、市场功能完备的金融市场不可或缺的重要组成部分。推出股指期货，是金融市场走向开放与创新之路的必然选择，也是走向成熟的必由之路。股指期货诞生相关大事记见表2-6。

表2-6　股指期货诞生相关大事记

时间	事件
1972年	CME创建IMM并推出外汇期货
1976年	CBOT推出国债期货
1981年	CME推出了欧洲美元期货，创新采用了合约到期现金结算的办法； SEC和CFTC就股票指数及股票衍生产品的监管权达成协议并签署了《夏德-约翰逊协定》

① 2008年9月15日当天，迷你标普500指数期货主力合约交易量从前一交易日的256万张激增至399万张。

续表

时间	事件
1982 年 2 月	KCBT 推出价值线综合指数期货合约； CME 推出标普 500 股指期货合约； NYBOT 推出 NYSE 综合指数期货合约
1997 年 9 月	CME 推出全球首个迷你期货——迷你标普 500 指数期货

三、境外期货市场发展现状与特征

历经多年发展，境外衍生品市场已经演变形成了包括期货、期权、远期、互换等在内的丰富的产品体系，并覆盖权益、利率、汇率、农产品、能源化工、金属等各类基础资产，产品数量持续增加，种类丰富、风格多元。

（一）商品期货品种丰富、亚太市场交易增速显著

总结发展历程可以发现，全球商品期货市场呈现出以下主要特点：

1. 市场历史悠久，美欧先发优势明显

境外商品期货市场起步较早，欧美日等发达市场的期货交易均具有较长发展历史，突出的先发优势持续助力其期货市场稳健发展。

从芝加哥贸易委员会（CBOT 的前身）成立之时计起，美国的期货交易拥有超过 170 年的历史。虽然 1883 年 CBOT 成立结算协会标志着现代意义上期货交易的成形，但早在 1848 年 CBOT 就作为谷物现货市场开始交易远期合约[①]。1870 年，纽约棉花交易所（New York Cotton Exchange，NYCE）成立，后合并为 NYBOT，2007 年被 ICE 收购。20 世纪 70 年代，美国期货交易市场大幅扩张，商品交易所提供黄金、白银和铜等金属期货的交易和石油等能化期货的交易，美元与黄金脱钩后增加了铂金和钯金的交易。20 世纪 80 年代，商品期权交易兴起，吸引了大批投资者。

① https：//www. cftc. gov/About/HistoryoftheCFTC/history_precftc. html，最后访问时间：2022 年 6 月。

伦敦金属交易公司成立于 1877 年，从此时算起，欧洲的期货交易历史也超过 140 年。英国拥有最早的金属期货交易，伦敦金属交易公司主要从事铜和锡的期货交易，后转为 LME。据称该市场的起源可追溯至 1571 年，在交易所成立之前，伦敦咖啡馆的交易员在地板上用粉笔进行交易。1920 年，铅、锌两种金属在 LME 正式上市；1953 年重新开放铜交易后，LME 的金属交易范围扩大到包括铝（1978）、镍（1979）、锡（1989）等。LME 目前仍是全球最大的金属期货交易所。

在另外一个发达市场——日本，堂岛大米交易所（Dojima Rice Exchange）于 1730 年成立，很早就配备了类似于现代交易所的会员制度和清算功能，被公认为是世界有组织的期货交易所的先驱①。

2. 成交增长稳定，亚太增速突出

21 世纪以来，全球商品衍生品市场稳定增长。根据国际期货业协会（FIA）的数据统计，2021 年，全球商品衍生品市场（包括场内和场外市场）成交量达 105.93 亿手，相比 2001 年的 4.16 亿手，增长了超过 25 倍（见图 2－2）。

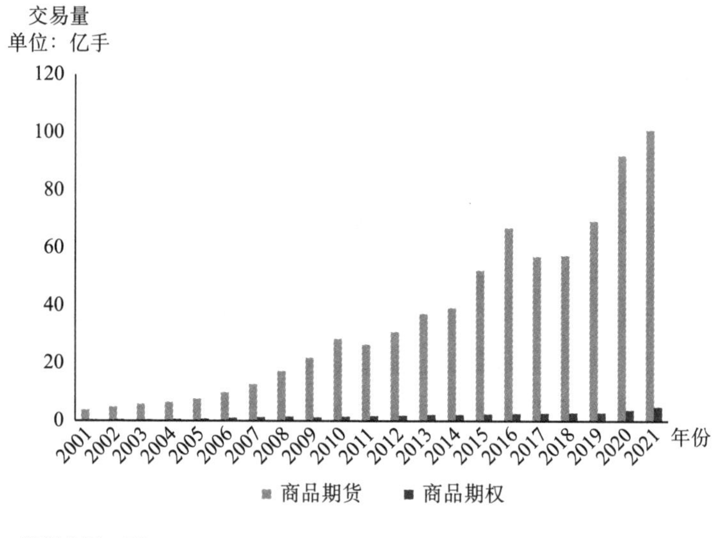

数据来源：FIA

图 2－2　全球场内商品衍生品市场交易量

① https：//www. jpx. co. jp/dojima/en/index. html，最后访问时间：2022 年 6 月。

从场内衍生品市场（包括商品和金融）来看，2021年，全球交易主要集中在亚太地区，全年成交手数达53.85亿手，占全球成交手数的65%；欧洲和北美的成交量分别为14.67亿手和13.15亿手，各自占18%和16%。在持仓量方面，2021年底持仓排名前三的地区为北美、欧洲和亚太，分别持仓5331.44万手、2397.92万手和2266.65万手，占比分别为52%、24%和22%。

仅从场内商品衍生品市场来看，近十年，亚太与北美地区一直占据全球2/3以上的成交量，稳居市场份额的前两位。据FIA的数据统计，2021年，亚太地区和北美地区的成交量市场份额占比分别为48.81%和24.58%。十年来，北美地区的交易规模从70亿手以上增长至150亿手以上，翻了1倍；亚太地区的交易规模从70亿手以上增加至300亿手以上；拉美地区从不足20亿手增长至80亿手以上；欧洲地区的交易规模维持在40亿～60亿手。自2018年以后，亚太地区增长强劲，交易规模迅速超越北美地区，已成为市场份额最大的地区（见图2-3）。

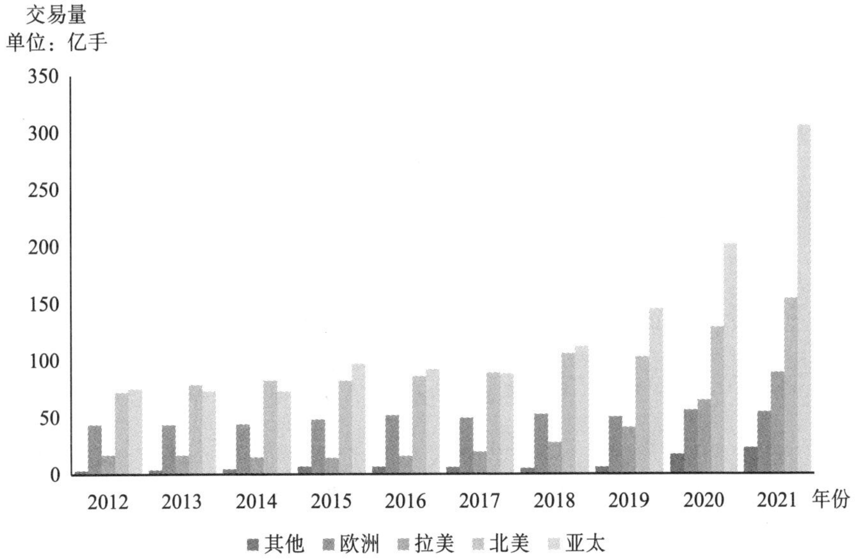

数据来源：FIA

图2-3　全球各地区场内衍生品市场变化情况

3. 合约数量众多，产品层次丰富

境外商品期货市场的合约数量众多，产品层次丰富（见表2－7）。截至2022年4月，ICE和CME Group的商品期货和期权产品数量分别达到1636只和1419只。新兴市场方面，2022年4月，新加坡交易所（Singapore Exchange，SGX）、巴西证券交易所（BM&F Bovesp，B3）、莫斯科交易所（Moscow Exchang，MOEX）分别有40只、27只、21只商品期货和期权产品①。同时，境外商品期货市场的产品层次较为丰富，以NYMEX的WTI原油期货为例，除标准期货合约外，还有小型合约、微型合约、价差合约等多层次品种。

表2－7　境内外主要交易所商品期货期权合约品种数量

交易所	农业类		金属类		能化类	
	期货	期权	期货	期权	期货	期权
ICE	13	26	6	0	1372	219
CME Group	69	110	53	24	861	302
SGX	7	4	4	4	19	2
LME	0	0	25	8	0	0
B3	11	6	5	1	3	1
MOEX	2	0	10	3	3	3

注：数据截至2022年4月。CME Group、ICE、SGX的产品分类源自各交易所的产品列表。LME、B3、MOEX相关数据为整理所得。不同交易所的分类略有差异。

（二）金融期货交易活跃、产品创新日新月异

在国际衍生品市场中，金融期货虽然起步较晚，但已在全球范围内取得巨大成功。近年来，其市场规模也不断扩大，成交量稳步增长。2021年，金融衍生品市场交易量占全球衍生品市场高达83%。根据FIA统计，2021年，全球场内金融衍生品共成交625.85亿手，同比增长33.68%。

① 由于LME已属于香港交易所集团旗下，因此统计在新兴市场中。其商品期货和期权产品共计33只。

从发展的最新趋势看，国际金融期货市场近年来主要呈现以下几个方面的特点。

1. 交易活跃程度具有明显的地域特征

从区域分布来看，2021 年全球场内金融期货、期权交易主要集中在亚太和北美地区，两地成交量分别占比 49% 和 24%；在持仓量方面，则是北美和欧洲地区名列前茅，占比分别为 55% 和 20%；此外，拉丁美洲等新兴市场金融衍生品交易和持仓规模增长也十分突出（见图 2－4）。

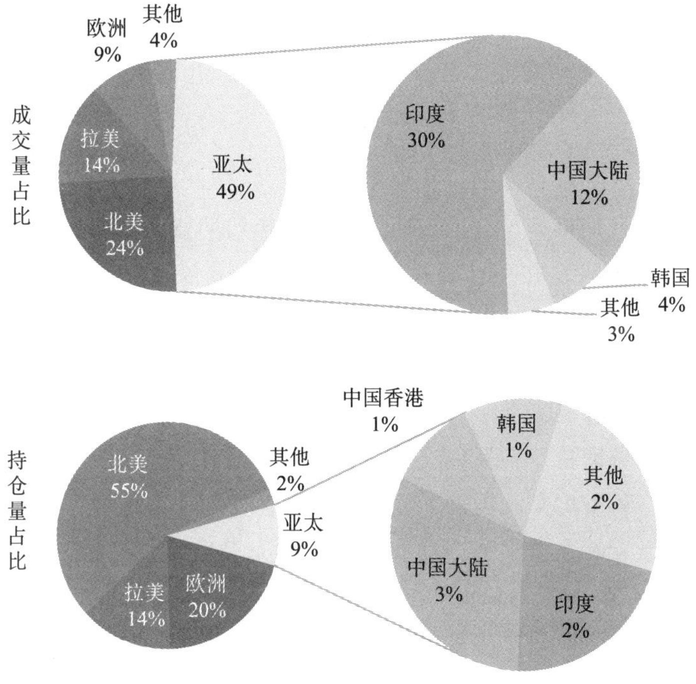

数据来源：FIA

图 2－4　全球各区域场内金融期货、期权成交量与持仓量占比

美国拥有 CME 等多家全球知名的交易所，是金融衍生品种类最丰富的国家，其利率期货交易量全世界瞩目。巴西、印度的股指期货，巴西、印度和俄罗斯的外汇期货交易量在全球的排名也都比较靠前。

从对应的基础资产类别来看，2021 年全球金融期货与期权共成交

519.92 亿手，其中，股指（281.22 亿手）、汇率（55.56 亿手）、利率（45.77 亿手）类衍生品交易量均达到历史峰值，股指类产品是全球最大的品种。

2. 品种数量众多，风格齐全多元

从数量来看，境外交易所通常拥有极其丰富的金融衍生产品体系。从种类来看，成熟市场交易所产品基本涵盖了所有三大类、六小类①金融衍生品；新兴市场交易所在三大产品线上也皆有布局，其中 SGX、B3 种类最为齐全，涵盖了所有六小类的金融衍生品，香港交易所集团（Hong Kong Exchanges and Clearing Limited，以下简称港交所）仅在利率期权上有所缺位。

近年来，金融衍生品标的风格更加多元化。从股指期货来看，相关交易所产品能够满足多样化的风险管理需求，合约更加精细化，标的更加细分与多样化。成熟市场方面，欧洲期货交易所（Eurex）除各类宽基指数期货外，还有股息期货、行业指数期货、迷你指数期货等；CME、ICE 的行业指数期货有数十只，并在已有指数期货基础上开发了多只迷你指数期货。新兴市场方面，港交所在恒生指数、恒生中国企业指数、恒生科技指数等上开发了指数期货、总股息累计指数期货、净股息累基础计指数期货、股息期货、恒指 VIX 指数期货等；SGX、B3 等也有行业指数期货、股息指数期货、迷你指数期货等在场内交易。从利率期货来看，期限体系日益完善。Eurex、ICE、SGX 均全面覆盖了短期、中期、长期利率期货。从汇率期货来看，美元、欧元等主要汇率产品齐全，离岸人民币汇率期货发展迅速。Eurex、CME、SGX、ICE、MOEX 在美元、欧元汇率相关期货上俱有布局。

在金融期权方面，产品期限也在不断丰富，由于一周到期的周期权产品尤其受到成熟市场交易者的青睐，因此 Eurex 和 CME 积极推出周期权产品。波动率期权方面，CBOE②、Eurex、NSE③、B3 也均有相关产品推出。

3. 国际化产品不断推出，对外开放水平逐步提升

为应对经济全球化的不断深入，境外交易所纷纷推出国际指数或新兴

---

① 指权益期货、利率期货、汇率期货和权益期权、利率期权、汇率期权。

② Chicago Board Options Exchange，芝加哥期权交易所。

③ National Stock Exchange of India，印度国家证券交易所。

市场指数期货与期权。SGX 是通过推出新兴市场标的产品增强交易所影响力的典型，其 42 只指数期货产品中，仅有 2 只本土指数期货，其余标的涵盖了中国、日本、菲律宾、印度、马来西亚、印度尼西亚、泰国等国家的股票指数。除此之外，以新兴市场国家汇率、利率为标的的期货期权产品也不在少数。

同时，为满足投资者不断增长的人民币汇率风险管理需求，境外交易所也推出了一系列人民币汇率期货。目前，一共有 12 个国家和地区的交易所上市了人民币衍生产品，比如 ICE、CME、SGX、B3、港交所均有人民币汇率期货产品上市交易。

除此之外，境外期货市场的发展还呈现出并不单独属于某一类期货的特征。比如，一是产品创新速度快，不断上市新型期货产品，逐步推出虚拟货币期货期权以及商品或金融的迷你期货合约和微型期货合约等。二是对新技术的接纳能力强，将新技术（如机器学习、人工智能、区块链等）快速运用到业务优化和创新中。三是对市场需求的响应快，定制化程度高，比如提供交易前、交易和结算、交易后的全流程服务等。四是准入机制更加灵活。为了吸引境外交易者，各大交易所提供多种激励计划，对符合条件的境外交易者予以费用的折扣等。五是参与者结构多样，机构化国际化程度高。比如 MOEX 的衍生品交易中有 48% 为境外交易者，57% 为机构投资者①；B3 的 Ibovespa 迷你股指期货的主要参与者为境外交易者，占比为 51%，Ibovespa 股指期货的境外交易者占比高达 77% 等②。

四、从历史发展规律理解期货市场的本质

（一）期货的诞生来自社会生产力的跨越式发展

回顾历史可以清楚地发现，期货的诞生和商业贸易的演进是分不开的。

---

① 见 MOEX 2022 年 3 月发布的投资者报告 https：//fs. moex. com/files/24122/

② 见 B3 2022 年 5 月披露数据 https：//www. b3. com. br/en_us/products – and – services/trading/equities/ibovespa – futures. htm.

商品交换催生了交易，风险又与交易相伴而生，风险管理需求达到一定规模时，则为期货的诞生铺好温床。

在原始的部落群体活动中，自给自足的生活模式以及生产力的低下导致人们并不会有大量剩余产品用于经常性的交换，也自然不会存在商品贸易活动。社会生产力的逐步发展，使大量的剩余产品成为商品进入流通，贸易也随之逐渐繁荣。体量越来越大的工农业生产和系统明确的行业分工，成为大宗商品海内外贸易强有力的支柱，工农业上下游之间、商品贸易对手方之间的风险管理需求不断积累且越来越复杂多样。人们开始认识到，在商品交易初始时期采用的风险逃避策略和全盘接受方案已不能满足现有的贸易规模，因此不得不寻求高级的风险管理方式。这就呼唤市场上出现一种能够更好对冲风险的机制或产品。在此条件下，远期交易理念出现并得到升华和蜕变，最终促使期货产品的诞生。

总结来说，繁荣的商业贸易、不断增长的风险管理需求促生了商品期货的诞生。19 世纪中叶商品期货问世之后，工农业生产和交易不断产生的新的风险管理需求，催促商品期货品种不断得到丰富。

（二）期货市场的产生和繁荣离不开创新与改革

推动期货市场产生和繁荣以及期货交易所诞生的力量，除了最基础的现货市场支撑和风险管理需求之外，还有两条影响因素值得重视。

第一是创新的力量。将远期交易从理念转化为行动，出现真实的期货交易所雏形、设计出期货合约交易，与当时芝加哥的创新环境密不可分。五大湖畔的商人创建芝加哥商会并逐步引入远期合同，进行标准化合约设计，顺应市场发展潮流且解决了实际问题，也聚合了大量的创新和探索。期货市场在建立后能够进一步壮大，与其自身的不断革命也是分不开的。这一革命的源动力是现货端不断增长的风险管理需求，也是期货端自觉紧跟的服务意识。如果期货市场固步自封，不关心现货市场，期货市场的产品丰富和业务拓展就无从谈起。可喜的是，现今世界各国期货市场各类创新改革方兴未艾，不断地巧妙解决现货各行业风险管理需求，这与期货产生的初衷紧密联合，只有期货市场初心未改，才能与现货同步前行。

第二是更具支持力度的监管空间。期货产品和交易模式能够得到支持，除了顺应需求而生，具有强大的生命力之外，监管环境对创新和开放的宽容也是必要条件。与之相关联的是制度对现货贸易的态度。古罗马、古希腊鲜有对商业活动的抑制，但我国古代重农抑商思想长期成为主流，交换和贸易被限制或被宏观调控这只“有形的手”垄断，商业发展极度不充分，自由贸易思想从未普遍持续兴起。这不利于交易的自由进行，也不利于市场创新，期货的产生更是无从谈起。

值得分析的是，便利的交通也是芝加哥能够成为“天选之城”的重要原因之一。CBOT 与 CME 仅有一街之隔，两个世界级顶尖交易所建立于同一座城市，无疑得益于芝加哥得天独厚的地理优势和商贸基础条件积累：芝加哥便利的水陆交通为当时美国东西部商品的交换和贸易提供了条件，各类商品的交易就发生在芝加哥当地，因此也汇聚了大量的生产商、贸易商，促生了创新。同时，交割仓库的选择也需要考虑交通的便利度，而在初始以农产品为主以及电子化尚未普及的期货交易中，仓库与交易所往往选择同一或附近地点，因此交通便利既是贸易发达的隐含前提，也是成为交易所选址的关键因素。这一点在我国也有体现：我国小麦的主产区集中在华北平原，河南是我国小麦产量第一大省，约占全国总产量 1/4，省会郑州处于华北平原腹地，又是陇海线与京广线的交点，交通非常便利，因而很早就发展农产品批发市场，小麦交易规模庞大，具有厚实的贸易基础和实践积累。郑州得天独厚的交通优势与芝加哥如出一辙，也成为郑州商品交易所（以下简称郑商所）在清理整顿时期保留下来的重要原因之一。

总而言之，风险的不断积累、相对自由的成长环境、持续的改革和创新，促使期货市场应运而生，并在后续发展中顺应潮流不断革新，取得辉煌的发展成就。

第三章

砥砺前行：跌宕起伏的中国期货市场

我国期货市场已有三十多年的发展历程。作为一名亲历者和建设者，我见证了境内期货市场从萌芽起步到无序竞争，从清理整顿到规范发展的过程，对其不断完善产品体系、发挥服务实体经济功能、提升国际影响力等深有感触。“以史为鉴，可知兴替”，回溯历史，总结市场发展经验、吸取相关教训，能够保障我国期货市场行稳致远，进一步促进行业质量以及市场竞争力的提升。

自近代我国出现股票和债券之后，类似期货的交易方式就开始在境内萌芽。20 世纪上半叶，证券期货交易和贵金属期货交易得到相当程度的发展。譬如在民国时期出现一种称为黄金定期的标金期货①，以两个月为限，在存续期内可以流通转让，由经纪人代理，分“信用”买卖和“证金”（与现行保证金类似）买卖。但在国家常年处于动荡的背景下，上述类期货业务始终在曲折中艰难前行，最终消失。

新中国成立后不久，我国逐步走上计划经济发展模式，各类期货交易的现实和法律基础很不完善。改革开放后，我国启动了从计划体制向市场体制的转型。国有企业改革的逐步深化和我国经济的持续发展需要建立与之相适应的金融制度，资本市场应运而生，成为推动所有制变革和改进资源配置方式的重要力量。市场经济体制的逐步完善使市场在资源配置中的作用逐渐增强，促使我国资本市场逐步成长壮大，运用衍生品工具进行市场风险管理的需求也日益凸显，这为期货市场的再一次起步提供了基础条件。

一、经济制度变迁推动期货市场曲折前行

（一）改革开放催生期货市场进入萌芽重生期

走上经济体制改革之路是我国期货市场诞生的先决条件。从 1978 年 12 月中国共产党十一届三中全会召开起，经济建设成为党和国家的基本中心任务，改革开放成为我国基本国策。

首先萌动的是证券市场。20 世纪 80 年代初，城市一些小型国有和集体企业开始进行多种多样的股份制尝试，股票开始出现。1990 年，深圳、上海出现“股票热”问题，引发了中央对建立集中统一的交易场所和安全有效的清算系统的关注。在地方政府的支持和努力下，上海证券交易所（以下简称上交所）于 1990 年 12 月 19 日正式开业，深圳证券交易所（以下简

① 在银本位制度下，相当于一种外汇期货，满足外贸企业的汇率避险需求。

称深交所）于1990年12月1日试营业、1991年7月3日正式开业。以沪深证券交易所成立为标志，伴随国家经济体制改革的全面启动和股份制经济的发展，我国资本市场因势而起、萌芽起步。

1992年春，邓小平同志在南方谈话中针对证券市场明确指出："证券、股市，这些东西究竟好不好，有没有危险，是不是资本主义独有的东西，社会主义能不能用？允许看但要坚决地试。……怕什么，坚持这种态度就不要紧，就不会犯大错误。"南方谈话后，国内掀起了新一轮改革开放的浪潮。

与此同时，我国期货市场的建立与发展也加快了步伐：在计划经济模式下，计划是配置资源的基本手段，大部分情况下物价很少有起伏波动，企业和居民对价格风险进行管理对冲的需求较低。1985年开始实行价格体制改革①后，农产品、工业品等商品领域价格波动逐渐加大，企业、居民面临越来越多的价格风险。如从价格双轨制开始实施的1985年开始，我国连续5年CPI指数增幅达5%以上②，大幅提升的物价水平甚至影响了社会环境稳定。随着企业、居民对价格风险管理需求的增强，政府作为改革的主导者，开始研究寻求规避价格风险的工具，这是尝试建立期货市场的源动力。

1988年3月25日，李鹏同志在第七届全国人民代表大会第一次会议《政府工作报告》中指出："加快商业体制改革，积极发展各类批发贸易市场，探索期货交易"。此后，期货市场迎来了短暂的萌芽阶段。

这一阶段，国务院发展研究中心价格组首先承担了理论探讨任务。此后，其与原国家经济体制改革委员会（国家体改委）联合成立了期货市场

---

① 1985年1月，中共中央、国务院发出《关于进一步活跃农村经济的十项政策》，对农产品实行合同订购和市场收购；同月，国家物价局、国家物资局发出《关于放开工业生产资料超产自销产品价格的通知》，由此形成价格双轨制；2月2日，商业部发出通知：改变过去长期实行的棉花统购为按合同订购。棉花完成订购任务后，剩余的棉花可自由销售；同年4月2日，国家物价局、商业部、轻工业部、电子工业部发出通知，对缝纫机等五种产品取消国家统一定价，实行企业定价。

② 在社会主义改造完成以后，从1958年到1984年的27年间，中国的物价水平非常稳定，CPI增幅基本在2%以内。1985～1989年的CPI增幅分别为9.3%、6.5%、7.3%、18.8%、18.0%。

工作小组，并组织地方力量进行期货市场的试点研究。比如，当时河南省政府、湖北省粮食局等均组织了期货市场研究工作小组，进行当地试点方案的研究。这些研究确认期货市场“具有预期价格功能、保值功能、分散转移风险功能和长期交易功能等，来弥补现货市场的不足”①。

1988 年 8 月，河南期货市场研究人员提出《郑州粮油期货交易所试点实施方案》。同年底，商业部正式决定在郑州试办粮油期货市场和批发市场。1990 年 6 月，期货市场研究工作小组就河南省政府《郑州粮油期货批发市场试点办法》进行评审，认为已具备实施条件。经过上述探索与努力，1990 年 10 月 12 日②，郑商所的前身——中国郑州粮食批发市场成立，我国期货交易也在经济体制改革浪潮中迈出了第一步。

（二）从飞速成长到“无序发展”

在邓小平南方谈话和党的十四大精神推动下，市场和计划的争论已经取得了突破进展，我国加快了社会主义市场经济体制建设的步伐。

1992 年 3 月 20 日，李鹏同志在第七届全国人民代表大会第五次会议《政府工作报告》中提出，要“试办期货市场和为企业服务的原材料配送中心”③，表明中央政府原定的由批发市场起步向期货市场发展的方针已经到了质变阶段。1992 年 5 月 28 日，由物资部与上海市政府联合成立的上海金属交易所正式开业。同年 10 月 9 日，深圳有色金属交易所④推出第一个标准化期货合约——特级铝标准合约。1993 年 3 月，苏州物资交易所、上海金属交易所分别推出标准化合约。同年 5 月 28 日，中国郑州粮食批发市场完成合约设计由远期合同向期货合约的过渡，并同时启用郑州商品交易所

---

① 中国证监会期货部、中国期货业协会编著：《中国期货市场发展研究报告》，中国财政经济出版社 2004 年 4 月第 1 版，第 30 - 32 页。

② 国务院已于此前的 1990 年 7 月 27 日批准中国郑州粮食批发市场成立。

③ 报告中提出“深化农产品价格和流通体制改革，是进一步发展农村商品经济的关键。要积极推进粮食购销价格体制改革，进一步建立和完善粮食、棉花、食油等重要农产品的储备调节机制，发展批发市场和期货市场”，“加快流通体制改革，促进货畅其流，是整个经济体制改革的一个重要方面。要进一步培育市场体系，发展消费材料和生产材料批发市场，试办期货市场和为企业服务的原材料配送中心”。

④ 深圳有色金属交易所由中国有色金属总公司与深圳市政府于 1992 年 1 月 18 日共同组建。

的名称，实行期现货结合运营模式。

1992~1993年，全国的资本市场和期货市场建设都呈现出欣欣向荣、蓬勃发展的景象，但部分地区、部分时段也出现了片面追求高速度、市场秩序混乱等问题。

证券市场上，股份制改革出现了新的热潮，自发的股票发行和交易在一些地区泛滥开来。1992年深圳发生“8·10”事件①，暴露了资本市场监管缺失的深层次问题。同期的期货市场进入一段快速发展时期，一些盲目发展的混乱局面也随之出现。到1993年底，经各部门和各级政府批准开展期货交易的商品交易所（或批发市场）共有40多家，其中38家已经开业，还有不少地方正在筹建交易所。同年底，已向国家工商行政管理部门申请登记注册的经纪公司有270多家（不包括大量海外经纪公司在中国开办的分公司和国内一些达不到开业标准的地下期货公司），国家工商行政管理部门批准了144家，交易品种重复，期货经营机构管理混乱。

（三）清理整顿

1992年10月12日，国务院下发《关于成立国务院证券委员会的通知》，正式设立国务院证券委，并组建中国证监会。12月，国务院又发布《关于进一步加强证券市场宏观管理的通知》，确立了中央政府对证券市场统一管理的体制。中国证监会的成立，将“资本市场纳入统一监管”这一模式由区域性试点推向全国，全国性资本市场开始形成并逐步发展。

1997年7月，为了理顺证券交易所的管理体制，国务院决定将上交所和深交所划归中国证监会直接管理。同年11月，全国金融工作会议进一步确定了银行业、证券业、保险业分业经营、分业管理的原则。1998年4月，

① 1992年5月21日，上交所放开了仅有的15只上市股票的价格限制，引发股市暴涨。由于尚无涨停板限制，沪市一日涨了105%。随后，股指连飚两日，越来越多的人开始相信中国股市能令人一夜暴富。8月10日，深圳“1992股票认购证”第四次摇号。当时预发认购表50万张，每人凭身份证可购表1张，时称有“百万人争购”，不到半天的时间，抽签表全部售完。秩序开始混乱并发生冲突，当天傍晚，数千名没有买到抽签表的股民在深南中路打出反腐败和要求公正的标语，并形成对深圳市政府和人民银行围攻的局面。深圳市政府当夜紧急协商，决定增发50万张新股认购兑换表，事态慢慢得到平息。

国务院证券委撤销，其职能全部划归中国证监会。中国证监会成为全国证券期货市场的监管部门，吸收全国各省、自治区、直辖市和计划单列市的证券管理办公室和期货管理办公室，实行跨区域监管体制，建立了集中统一的证券期货市场监管体制。

中国证监会成立之后，推动了一系列证券期货市场法规和规章的建设，资本市场走上规范化发展轨道。比如建立股票发行审批制度，由国务院证券委根据国民经济发展需要及资本市场实际情况，确定当年的发行总额度，然后根据各个省级行政区域、行业地位和需要进一步分配。这一期间，沪深证券交易所的交易品种在单纯的股票基础上陆续增加了国债、企业债、可转债、封闭式基金等，品种不断丰富。证券中介机构数量不断增多，规模不断扩大。到 1998 年底，全国有证券公司 90 家，证券营业部 2412 家。证券投资基金也开始出现，到 1998 年底，全国 6 家基金管理公司共发行 6 只封闭式证券投资基金，规模达到 120 亿元①。

与此同时，在经历了“无序发展、无法可依、无人监管”② 的阶段后，我国的期货市场进入长达 7 年的两轮清理整顿阶段。

1. 第一次整顿（1993～1997 年）

1993 年 11 月 4 日《国务院关于坚决制止期货市场盲目发展的通知》（国发〔1993〕77 号，以下简称《通知一》）发布，拉开了期货市场清理整顿的序幕。《通知一》明确期货市场试点工作要坚持“规范起步，加强立法，一切经过试验和严格控制”的原则，初步确立了期货市场统一的监管部门，决定对期货市场试点工作的指导、规划协调和监管工作由国家证券委员会负责，具体工作由中国证监会执行。

这一阶段清理整顿的主要内容包括健全期货市场相关规章制度、规范期货交易行为、加强期货市场的风险控制、防范过度投机等。

第一，调整交易所数量、完善治理结构、整顿交易品种，对试点期货交易所、试点期货品种进行清理整顿。至 1996 年 4 月 23 日，真正试点的交

① 常远：《中国期货史：1921—2010》，天津古籍出版社。
② 姜洋：“中国期货市场发展回顾”，《中国金融》，2019 第 19 期，第 85－87 页。

易所仅剩 14 家[①]，停止金融期货试点，以商品期货交易为主。1995 年，期货市场统一监管体制初步建立，1996 年进一步完善期货交易所治理结构，进行会员制改造。第二，整顿期货经纪业务。停止外资期货经纪业务、取消境外期货经纪业务、取消期货经纪公司的期货自营业务。第三，限制期货交易主体和资金。严格控制国有企事业单位参与期货交易，禁止金融机构参与期货业务，禁止信贷资金进入期货市场。

2. 第二次整顿（1998～2000 年）

以 1998 年 8 月 1 日《国务院关于进一步整顿和规范期货市场的通知》（国发〔1998〕27 号，以下简称《通知二》）的发布为标志，期货市场进入第二次整顿阶段。《通知二》确定了中国期货市场的新格局，构建了中国期货市场垂直统一管理的基本监管架构。1999 年发布的《期货交易管理暂行条例》，使期货市场法规体系初步建立，步入规范化运行的轨道。2000 年 12 月，中国期货业协会在北京成立，成为全国期货行业自律性组织。同年，中国郑州粮食批发市场与郑商所正式分设，终止了期现货结合模式的探索。

这一阶段的清理整顿内容主要包括压缩期货交易品种、严格控制国有企事业单位参与期货交易、严厉查处各种非法期货经纪活动、清理整顿期货经纪公司等内容。

一是交易所数量调整。经过本次整顿，我国期货交易所的数量由第一次整顿后的 14 家减少为上期所、郑商所和大商所 3 家，并一直存续至今。其他未被保留的期货交易所转型为证券公司或期货经纪公司。

二是品种数量调整。经过清理整顿，三家交易所保留小麦、大豆、铜、铝等 12 个期货品种，而实际交易的品种仅有 6 个（见表 3 - 1）。

三是取消所有非期货经纪公司会员的期货经纪资格。

四是明确监管权。将期货交易所划归中国证监会直接管理。

---

① 包括：北京商品交易所、上海金属交易所、上海粮油商品交易所、沈阳商品交易所、大连商品交易所、苏州商品交易所、郑州商品交易所、广东联合期货交易所、深圳有色金属期货联合交易所、海南中商期货交易所、重庆商品交易所、天津联合期货交易所、成都联合期货交易所、上海商品期货交易所。

表 3－1　　　　第二次清理整顿后的交易所及上市品种①

交易所	整顿后保留的品种	整顿后交易的品种	交易保证金
郑州商品交易所	小麦、绿豆、红小豆、花生仁	小麦、绿豆	10%
大连商品交易所	大豆、豆粕、啤酒大麦	大豆	5%
上海期货交易所	铜、铝、天然橡胶、胶合板、籼米	铜、铝	5%
		天然橡胶	10%

表 3－2　　　　期货市场清理整顿阶段相关重点文件②

阶段	时间	文件及要求
第一次清理整顿时期	1993 年 11 月 4 日	国务院发布《关于坚决制止期货市场盲目发展的通知》，明确了“规范起步、加强立法，一切经过试验和严格控制”的原则。未经证券委批准，不得设立期货交易所（中心），已成立的期货交易机构需重新履行行政审核手续，一律暂停审批新的期货交易和经纪机构。从严控制国有企、事业单位参与期货交易
	1993 年 11 月 14 日	党的十四届三中全会审议通过《中共中央关于建立社会主义市场经济体制若干问题的决定》，要求严格规范少数商品期货试点，这也是党的中央全会首次提及期货市场
	1994 年 5 月 16 日	《国务院办公厅转发国务院证券委员会〈关于坚决制止期货市场盲目发展若干意见的请示〉的通知》，确定试点期货交易所的条件，要求各级地方政府配合中国证监会加强对期货市场的监管，各期货经纪公司均不得从事境外期货业务
	1994 年 9 月 29 日	《国务院办公厅转发国务院证券委员会〈关于暂停粳米、菜籽油期货交易和进一步加强货币市场管理请示〉的通知》明确：“严禁用银行贷款或拆借资金参与期货交易。各级金融机构要加强监管，防止信贷资金流向期货市场。任何金融机构均不得出具期货交易保函证明，禁止任何期货交易所接受银行保函作期货交易保证金”

① 参考《国务院进一步整顿和规范期货市场的通知》整理。

② 参考《中国期货史：1921—2010》（常远，天津古籍出版社）及相关公开资料整理。

续表

阶段	时间	文件及要求
第一次清理整顿时期	1995 年 7 月 20 日	国务院批转了国务院证券委员会 1995 年证券期货工作安排意见（国发〔1995〕22 号），强调“证券、期货市场是全国性的市场，风险大，变化快，必须实行集中统一管理”，期货市场的统一监管体制初步建立
	1995 年 9 月 11 日	中国证监会印发《关于期货交易所进行会员制改造的意见》，要求期货交易所按会员制改造组织形式，理顺管理体制
	1996 年 2 月 23 日	《国务院批转国务院证券委员会、中国证券监督管理委员会〈关于进一步加强期货市场监管工作的请示〉的通知》，明确提出：期货经纪公司一律不得从事期货自营业务。各类金融机构一律不得从事商品期货的自营和代理业务
	1997 年 12 月 6 日	中共中央、国务院《关于深化金融改革、整顿金融秩序、防范金融风险的通知》中明确指出，继续整顿、撤并现有期货交易所和期货经纪机构
第二次清理整顿时期	1998 年 8 月 1 日	发布《国务院关于进一步整顿和规范期货市场的通知》，坚持“继续试点、加强监管、依法规范、防范风险”的原则。取消所有非期货经纪公司会员的期货经纪资格。期货交易所划归中国证监会直接管理
	1999 年 6 月 2 日	国务院颁发《期货交易管理暂行条例》，标志着期货市场从“无法运行”阶段进入“有法运行”阶段
	2000 年 12 月 29 日	中国期货业协会正式成立

（四）金融期货品种早期试点

在此期间，金融期货曾经搭乘改革东风，历经了短暂的萌芽发展期，后又因为各种原因萎缩难行。金融期货发展的跌宕起伏，是我国期货市场乃至整个资本市场在这一期间不均衡发展的缩影。

外汇期货率先试点，但风险管理需求不足、投机猖獗。1992 年 6 月 1 日至 1993 年 6 月底，上海外汇调剂中心曾试点外汇期货交易，上市了人民币对美元、日元和德国马克的汇率期货①。但由于当时汇率波动小，企业没

① 交易由上海外汇中心的 4 家经纪商会员接受首批 13 家企业（包括 6 家外贸企业、5 家三资企业和 2 家国有企业）委托进行。

有套期保值的动力，因此参与主体较少，交易非常清淡。据统计，到 1992 年底，交易标准合约 10813 份，交易金额 21626 万美元，平均每天交易标准合约 60 份左右，交易金额约 120 万美元，而同期每天的外汇现货交易额达 3000 多万美元。市场流动性不足，严重阻碍了外汇期货市场的发展。

1993 年 2 月 1 日，国家外汇管理局发布了《关于适当放开金融机构代客户办理外汇买卖业务的通知》，规定企事业单位自有的外汇现汇经批准后可委托有权经营外汇买卖业务的金融机构办理即期或者远期外汇买卖，希望在服务外汇现货市场风险管理的同时，扩大外汇期货的需求，促进外汇期货市场的发展。

在试行外汇期货交易的初始阶段，我国对外汇交易的监管更注重事前审批，而对交易中和交易后的监管没有采取相应措施，因而出现了诸多违规甚至违法的交易活动①。为进一步规范外汇期货市场发展，1993 年 6 月 9 日，中国人民银行颁布《外汇期货业务管理试行办法》，明确规定："办理外汇期货交易的机构必须是国家外汇管理局核准的具有经营代客外汇买卖业务的金融机构，或由金融机构合资设立的外汇期货经纪公司。外汇期货交易的对象为外商独资企业、国内私营企业及境内居民。国有企业、集体所有制企业和中外合资经营企业的只能从事在现货市场某一笔交易基础上的以套期保值为目的的'对冲交易'。"不允许投机。同年 11 月，国务院发布《关于坚决制止期货市场盲目发展的通知》，明确规定不允许开展境外商品期货交易、外汇期货和外汇按金交易，严厉打击非法境外外汇期货交易，支持和保护境内外汇期货市场的发展。然而我国外汇期货市场投机之风仍然盛行，中国人民银行总行和国家外汇管理局最终于 1996 年 3 月 27 日废止了《外汇期货业务管理试行办法》②。

---

① 例如，未经批准而从事外汇衍生品交易的机构大量存在，其中部分机构与境外机构勾结，打着期货咨询和培训的名号非法经营外汇期货；有的期货经营机构以误导下单和私下对冲等欺诈手段骗取客户资金；有的机构进行大量的逃汇套汇活动。

② 在此之前，1994 年 12 月 14 日，中国证监会、国家外汇管理局、国家工商行政管理局、公安部发布《关于严厉查处非法外汇期货和外汇按金交易活动的通知》的会议纪要中指出："外汇期货和外汇按金交易具有很强的投机性和风险性，目前在我国开展这项交易有很大弊端，已造成相当大的损失，在今后相当长的时间内，我国不进行这方面的试点。"1995 年 3 月 29 日，中国人民银行发布《关于禁止金融机构随意开展外汇衍生品金融工具交易业务的通知》，规定国内金融机构一律不得开展投机性外汇衍生工具业务，国内金融机构可根据需要适当进行套期保值性外汇衍生工具交易。

国债期货交易活跃，但因合约设计不合理、监管缺失而爆发重大风险事件。1992 年 12 月 28 日，经财政部、中国人民银行批准，上交所首次推出国内多个国债期货合约①，随后多家证券期货交易所②陆续推出了国债期货。在推出初期，由于之前连续数年的低通货膨胀率，且利率由政府确定，国库券的名义利率基本不变，因此国债期货交投十分清淡，试行的两周内仅成交 19 口③。

转机发生在 1993 年 7 月 11 日。当时，财政部颁布了《关于调整国库券发行条件的公告》④，确定政府将根据并不能事先确定的通货膨胀率来确定保值补贴率，国债由固定利率品种变成了浮动利率品种。在这种情况下，国债的期货价格具备了较大的交易空间，国债期货于 1994 年逐渐活跃起来，但在之后的 1995 年爆发了震惊全国的“327”国债⑤事件。

1995 年 2 月 23 日，“327”国债利率提高，从原本每百元债券到期应兑付 132 元提高至 148. 5 元。受此消息影响，当日开市后 10 分钟内，“327”国债在前一天 148. 21 元的收盘价基础上飙升至 151. 98 元。万国证券当时持有大量空仓，为了避免损失⑥铤而走险，于当日 16 时 22 分 13 秒砸出 1056 万口卖单，把价位从 151. 3 打到 147. 4 元，使当日开仓的多头全线爆仓。若以收盘时的价格来计算，这一天做多的机构将血本无归，而万国证券赚到 42 亿元。当夜，上交所宣布 23 日 16 时 22 分 13 秒之后所有“327”品种的交易异常，该部分不计入当日结算价、成交量和持仓量的计算范围，即当日收盘前 8 分钟内空头的所有卖单无效，“327”产品兑付价由会员协议确

---

① 包括 3 月、6 月、9 月、12 月交割的 1992 年 3 年期和 5 年期国债。

② 据不完全统计，包括深圳证券交易所、北京商品交易所、郑州商品交易所、海南中商期货交易所、沈阳商品交易所、长春商品交易所、广东联合期货交易所、成都联合期货交易所等。

③ 根据当时上交所规定，国债期货交易数量按“口”交易，一“口”期货对应 2 万元面值的现券。

④ 公告宣布“对 1992 年发行的 5 年期国库券和 3 年期国库券及 1993 年发行的 3 年期国库券、5 年期国库券，均参照人民银行《关于实行人民币储蓄存款保值的有关规定》，从即日起实行保值，保值补贴率按兑付时人民银行公布的保值补贴率计算”。

⑤ “327”是上交所国债期货的代号，对应 1992 年发行、1995 年 6 月到期兑付的 3 年期国库券。

⑥ 普遍说法是，“327”国债每上涨 1 元，持有大量空仓的万国证券就要亏损十多亿元人民币。

定。这一结果直接造成万国证券亏损56亿元，濒临破产①。

更严重的后果是，“327”国债期货事件打断了金融期货规范试点的进程。1995年5月17日，中国证监会发布了《关于暂停国债期货交易的紧急通知》，各期货交易所的国债期货品种全部停止交易②。在此之后，中国期货市场只有商品期货继续试点。直至2010年4月16日，在国债期货暂停交易将近15年后，新的金融期货品种才终于在中金所上市交易。

股指期货也曾开启局部试点，但饱受质疑遭暂停。1993年3月10日，海南证券报价交易中心推出了以深圳综合指数、深圳A股指数为标的的股指期货③。刚开始几乎无人参与股指期货交易，后来海南股指期货吸引了全国特别是深圳的投资者大量加入，成交量逐月上升，最高时超过千手。当年9月初，深市出现了收市前15分钟大户联手出货、打压股指的行为，有关方面认为股指期货交易加大了市场的投机性，不利于股市的健康发展。最终，海南证券报价交易中心于1994年1月21日彻底停止了股指期货交易④。

从上述试点情况可以看出，一个期货品种能够健康发展起来，需要多方面条件配合：一方面需要有足够发达的现货市场、足够且迫切的风险管理需求，如果现货市场不发达、价格波动较低，则期货就成了无源之水；另一方面还需要有合理规范的制度设计安排、审慎有效的监管秩序保障，如果产品设计不合理、市场监管缺位，则期货易成为投机工具。

20世纪90年代初期，我国要素市场化改革进程尚未完成，交易所对期货交易的认识与经验不足，导致金融期货三大品种在短暂的试点期表现出需求量少、风控机制不健全等先天不足的问题，这为金融期货后续的发展积累了宝贵的经验与教训。

从外汇期货试点的发展历程可以看出，当现货市场发展不成熟、标的资产价格波动较低，投资者没有足够多的风险管理需求时，推出对应该标

---

① 《证券市场周刊》总第1344期，2007年第31期，第92－104页。

② 具体做法是：不准开新仓，交易所组织会员协议平仓。平仓清场截至5月31日。

③ 当时推出的股指期货有8个品种，分别是深综指、深A股指数的1月、2月、3月、6月合约，每个点500元。

④ 陈平：“海南股指期货：搅动股市波澜”，《海南日报》，2008年11月5日A3版。

的资产的期货产品必然会出现交易清淡、难以形成规模市场的问题。外汇期货试点开始于 1992 年，当时外汇现货市场主要以外汇调剂为主，其本身就是一个分散、区域化的非公开市场[①]，难以形成公正合理的汇率。加之人民币汇率单一盯住美元，汇率波动幅度小，交易主体对汇率风险管理工具需求低。外汇期货所特有的价格发现和风险管理功能并无用武之地，因此此时推出外汇期货未能受到市场参与者的足够关注，外汇期货市场有价无市。

从国债期货和股指期货试点的发展历程可以看出，当标的资产的价格波动较大，投资者有足够的风险管理需求之后，还需要交易所具有成熟的合约设计经验和风险控制机制，才能在推出期货产品满足投资者需求的同时，维护市场的良性发展。导致“327”国债事件发生的一个重要原因是交易所在国债期货的管理上存在着用现货机制管理期货交易的误区，比如基础保证金水平严重偏低[②]、在保证金交易制度下没有设置涨跌停板、限仓制度形同虚设[③]等问题。这些风控制度不完善、监管措施不严格的问题，使国债期货和股指期货在当时市场环境下形成了浓厚的投机氛围，最终导致暂停发展。

二、期货市场在新世纪的蓬勃发展

经过两轮清理整顿，稳步发展成为我国期货市场的主题。进入 21 世纪后，我国期货市场走向法制化和规范化，监管体制和法规体系不断完善，市场步入规范发展的新阶段。历经二十多年，我国商品期货和金融期货市场的实践都取得了重大进展，期货期权品种逐步完备，交易量持仓量连创新高，制度体系日趋完善。在此期间，期货市场积累了有益的创新发展经验，服务实体经济的功能得到充分发挥，具备了在更高层次上服务国民经济发展的能力。

---

① 非公开市场体现在，当时外汇市场的交易主体只限于企业法人，银行和个人都不能进入，且无论是早期的外汇留成制度，还是银行结售汇制度，都在一定程度上限制了企业用汇自由。

② 当时国债期货的基础保证金为 2.5%，而期货保证金水平一般在 5% 以上。

③ 当时万国证券持仓上限为 40 万口，但仅事件当天该公司即挂卖单达 1000 万口。

（一）制度建设推动期货市场创新

我国经济的持续增长、金融市场改革的不断深化推动了金融监管体制的深刻变迁。从“大一统”到分业监管，再到形成“一委一行两会一局”的金融监管格局，金融监管体制不断完善，金融监管的专业性和有效性不断提升，系统性金融风险监测、评估和预警体系逐步建立和完善，有力保障了金融体系安全稳健运行。

2003 年 10 月，党的十六届三中全会审议通过《中共中央关于完善社会主义市场经济体制若干问题的决定》，明确提出要稳步发展期货市场。同年，期货市场全面实行期货交易保证金封闭运行，防范和化解期货交易结算和交割风险。

2004 年，《国务院关于推进资本市场改革开放和稳定发展的若干意见》中提到，“在严格控制风险的前提下，逐步推出为大宗商品生产者和消费者提供发现价格和套期保值功能的商品期货品种，研究开发与股票和债券相关的新品种及其衍生品”。这句话有两层含义：第一，大宗商品期货品种要逐步推出，为实体经济服务；第二，要研究推出权益类、利率类金融期货。从这一年开始，中国期货市场结束了多年不批准期货品种上市的局面，多个商品期货与金融期货品种开始逐步推出。同年，中国证监会改变跨区域监管体制，实行按行政区域设监管局，实施“属地监管、职责明确、责任到人、相互配合”的辖区监管责任制。与此同时，执法体系逐步完善，中国证监会不断提高执法的专业水平、效率和公正程度，坚决打击各类违法违规行为，切实保护证券与期货市场上广大投资者的合法权益。

2006 年，新《证券法》开始实施，经过大幅修订，原法中大量禁止性条款被废止，资本市场的发展空间大为拓展。在《证券法》的保障下，我国证券期货监管体制也逐步完善。同年 5 月，中国期货保证金监控中心成立，并逐步建立了期货保证金核对系统和投资者查询服务系统。作为期货保证金安全存管机构，监控中心在有效降低保证金被挪用的风险、保证期货交易资金安全以及维护投资者利益等方面发挥着重要作用，期货市场的运行质量和规范化水平明显提高。

随后，股权分置改革[①]解决了股权分置条件下股票波动较大、股价不确定性高等问题，消除了推出股指期货和衍生品的制度障碍。2007 年 3 月，修订后的《期货交易管理条例》正式发布，将规范的内容由商品期货扩展到金融期货和期权交易，扩大了期货公司的业务范围，进一步强化了风险控制和监督管理，为期货市场的发展打开了空间，为金融期货、期权在期货交易所上市交易提供了法律依据。条例中允许符合规定条件的境外机构参与境内特定期货品种交易，为其参与中国期货市场创造了条件，也为后来原油、铁矿石等期货产品的国际化做好了准备。

2009 年以来，以构建多层次资本市场体系为标志，我国资本市场发展进入一个崭新的发展阶段。与多层次资本市场的建设同步，2010 年，沪深 300 股指期货正式推出，20 岁的中国股市终于迎来拥有金融期货风险管理工具的“成人礼”，资本市场产品体系更加丰富。此后，以场内期权的推出为标志，从期货到期权、从场内到场外、从境内到境外，国内商品期货及衍生品市场进入全面发展阶段。党的十八大以来，期货市场加快创新，我国期货市场新上市期货、期权品种大大超过了之前 20 多年上市产品的总和。期货品种创新与对外开放加速，一些商品期货品种如原油期货、铁矿石期货相继上市并允许国际交易者参与交易，实现了境外交易者直接参与境内期货市场的重大突破，我国期货市场正式走向国际化。

2013 年，国务院批复成立金融监管协调部际联席会议制度，中国人民银行、原中国银监会[②]、中国证监会、原中国保监会、国家外汇管理局密切配合，加强金融信息共享、推动金融业综合统计、促进互联网金融健康发展、稳步扩大金融业对外开放。同时，共同加强对金融领域重大问题研究，

---

① 股权分置是指由于早期的制度设计，只有占股票市场总量 1/3 的社会公众股可以上市交易（流通股），另外 2/3 的国有股和法人股暂不上市交易（非流通股）。股权分置问题的存在，不利于形成合理的股票定价机制，影响证券市场预期的稳定，制约资本市场国际化进程和产品创新。2005 年 4 月 29 日，中国证监会发布《关于上市公司股权分置改革试点有关问题的通知》，宣布启动股权分置改革试点工作。同年 9 月 9 日，国务院国资委发布《关于上市公司股权分置改革中国有股股权管理有关问题的通知》，至此，股权分置改革的各项配套政策法规已全部到位。

② 2018 年 3 月，第十三届全国人民代表大会第一次会议表决通过了关于国务院机构改革方案的决定，设立中国银行保险监督管理委员会，同年 4 月 8 日中国银行保险监督管理委员会正式挂牌，中国银行业监督管理委员会（银监会）和中国保险监督管理委员会（保监会）成为历史。

保证了各大政策之间的衔接，提升了金融监管的有效性。

2014 年，《国务院关于进一步促进资本市场健康发展的若干意见》发布，关于期货市场的内容大幅增加。同年，《中国证券期货市场场外衍生品交易主协议（2014 年版）》及补充协议、《中国证券期货市场场外衍生品交易权益类衍生品定义文件（2014 年版）》正式发布，为我国场外衍生品市场发展奠定了基础。

2022 年 4 月 20 日，十三届全国人大常委会第三十四次会议表决通过《期货和衍生品法》，自 2022 年 8 月 1 日起施行。该法共 13 章 155 条，重点围绕期货交易、结算与交割基本制度，期货交易者保护制度，期货经营机构与期货服务机构的监管，期货交易场所和期货结算机构的运行，期货市场监督管理，法律责任等作出规定。《期货和衍生品法》立足期货市场和衍生品市场的实际情况，重点规范期货市场，兼顾衍生品市场，着眼于充分发挥期货市场和衍生品市场服务国民经济的功能，将经过实践检验成熟可靠的制度上升为法律，巩固改革发展的成果，同时准确把握市场发展的趋势，前瞻性地做了一些重大改革制度安排，为市场创新发展预留充足空间。

（二）商品期货市场蓬勃发展

我国商品期货在相关制度的支持和催动下，配合服务实体经济发展需要不断创新，迎来飞速发展的机遇期。这一时期，各家商品交易所根据市场需要，上市多个农产品类、金属类和能化类期货期权品种。

1. 农产品类

2010 年以来，农产品期货增速上市，大幅提升了期货市场服务第一产业的能力。比如郑商所，仅在 2012 年一年就上市了普麦、强麦、菜籽、菜粕、菜油、早籼稻 6 个农产品期货；2014 年上市玉米淀粉、晚籼稻期货；2017 年挂牌棉纱、苹果期货，同年推出豆粕和白糖期货期权交易，境内场内期权交易平稳起步。其中，苹果期货作为世界上第一个鲜果类期货，开辟了期货服务实体经济的新领域，是我国期货市场具有里程碑意义的尝试。

2019 年至今，我国期货市场继续上市包括粳米、红枣、尿素、生猪、花生等品种在内的农产品期货。其中，尿素期货价格对全球尿素市场具有很大影响力，它的上市既保障了我国农业生产与粮食安全，又有利于我国成为全球尿素市场的风向标。2021 年生猪期货上市后，和玉米、豆粕等期货期权一起形成了从主要饲料原料的种植、加工到养殖等相对完整的产业链条风险管理体系，生猪养殖企业、屠宰加工企业、猪肉贸易商等生猪产业各类主体可以利用期货工具规避现货价格波动的风险，从而增加产业链上各环节企业经营的稳定性和增长的可持续性。

2. 金属类

2008 年黄金期货的上市填补了国内商品期货市场中贵金属类期货的空白，有效满足产金用金企业、金融机构和消费者的避险需求。黄金期货兼具金融和商品多重属性，它的上市可以促进黄金定价机制的完善，形成国内黄金市场的定价基准，在一定程度上消化国际金价波动带来的风险。在交易者结构上，商业银行是黄金期货市场的重要参与者，大量涉金实体企业也通过在期货市场买入黄金期货合约锁定成本，达到套期保值的目的。2012 年，境内商品期货市场上第二个贵金属品种白银期货上市。白银是商品中价格波动最为剧烈的品种之一，白银期货的套保功能可以有效管理涉银企业的经营风险，促进国内白银交易市场更加活跃，完善国内金属期货投资品种。白银期货发挥的价格发现和风险管理功能，令白银报价体系更加透明，成为国内白银市场的定价基准，也为白银企业提供高效率的风险管理平台，有利于我国在国际金属市场的地位和影响力的提高，进一步加强我国金属市场与国际市场的接轨。

我国是世界上最大的钢铁生产国，也是最大的消费国，推出钢材相关品种的期货标准化合约，有利于更好地服务钢铁产业链。2009～2015 年，螺纹钢、铁矿石、热轧卷板、焦煤、焦炭等品种逐步推出，在填补黑色金属期货领域空白的同时，持续提升服务实体经济的能力和水平。2018 年，国际化原油期货推出的同年，铁矿石期货也迈出国际化步伐，正式引入境外机构交易者，成为钢铁行业第一个国际化品种，标志着期货业对外开放的提速。

有色金属方面，2011 年以来，铅、镍、锡等品种逐步推出，丰富了有色金属产品序列。不锈钢是我国特钢行业中最为主要的品种，2019 年 9 月，全球首个不锈钢期货在上期所挂牌交易，标志着中国钢铁工业在市场化进程中又迈出了重要一步。镍是不锈钢的主要化学成分之一，过去不锈钢的定价都以镍为依据，不锈钢行业也主要用镍期货来避险，随着镍价格与不锈钢价格的关联减弱，用镍期货避险已经无法适应避险需求，而不锈钢期货可以迎合企业的避险需求。因此，不锈钢期货的上市构建起从普碳钢到特钢的产品序列，更好地发挥钢材期货服务钢铁产业的集聚效应，让实体企业不必再用镍期货进行避险，而是真正意义上的拥有了自己的主流品种。2020 年，作为我国第 6 个对外开放的期货品种，国际铜期货挂牌交易，和原有的铜期货成为首个以“双合约”模式运行的期货，是存量期货品种对外开放模式的崭新探索。

3. 能源化工类

新世纪伊始，限于市场条件，我国考虑从燃料油期货起步，积累经验，创造条件推出原油期货等其他原油类期货品种。2004 年，燃料油期货在上期所上市，填补了我国商品期货市场中石油类期货品种的空白。燃料油期货上市后运行良好，展现出了服务实体经济的明显效果，也坚定了交易所和各方推动原油期货上市的信心和决心。2013 年，全球首个沥青期货品种在上期所上市，成为我国商品期货市场的第二个石油类期货品种。沥青期货的推出顺应我国商品市场发展的客观需要，符合服务实体经济的宗旨，对增强我国石油类商品期货在全球能源市场的议价能力、为现货市场提供风险管理工具、积极推进沥青产业结构的优化升级、完善能化类商品系列、发挥实体经济与资本市场间的桥梁作用具有重要的战略意义。

伴随我国经济发展方式的转变，动力煤产能不断扩大，铁路运输瓶颈制约逐步减小，煤炭市场生态发生转变。2015 年，郑商所上市动力煤期货，与全国煤炭交易中心和国家储煤基地互促发展，形成了完善的市场体系，为煤电企业利用期货功能规避现货价格波动风险提供了工具，也有利于确立定价权，改善我国涉煤企业在国际贸易中的市场地位。

2018 年，原油期货采用“国际平台、净价交易、保税交割、人民币计价”模式，在上海国际能源交易中心迎来上市，成为我国期货市场上第一个国际化品种。我国是全球第一大原油进口国和第二大消费国，基于本国实体经济发展和进一步改革开放的需要推出原油期货，方便了我国广大企业利用本土原油期货市场套期保值管理风险，弥补了现有国际原油定价体系的短板，建立了反映我国及亚太市场供求关系的原油定价基准。

上海原油期货市场明确了国际化市场的定位，采用人民币计价交易结算，向全球投资者开放，让全球众多的原油生产商、贸易商、金融机构进来参与交易，市场参与者间形成平衡，更有助于市场运行健康稳定。人民币计价和结算的原油期货市场逐步成熟，将促进人民币在国际上的使用，这也有利于推动人民币国际化进程。同时，原油期货作为第一个国际化品种，是我国商品期货对外开放的探路者，商品的同质性、现货市场的自由贸易，决定了商品期货市场具有国际化、全球化的天然属性。原油期货在开放路径、税收管理、外汇管理、保税交割及跨境监管合作等方面积累的经验可逐步拓展到其他成熟的期货品种，进而推动境内期货市场全面开放。

此外，甲醇（2011 年）、聚丙烯（2014 年）、乙二醇（2018 年）、纸浆期货（2018 年）等工业产品不断上市，有效降低了我国工业生产中的价格风险，对保障整体国民企业稳定生产意义重大。比如，受限于国内森林资源不足，我国纸浆进口依赖度较高，期货标的漂白针叶浆进口依存度接近100%，纸浆定价权基本掌握在上游国外供应商手中。国内纸浆期货的上市有助于纸品企业通过套期保值有效锁定生产成本和利润，也有助于我国造纸产业争夺纸浆定价权，有效管理原材料的价格风险。

2020 ~ 2021 年，中证商品指数公司和广州期货交易所（以下简称广期所）先后成立，展望未来，相信指数类衍生品和双碳概念衍生品有望成为商品期货市场的新亮点。

（三）金融期货市场重新起航

在商品期货市场重新起步、蓬勃发展的同时，金融期货市场也再次起航、稳步前行。

1. 权益类产品率先破局

我国境内权益类期货产品中最先推出的是股指期货，自酝酿、研发、筹备直到正式上市，共经历了 8 年多时间。在此期间，我国资本市场中新股发行体制改革、创业板、融资融券等重大基础性制度改革不断推进，为市场制度和产品创新提供了良好的条件，解除了股指期货推出的重要制度障碍；机构投资者资产管理规模扩大，对期货等各类避险工具的需求上升，也为推出股指期货奠定了扎实的市场基础。

股指期货推出共分为三个阶段。

理论探索准备阶段。中国证监会于 2001 年 12 月正式启动股指期货可行性研究。2004 年，"国九条"明确提出"研究开发与股票和债券相关的新品种及其衍生产品"后，中国证监会加快了研发步伐。

基础设施构建阶段。资本市场各类基础性制度不断推进，为市场提供了良好的条件。2005 年沪深证券交易所合资成立了中证指数公司，编制了沪深 300 指数，为股指期货等金融衍生品提供了标的指数；同年开启的股权分置改革，消除了股票基础价格的重大不确定性。2006 年 1 月，中国证监会决定成立"金融期货交易所筹备组"，并抽调各方精干人员开展股指期货上市筹备工作[①]。同年 9 月 5 日，新加坡交易所（SGX）正式推出了新华富时 A50 指数期货[②]，这意味着在我国本土还未建立起股指期货市场之时，已有国外市场推出挂钩中国 A 股指数的离岸产品，对我国本土市场的定价权、跨境联合监管形成挑战。同年 9 月 8 日，经国务院同意、中国证监会批准，中国金融期货交易所正式成立。

产品正式推出阶段。就在股指期货各项筹备工作加紧推进的过程中，爆发于 2007 年的美国次贷危机于 2008 年演变成百年一遇的全球金融海啸，对全球经济和国际金融体系造成严重冲击，引发全球金融市场剧烈动荡。在此次危机中，股指期货等场内衍生品经受住了严酷的市场考验，不但自身总体运行平稳，而且避险功能有效发挥，促进和维护了全球金融市场的

---

① 经过几个月的工作，筹备工作初步成效：一是《期货交易管理暂行条例》修订工作进展顺利，修改原则及监管框架等相关重大问题基本明确。相关管理办法和交易所章程、各项业务规则已有基本框架。二是对相关重要问题统一了认识，如拟以沪深 300 指数为股指期货首选的指数，此外结算会员制度、证券公司和商业银行等机构参与模式等重要问题已有初步方案。三是根据充分利用市场现有资源的原则，交易所的技术系统改造工作能较快完成。四是合约设计工作基本完成。考虑到期货市场风险高，为了便于集中统一监管和专业化发展，决定新设一家专门的金融期货交易所。

② 标的是新华富时 A50 指数，成分股包含中国 A 股市场市值最大的 50 家公司，总市值占 A 股总市值的 1/3 左右。

稳定。危机发生后，中国证监会组织中金所及时对股指期货合约规则进行调整完善，并做出针对性制度安排。2010 年 1 月，国务院审时度势、高瞻远瞩，决定推出股指期货。2 月 20 日，经中国证监会批准，中金所正式发布沪深 300 股指期货合约和修订后的交易规则及其实施细则。4 月 16 日，第一只产品沪深 300 股指期货上市，金融期货正式进入发展新纪元。

在第一只股指期货上市后，我国持续推进权益类期货品种开发上市。历经多年研究和仿真交易，2015 年 4 月 16 日，在沪深 300 股指期货上市满五年之际，上证 50、中证 500 股指期货在中金所顺利上市。2022 年 7 月 22 日，中证 1000 股指期货上市交易，进一步充实了境内场内权益类风险管理产品序列，呼应了市场关于小盘股风险管理的迫切需求，是全面深化资本市场改革的一项重要举措。

在推进权益类期货产品的同时，我国期货交易所和证券交易所也积极探索了期权类产品的开发与上市。比如，中金所主要聚焦于已有指数期货品种所对应的期权品种开发，于 2019 年 12 月 23 日正式上市交易沪深 300 股指期权；经过多年筹备，中证 1000 股指期权也于 2022 年 7 月 22 日成功正式上市。上交所和深交所则着力推进 ETF 类期权的开发与上市。2015 年 2 月 9 日上交所推出上证 50ETF 期权，标的为华夏上证 50ETF。2019 年 12 月 23 日上交所和深交所分别推出沪深 300ETF 期权，前者的标的为华泰柏瑞沪深 300ETF，后者为嘉实沪深 300ETF；2022 年 9 月 19 日，上交所推出中证 500ETF 期权，深交所推出创业板指和中证 500ETF 期权，进一步丰富了场内指数期权品种。

2. 国债期货重新回归

在我国国债市场化发行机制日趋完善、债券市场规模扩大、交易较为活跃、利率市场化改革稳步推进的背景下，市场投资者对管理利率波动风险的需求日益强烈，对重启国债期货的讨论也愈加热烈。2009 年，中金所成立国债期货开发小组，推进国债期货产品研发工作，2013 年 7 月 4 日，中国证监会批复同意上市 5 年期国债期货。同年 9 月 6 日，5 年期国债期货正式上市，填补了我国场内利率衍生品的空白。

10 年期是财政部国债发行的关键期限，也是利率市场“风向标”。在成功推出 5 年期国债期货后，中金所积极筹备 10 年期国债的上市工作，并于 2015 年正式挂牌交易 10 年期国债期货，我国国债期货市场实现从单品种到多品种的突破。

从国际发达市场经验看，成熟的国债期货产品体系至少包含“短、中、长”三个期限的产品。2016 年下半年，中金所启动 2 年期国债期货品种研发，在论证过程中，综合考量国内外期现货市场发展情况和经验，最终选择了 2 年期这一期限。经与财政部的多次沟通交流，财政部国库司自 2017 年开始，逐步增加 2 年期国债的发行，发行期数和发行规模逐步与关键期限国债相当，这为 2 年期国债期货上市提供了扎实保障。[①] 2017 年 2 月，2 年期国债期货全市场仿真交易正式启动。2018 年 8 月 1 日，中国证监会批复同意中金所上市 2 年期国债期货，8 月 17 日，2 年期国债期货正式上市交易。

随着 5 年期、10 年期和 2 年期国债期货的陆续上市，我国初步建立起覆盖短、中、长期限的国债期货产品体系。

3. 外汇类期货仍在积极求索

目前，我国“一带一路”对外开放政策的落地实施以及人民币国际化进程正在逐步推进，国内外汇类期货也因此迎来发展建设的重大机遇。中金所于 2011 年就成立了外汇期货开发小组，推进外汇期货及期权产品筹备工作，并于 2014 年 7 月、10 月，先后启动交叉汇率期货内部仿真交易、全市场仿真交易。此外，中金所也积极推进人民币外汇期货筹备工作。2013 年 7 月，中金所分别上线美元、欧元和日元兑人民币期货所内仿真合约；10 月，上线英镑兑人民币期货所内仿真合约；2014 年 12 月，上线人民币兑俄罗斯卢布、巴西雷亚尔期货所内仿真合约。

外汇期货牵涉面广、上市难度大。近几年，国内交易所积极探索外汇期货市场建设路径，以发展人民币外汇期货为主线，争取实现突破性进展。2021 年 7 月 15 日《中共中央 国务院关于支持浦东新区高水平改革开放打造社会主义现代化建设引领区的意见》中表示，要进一步加大金融开放力度，

---

① 财政部于 2020 年将 2 年期列入国债发行的关键期限，进一步提升了 2 年期国债收益率的市场地位。

研究探索开展人民币外汇期货交易试点。目前，国内相关期货交易所在积极探索人民币兑美元外汇期货交易试点，直接服务企业汇率风险管理。

从因果和前后顺序上讲，规模较大、市场化水平高的现货交易市场以及显著的风险管理需求，是期货市场诞生的“两大支柱”。同时，期货成功出世，还需要解决期货市场搭建过程中面临的专业性技术难题和明确的监管权划分，这是“一道门槛”。“支柱”和“门槛”决定了期货市场的形态和特征，也决定了期货市场发展的一般规律。

国际期货市场的发展历史告诉我们，金融期货市场晚于商品期货诞生，但在之后快速发展、成就辉煌，这是绝大多数期货市场的共同特点。我国金融期货发展历程也不例外。就发展实践而言，境内期货市场相较于国际期货市场起步较晚，规范的金融期货市场建立更晚，但从整体来看，我国期货市场的发展也遵循上述一般规律。

聚焦到金融期货市场品种诞生的次序，美国的金融期货品种推出顺序是由外汇期货到国债期货再到股指期货。正如前文所述，先后发生的布雷顿森林体系崩溃、利率市场化改革分别催生了对外汇期货与国债期货的巨大需求，加之现货交割方式可借鉴商品期货，因而推出较快。虽然股票波动及其避险需求一直存在，但股指期货由于涉及 SEC 与 CFTC 的跨部门协调、现金结算等技术问题而较晚推出。

我国境内金融期货上市顺序是先股指期货再国债期货，目前外汇期货仍处于推动进程之中，虽然推出顺序与美国等西方市场相反，但也是相同的发展规律在不同国情下的体现。股指期货率先破局是遵循规律的自然结果：第一，我国股票市场规模大、市场化程度高，中小投资者参与广泛，但早期股市场波动较大，投资者对风险管理工具需求显著，因此具备权益类期货发展的“两大支柱”。第二，我国金融期货发展的时间总体晚于西方发达国家，在其经验借鉴下不存在专业性的技术难题，加之我国股票期现货市场监管权集中，不存在监管协调问题，因此具备跨越权益类期货发展的“一道门槛”。

相对于股指期货而言，利率和汇率衍生品进展较慢，主要原因在于：第一，境内利率、汇率的要素市场化改革速度较慢，市场波动幅度较小，早期投资者需求清淡。第二，虽然利率的波动对国民经济的发展产生了重要影响，但与股票市场相比，利率市场的参与者更加专业化，社会整体关注度也较低、对大幅波动的感知度较低。第三，利率和汇率的期现货市场监管权分散，推出产品需多部委之间凝聚共识、协调推进。随着我国利率市场化改革的渐进推进，不同期限的国债期货依次上市，但由于目前尚未完成资本账户开放，外汇期货还处于筹备过程中。

由此可见，我国金融期货市场上各类产品的诞生顺序与境外不同，但这恰恰是其顺应现货市场发展和监管环境的体现。可以说顺应潮流是期货市场发展的必由之路，只有顺应经济贸易整体发展以及由此带来的风险管理需求，紧扣创新和发展这一永恒主题，锚定目标、敬畏市场、尊重规律，才能真正建设好、发展好期货市场。

三、我国期货市场发展现状与特征

近年来，在新冠疫情不断冲击和境内外经济环境复杂多变的大背景下，我国期货市场在服务宏观调控、保供稳价以及支持实体经济发展等方面发挥了积极且重要的作用，市场参与度和规模也蒸蒸日上。2021 年，全国期货市场累计成交量为 75. 14 亿手，累计成交额为 581. 2 万亿元，同比分别增长 22. 13% 和 32. 84% 。根据 FIA 的数据，2021 年我国期货市场成交量占全球期货市场总成交量的 12% 。截至 2022 年 10 月 31 日，国内市场上市的期货及期权品种数量达到 104 个，其中商品类共计 89 个，金融类 15 个。

（一）商品期货市场功能有效发挥

我国商品期货市场已覆盖三大类别，交易规模已连续多年位居全球第一，目前是全球最大的农产品、有色和黑色金属期货市场。总体而言，境内商品期货市场呈现以下特点。

1. 品种不断增加，风险管理工具不断丰富

近年来，我国商品期货市场步入创新发展的黄金阶段，品种创新稳步推进，上市数量明显增加，风险管理工具进一步丰富。无论从市场广度还是多元化程度来看，境内商品期货市场都得到了快速发展。2011 年底，我国仅有 28 个商品期货品种；到了十年后的 2021 年底，这一数字已达到 84 个（含期权品种），仅 2019 和 2020 两年，我国商品期货或者期权的上市数量就分别达到了创纪录的 14 个和 12 个；生猪期货、花生期货、棕榈油期权、原油期权、花生期权和豆油期权等在 2021 年和 2022 年上市，主要产品的完整性持续提高。我国商品期货市场近年来上市品种如表 3－3 所示。

表 3－3　　我国商品期货市场近年来上市品种一览表

年份	个数	品种
2012 年	4 个	白银期货、玻璃期货、油菜籽期货、菜籽粕期货
2013 年	8 个	焦煤期货、动力煤期货、石油沥青期货、铁矿石期货、鸡蛋期货、粳稻期货、纤维板期货、胶合板期货
2014 年	5 个	聚丙烯期货、热轧卷板期货、晚籼稻期货、铁合金期货、玉米淀粉期货
2015 年	2 个	镍期货、锡期货
2016 年	—	—
2017 年	4 个	棉纱期货、苹果期货、豆粕期货期权、白糖期货期权
2018 年	4 个	原油期货、纸浆期货、乙二醇期货、铜期货期权
2019 年	13 个	20 号胶期货、不锈钢期货、黄金期权。粳米期货、苯乙烯期货、玉米期权、铁矿石期权、红枣期货、尿素期货、纯碱期货、棉花期权、PTA 期权、甲醇期权
2020 年	12 个	低硫燃料油期货、铝期权、锌期权、国际铜期货、菜籽粕期权、动力煤期权、短纤期货、液化石油气期货、液化石油气期权、聚丙烯期权、聚丙乙烯期权、线型低密度聚乙烯期权
2021 年	4 个	原油期权、花生期货、生猪期货、棕榈油期货
2022 年①	5 个	菜籽油期权、花生期权、黄大豆 1 号期权、黄大豆 2 号期权、豆油期权

虽然境内商品期货品种上新较快，但美国期货市场近十年共新增商品期货 4090 种，仅 CME 集团的新增商品期货就有 534 种，比较来看，新品种

① 截至 2022 年 10 月 31 日。

数量增加速度仍显不足。此外，境内商品期货市场产品体系完备性和合约创新性仍有欠缺，主要体现在：一是境内商品期货市场的商品种类还无法形成对产业链的完全有效覆盖，还有待形成品种齐全、工具完备的大宗商品产品体系，满足不同行业企业在生产、分配、流通、消费等环节风险管理需求的能力还需进一步提高。以能源化工行业为例，境内商品期货市场对成品油、天然气等期货品种的需求还无法满足，一些同产业链的商品期货分布在不同交易所，也使市场参与者承担了额外成本。二是境内商品期货仅有标准合约一种产品，而境外市场上，有迷你合约、微型合约，有实物交割合约、现金交割合约，有日历价差合约、商品间价差合约。在期权市场中，境外市场有均价期权（TAPO）、周期权、价差期权等多种类型。丰富的产品类型可以满足市场参与者的需求。如小型合约就可以在较少的保证金要求下，提供了与标准期货合约相同的价格发现能力。境内外商品期货市场新产品上市数量如图 3－1 所示。

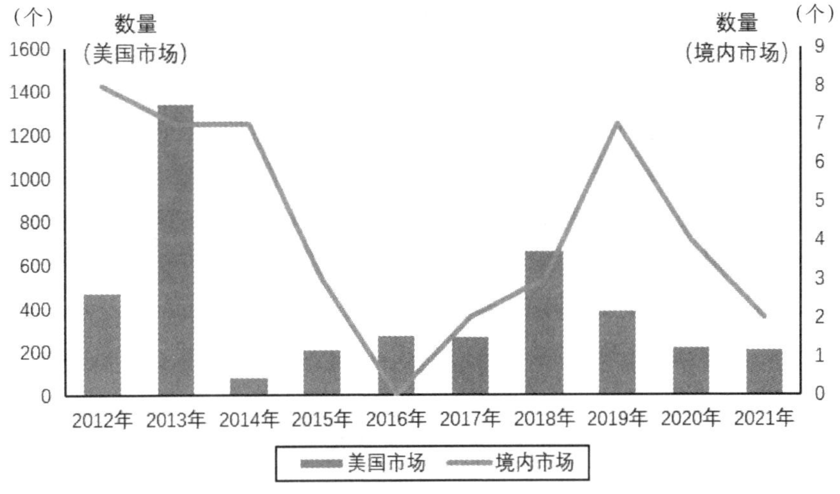

资料来源：CFTC、Wind 数据库

图 3－1 境内外商品期货市场新产品上市数量

虽然与国际成熟商品期货市场相比，我国上市的商品期货品种数量似乎少很多，但从商品期货的自身发展规律看，商品期货从来都具有“赢者通吃”的特征，即商品期货市场的流动性高度集中在少数几个主流品种上。

总体来看，国际上主流的商品期货在我国基本都已经上市。我国商品期货市场与成熟市场的差距，不在于品种偏少，而主要在于市场自身的交易成本偏高、国际影响力不足。因此，我国商品期货市场的未来发展，除了提高创新能力外，更需要做精做深现有品种，增加国际竞争力，持续提高服务实体企业的能力。

2. 市场规模不断扩大，国际地位逐步提升

按照成交手数计算，2009 年我国商品期货的成交量首次超越美国成为世界第一，从此之后，中国大陆地区一直是全球最大的场内商品衍生品交易市场。过去十年，我国商品期货市场规模总体上呈增长态势。2021 年，场内商品期货期权累计成交量、成交额分别达到 73.92 亿手和 463.03 万亿元，分别同比增长 22.44% 和 43.76%，自 2012 年起的十年内，以上两个数值分别增长了 4.5 倍和 3.86 倍。我国商品期货市场成交情况（2012～2021 年）如图 3－2 所示。

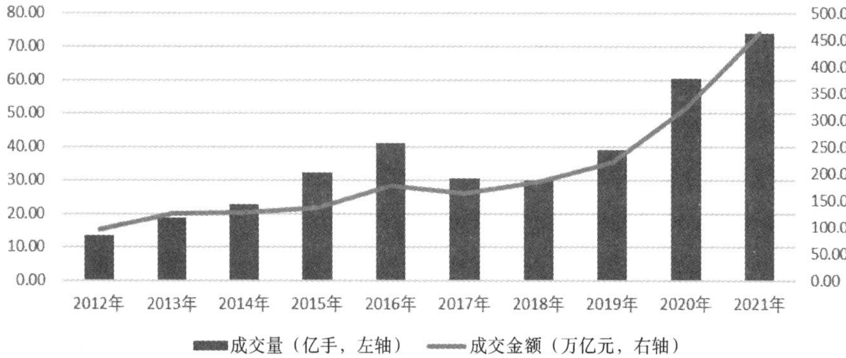

数据来源：中国期货业协会

图 3－2　我国商品期货市场成交情况（2012～2021 年）

分交易所来看，2021 年大商所、上期所和郑商所的期末持仓手数分列全球交易的第 3 位、第 4 位和第 5 位，仅次于 ICE 和 CME 集团。

从成交手数来看，郑商所、上期所和大商所分列 2021 年全球交易的前三名（见表 3－4）。分产品来看，我国商品期货市场在能化（见表 3－5）、农产品（见表 3－6）、金属（见表 3－7）分类的成交量排名中均有不俗表现。能化期货中，上期所的燃料油期货和石油沥青期货的交易量分列全球能化期货及期权成交量的第 2 位和第 5 位，莫斯科交易所（MOEX）的 Brent 原油期货则因为合约规模较小，坐上了交易量排名的头把交椅。成交手数排名全球前 3 位的农产品类场内衍生品合约分别为大商所的豆粕期货、郑商所的菜籽粕期货和大商所的豆油期货，紧随其后的两个交易量较大的期货产品也是国内产品。成交手数排名全球前 3 位的金属类场内衍生品合约分别为上期所的螺纹钢、白银和热轧卷板期货。

表 3－4　全球交易所 2021 年度场内商品期货、期权成交量排名情况

排名	交易所	成交量（亿手）	同比增减（%）
1	郑州商品交易所	25.82	51.73
2	上海期货交易所	24.46	14.90
3	大连商品交易所	23.64	7.12
4	芝加哥商业交易所集团（CME Group）	10.35	－9.45
5	洲际交易所（ICE）	8.48	－1.21

数据来源：FIA，上海期货与衍生品研究院

表 3－5　2021 年全球能化期货、期权成交量排名前 5 位合约

排名	交易品种及上市交易所	交易单位	2021 年成交量（手）	2020 年成交量（手）	同比变化（%）
1	布伦特原油期货 莫斯科交易所（MOEX）	10 桶	579590791	742813393	－22.0
2	燃料油期货 上海期货交易所	10 吨	276993809	477193406	－42.0
3	WTI 轻质低硫原油期货 纽约商业交易所（NYMEX）	1000 桶	248314481	274180352	－9.4
4	布伦特原油期货 洲际交易所欧洲期货分所（ICE Europe）	1000 桶	243666353	231879831	5.1
5	石油沥青期货 上海期货交易所	10 吨	140463222	204756838	－31.4

数据来源：FIA

表 3－6　　2021 年全球农产品期货、期权成交量排名前 5 位合约

排名	交易品种及上市交易所	交易单位	2021 年成交量（手）	2020 年成交量（手）	同比变化（%）
1	豆粕期货 大连商品交易所	10 吨	360388172	359464679	0. 26
2	菜籽粕期货 郑州商品交易所	10 吨	268927210	159893801	68. 19
3	豆油期货 大连商品交易所	10 吨	229383502	173116523	32. 50
4	棕榈油期货 大连商品交易所	10 吨	226614036	315167096	－28. 10
5	玉米期货 大连商品交易所	10 吨	189287113	177715573	6. 51

数据来源：FIA

表 3－7　　2021 年全球金属期货、期权成交量排名前 5 位合约

排名	交易品种及上市交易所	交易单位	2021 年成交量（手）	2020 年成交量（手）	同比变化（%）
1	螺纹钢期货 上海期货交易所	10 吨	655986710	366043408	79. 21
2	白银期货 上海期货交易所	15 千克	231457606	357232087	－35. 21
3	热轧卷板期货 上海期货交易所	10 吨	220715917	82346338	168. 03
4	铁矿石期货 大连商品交易所	100 吨	174412025	284630172	－38. 72
5	镍期货 上海期货交易所	1 吨	172165580	179764100	－4. 23

数据来源：FIA

需要注意的有两个方面：一是我国商品期货合约成交活跃但规模优势不明显。从成交手数来看，我国商品期货的成交活跃度较高，但考虑到每手合约规模较小，将其折算成实际的实物交易量后，可发现其与境外市场成交规模相比优势不足，某些产品的交易量甚至低于境外交易所。

按照同类产品交易实际规模（吨、桶）进行兑换后统计，2018 年在上期所上市的原油期货已成为全球第三大原油期货交易品种。2021 年，上期所有 8 个品种（螺纹钢、热轧卷板、天然橡胶、20 号胶、锡、镍、白银期货及铜期权）、大商所有 7 个品种（铁矿石、棕榈油、豆油、豆粕期货及铁矿石、棕榈油、豆粕期权）、郑商所有 2 个品种（棉花期货和期权）成交规模居全球首位；但小麦、油菜籽、玉米、大豆、黄金、原油等品种的绝对成交规模相较于国际主流市场仍存在一定差距。2021 年部分产品境内外成交规模比较如表 3－8 所示。

表 3－8　部分产品境内外成交规模比较（2021 年）①

产品	境内		境外		倍数（境外/境内）
	交易所	成交量（万吨）	交易所	成交量（万吨）	
小麦期货	郑商所	26.84	CBOT	407687.20	15188.41
大豆期货	大商所	49558.42	CBOT	725212.63	14.63
玉米期货	大商所	189287.11	CBOT	1103654.77	5.83
原油期货*	上期所	426.45	NYMEX	2483.14	5.82
			ICE	2436.66	5.71
黄金期货	上期所	4.54	COMEX	18.18	4.00
铜期货	上期所	32053.58	LME	74228.51	2.32
白银期货	上期所	347.19	COMEX	305.90	0.88
豆粕期货	大商所	360388.17	CBOT	243663.59	0.68
镍期货	上期所	17216.56	LME	10064.78	0.58
豆油期货	大商所	229383.50	CBOT	88223.52	0.38

① 郑商所小麦指强麦期货；CBOT 小麦指芝加哥软红冬小麦期货；大商所大豆指黄大豆 1 号期货；COMEX 黄金指 100 盎司/手的黄金期货和期权，白银指 5000 盎司/手的白银期货；NYMEX 原油是指 NYMEX WTI 原油期货，ICE 原油是指 ICE Brent 原油期货；ICE U.S. 白糖指 11 号糖期货和期权，棉花指 2 号棉期货和期权。

续表

产品	境内		境外		倍数
	交易所	成交量（万吨）	交易所	成交量（万吨）	（境外/境内）
棉花期货	郑商所	56761.82	ICE U.S.	19281.56	0.34
铁矿石期货	大商所	1744120.25	SGX	181847.19	0.10

注：* 原油期货单位为亿桶。

数据来源：上海期货与衍生品研究院，程南雁等，2021 年全球衍生品市场回顾。

二是期货市场影响力的标志是价格被用作贸易谈判与交易结算的基准。虽然部分境内商品期货品种交易规模较大，国际地位排名靠前，但市场与价格被关注和被使用的程度仍然偏低，期现市场联动不足，市场影响力仍待提升。从国际实践来看，现货市场是商品期货业务的基础，但这恰恰是境内期货市场发展的软肋。

3. 客户类型逐渐丰富，交易者结构不断优化

我国期货市场发展的较长一段时间里，商品期货市场交易量主要来自于个人投资者，也就是散户。一个重要的原因是政策方面的限制：直到 2007 年，相关政策法规仍明令禁止金融机构从事期货交易。2007 年修订的《期货交易管理条例》删除了“禁止金融机构参与期货投资”的规定，允许在不违规的前提下使用信贷资金进行期货交易。但在实践中，由于配套政策法规不完善，我国金融机构在 2010 年金融期货推出后才逐步进入期货市场。因此，2010 年之前，我国商品期货市场的交易者主要分为个人、一般法人（即实体企业）和自营会员三类。

金融期货推出以后，证券公司、基金公司等金融机构开始被允许进行期货交易，我国商品期货市场上从此也多了金融机构这一类别，并以“特殊单位客户”身份开户。此后，机构投资者对我国期货市场的参与度明显上升，包括实体企业和金融机构在内的机构投资者的开户数、持仓以及交易大幅增加，越来越多产业客户和机构投资者利用期货市场管理风险、配置资产，交易者机构化趋势明显，以往以个人投资者为主的交易者结构开始向以机构为主转变，从侧面表明期货市场发展日益趋于成熟。

但是也需要清醒地认识到，和发达市场相比，我国期货市场（包括金融期货和商品期货）上的机构投资者，无论是绝对数量，还是对整体市场交易量和持仓量的贡献都偏低，产业客户与金融机构的参与尚不充分，参与深度不足，结构性问题仍然存在。例如在产业客户方面，境外世界500强企业利用衍生品市场的比例超过90%，而参与期货市场的中国上市公司数量不足10%。[①] 在金融机构方面，商业银行在境内商品期货市场中可参与交易的品种仅为黄金期货和白银期货，可开展的大宗商品衍生品业务类型也受到限制。而境外市场中，商业银行是重要的参与者，比如CME集团过半数的清算会员自身或其母公司都是银行。因此，提升机构投资者参与度仍然是我国期货市场未来发展的一个重要方向。

4. 市场机制持续完善，服务能力不断增强

在发展传统意义的场内期货市场的同时，国内各家商品交易所也开始积极探索建设新的业务平台，推动多层次大宗商品市场体系建设，更好服务实体企业多元化风险管理需求。2018年3月，郑商所综合业务平台上线仓单交易和基差贸易两项业务，同时提供交易、结算、交收等相关服务；5月，上期所上线标准仓单交易平台，在促进标准仓单流转的同时，促进期、现市场价格的有效对接；12月底，大商所上线商品互换业务，为场外衍生品业务提供交易、登记、结算等服务。

交易所场外市场建设自2018年起步以来，交易品种逐步丰富，业务模式持续优化。以上期所的标准仓单交易平台为例，截至2021年底，交易平台已上线14个品种[②]标准仓单交易业务和天然橡胶延伸仓单交易业务，以及卖方挂牌、定向挂牌、买方挂牌、手机App、报价专区等功能。上期标准仓单交易平台还将在场外衍生品、基差交易、保税仓单交易等方面加强研发。2022年，上期所发布了《上海期货交易所商品互换业务管理办法》，为商品互换业务的尽快上线提供了制度保障。

与此同时，国内期货交易所持续推进国债作为保证金业务，在优化交易者结构、深化对外开放、吸引持有国债现券的机构投资者进入期货市场

① 资料来源：《2020径山报告》，中国金融四十人论坛（CF40）编制。

② 包括铜、铝、锌、铅、镍、锡、天然橡胶、白银、螺纹钢、线材、热轧卷板、不锈钢、石油沥青、纸浆等。

等方面发挥积极作用。2020年，交易所的组合保证金仿真系统上线，在防范风险的前提下尽可能降低投资者成本，其灵活的配置功能满足会员对客户差异化的风险管理需求，对提高资金使用效率、提升市场运行质量具有积极的意义。另外，目前国内商品期货市场中，做市品种已覆盖近七成，活跃合约连续性持续改善，市场活跃度逐步提升。

比较而言，境内商品期货市场的服务水平和能力仍有提升空间。比如，一是目前境内商品期货交易保证金包括人民币现金、国债、美元和标准仓单四种形式；而CME集团等境外成熟市场可接受黄金、股票、境外主权债券等多种抵押品，并可以以一定的折扣率接受包括离岸人民币、欧元、英镑、日元、港元等在内的18种货币作为抵押品。二是境内商品期货市场的交易指令仍不够丰富，不同交易所对市价指令、止损指令、套利指令的支持略有差异；而CME集团等境外成熟市场提供了数十种交易指令，如限价指令、市价指令、止损指令、套利指令、FAK指令①、FOK指令②、TAS指令③等。

5. 国际化进程不断推进，对外开放持续发力

多年来，境内期货市场一直稳步推进国际化业务，并已推出多个商品期货和期权国际化品种，且开放路径更加多样。2020年，上期所将纸浆期货交割结算价授权挪威纸浆交易所，用于其上市以上期所纸浆期货交割结算价为基准进行现金结算的期货合约，率先推动中国价格在国际金融市场的直接应用。国际铜期货和上期所铜期货以“双合约”模式通过“双平台”同时运行，服务国内国际“双循环”，是存量期货品种对外开放模式的崭新探索。低硫燃料油期货境外提货业务顺利落地，“境内交割+境外提货”初步实现，拓展了期货市场服务实体经济跨境经营覆盖面。与此同时，我国期货交易所境外展业和跨境监管合作也在稳步推进，国际认可度持续提升。

---

① 立即成交剩余指令自动撤销指令，即在限定价位下达指令，如果该指令下部分申报手数成交，该指令下剩余申报手数自动被系统撤销。

② 立即全部成交否则自动撤销指令，指在限定价位下达指令，如果该指令下所有申报手数未能全部成交，该指令下所有申报手数自动被系统撤销。

③ 按结算价交易指令，指允许交易所在规定交易时段内按照期货合约当日结算价或当日结算价增减若干个最小变动价位申报买卖期货合约。

虽然境内期货市场发展迅速，并且在国际化方面取得不少成就，但相比对境外市场，市场各界对境内市场对外开放工作的关注依旧不够充分，这也在一定程度上导致境内商品价格话语权缺失、市场吸引力有限。一方面，世界银行等国际机构很少采用境内期货市场形成的价格作为大宗商品价格走势的参考依据，而行业协会、媒体、专家等研究者的行业研究中也更多习惯使用国际期货市场形成的价格作为依据。境内期货市场形成的价格更多地被运用在境内贸易中，在国际贸易中运用较少，如铜等有色金属的期货价格在境内现货市场的定价中已成为基准价格，但极少被运用于国际贸易的定价中。另一方面，境内市场对境外交易者的吸引力还不足，比如境外交易者在原油期货等国际化品种中虽已经占据了一定比例，但中资背景客户比例居高不下，境外产业链上下游客户、金融机构（如对冲基金）等客户的参与度仍然不高。

（二）金融期货市场面临诸多挑战

总体来看，我国金融期货市场自建立以来发展有序、功能日益完备，充分发挥了稳定资本市场运行、管理金融市场风险的应有职能。但无论与境外市场相比，还是与境内商品期货市场相比，或是与我国金融现货市场发展现状相比，境内的金融期货市场发展明显滞后，不足之处也很明显。

1. 品种丰富度不足，产品体系需要快速完善

纽约、伦敦等成熟市场主要期货交易所的金融期货品种较为丰富，品种体系较为完善。相比之下，我国金融期货期权产品体系建设起步晚、进程慢，产品上市审批流程较复杂，导致我国金融期货期权产品数量远少于境外市场。

从股指期货来看，当前我国场内权益衍生品仅上市了 4 只股票指数期货，对于各行业、不同风格及小型股的覆盖严重不足，这一方面不能满足市场参与者不同策略对于不同期货品种的需求，另一方面也导致在特殊市情下，部分股指期货在套期保值需求中空头承压过重，长期处于贴水状态。从国债期货来看，在境外成熟市场，完善的国债期货产品体系均涵盖 2 年、5 年、10 年、30 年四个主要期限品种。与其相比，我国还缺少 30 年期国债期货产品，相关场内利率期权品种也仍处于空白状态，难以满足交易者管理超长期限利率风险和对期权产品的需求。从外汇期货来看，我国的汇率类期货产品长期缺位，实在不能满足各类涉外企业和市场机构对外汇类期货产品的需求。

2. 成交、持仓规模稳步攀升，市场运行质量有待提升

近年来，国内股指期货市场逐步克服2015年股市异常波动不利影响，在成交量和持仓量上都呈现稳中略增的态势。以2021年为例，金融期货和期权①总成交量为1.22亿手，总成交金额为118.2万亿元，同比分别增加5.86%和2.37%；年末持仓109.5万手，同比上升28.12%。分类别来看，一是股指期货和期权持续有效发挥市场功能，市场规模大幅上升，期现货联动紧密，市场整体运行平稳，总成交量达到6673.93万手，日均成交量27.46万手，日均持仓量54.9万手。其中沪深300股指期权总成交3024.15万手，日均成交12.44万手，同比增加80.62%；日均持仓17.68万手，同比增加70.75%。二是国债期货市场容量大幅提升，功能发挥日益显著。2021年，国债期货总成交2505.23万手，日均成交10.31万手，同比上升4%；日均持仓量为24.6万手，同比上升49%。2020年以来，商业银行、保险机构、基本养老保险基金、年金基金等中长期资金相继入市，同时受到新冠疫情反复、美国货币政策进入紧缩周期等影响，我国经济发展环境的复杂性、严峻性、不确定性上升，金融市场不稳定因素增加。在此情况下，国债期货在服务国债和地方债发行、提升金融服务实体经济质效、服务中长期资金和维护金融市场稳定等方面发挥积极作用。

【金融期货服务实体企业降低融资成本】新冠疫情爆发以来，国内一些企业生产经营陷入困境，经营收入不稳定，企业融资以维持流动性为主，且财务状况对融资成本更为敏感。金融机构积极运用国债期货为企业提供创新避险服务方案，或通过增强信用债配置能力支持实体经济融资，起到了降低企业融资成本、助力复工复产的积极作用。

2020年新冠疫情发生后，MLF利率持续性下调，LPR利率也呈趋势性

---

① 不包括ETF期权。除ETF期权外，我国的金融期货与期权产品均在中金所上市交易。

下行状态。实体企业存续的固定利率债务不能直接享受利率下行带来的收益，同时为降低融资成本又倾向于推迟贷款、发债等融资活动，影响企业及时补充流动性。2020 年 4 月 16 日，国内某证券公司为大连某供应链管理股份有限公司提供挂钩 LPR 的场外期权（名义本金 5 亿元人民币），并及时运用国债期货对冲所承接的 LPR 利率波动风险，保持自身风险可控。至 2021 年 4 月期权到期时，1 年期 LPR 利率下行 20 个基点，企业购买的期权获得收益约 100 万元，有效对冲了贷款利率风险。在该模式下，该证券公司服务了十余家客户的 40 亿融资，行业覆盖制造业、交通运输、科技及有色金属等，成功将 LPR 利率下行带来的普惠收益传导到实体企业，助力降低企业融资成本。

进一步细分品种结构来看，沪深 300 及中证 500 期指成交量分别占金融期货总成交量 32% 和 25%，10 年期国债期货和上证 50 股指成交占比紧随其后，分别为 18% 和 16%，5 年期和 2 年期国债成交占比较低，分别为 6% 和 3%。

对比 2020 年和 2021 年两年的交易量来看，2021 年上证 50 股指期货成交量增幅位列所有金融期货品种的首位，为 22. 01%；2 年期国债期货虽然成交占比较低，但成交量较上年有明显增长，同比增幅为 12. 58%；5 年期、10 年期国债期货成交量同比也有小幅上升。与此同时，中证 500 期指成交同比下滑较为明显，大幅回落 30% 左右；沪深 300 股指期货成交量也同比微减约 1%。

除成交量、持仓规模提升外，期现联动保持良好态势也是我国金融期货市场的明显特征之一。2021 年，沪深 300、上证 50、中证 500 股指期货近月合约与现货的价格相关系数超过 99%，与前一年基本持平。期权合成期货价格与现货价格相关性为 99. 8%，且合成期货与沪深 300 股指期货升贴水保持高度同步。国债期现货价格相关性、套期保值率也都处于 95% 以上的较高水平。

我国境内金融期货市场在服务国家经济发展大局、服务实体企业发展方面贡献了应有力量。同时应该看到市场功能的发挥效力还有待继续加强，比如股指期货持仓量同比增加而成交量同比减少，在一定程度上显示出我国市场上股指期货产品成交活跃度相对不高，市场流动性仍显不足，市场运行质量有进一步提高空间。

3. 机构参与度逐步提升，交易者结构尚待继续优化

当前，机构参与境内金融期货市场在入市速度和参与占比上体现了量的有效增长，在交易行为和持仓结构上体现了质的稳定提升。

从量上来看，机构新入市和参与客户数连续三年增长。2021 年机构日均开户总数达 107 户，2019 ~ 2021 年的年均增长率为 34%。参与金融期货交易的机构客户数共 2.5 万户，3 年平均增长 26%。机构持仓量屡创新高，成交量相应提升，2021 年机构日均持仓量达 140 万手，较 2020 年增长 51%；日均成交量为 58 万手，增长 35%。以机构为主导的参与者结构更加稳定，2021 年机构日均成交量、持仓量占全市场比例分别为 57%、72%，较 2020 年分别增长 12 个、6 个百分点，成交占比创历史新高。其中，国债期货机构化程度最高，三个品种的法人客户持仓占比均达到 85% 以上。

从质上来说，近年来金融期货成交持仓比①持续下降，市场交易平稳有序。相比境外市场，境内股指期货成交持仓比略低，国债期货、股指期权与成熟市场基本相当。相比全市场，机构成交持仓比相对较低，以公募基金、保险、养老基金为代表的中长期资金又更低于机构整体水平，体现出稳健的投资风格。

尽管机构参与金融期货市场增速较快，但总量仍显不足，结构还有待优化。比如，中长期资金是境外期现货市场重要的参与主体，而境内资管类机构的持仓占比显著低于境外成熟市场水平，且多头占比差距悬殊，多头力量提升空间较大。另外，部分中长期资金直接进入金融期货市场政策受限、已进入市场的部分机构参与限制较严格等，影响了机构运用期货管理资产组合风险的策略效果，进而降低了机构使用金融期货产品的动力。

① 某会员或交易者在某一时期内，期货的交易量与其持仓量的比值。该数值越小，表示该会员或交易者交易频率越低，以长期持有期货为主；数值越大则表示其交易越频繁。

第四章
异曲同工：商品期货与金融期货存同求异

我在监管部门工作时，对期货市场的理解主要侧重于宏观政策和监管制度等方面，对市场的微观运行情况了解不多。后来我在上期所和中金所任职，对商品期货和金融期货市场的运行特征和市场表现有了更加深刻的认识：尽管两者的市场功能、监管制度等基本相同，但也存在诸多差异，对这些差异以及其中原因进行比较分析，有助于读者对两个市场有更进一步的理解与认识。

基于期货合约标的物的不同，期货分为商品期货和金融期货两个大类①。两类期货本质相同、功能一致，都具备期货的一般性特征。当然，两者也存在诸多区别，除了最明显的合约标的物不同外，我国的商品期货和金融期货在合约设计、机制安排、市场运行等方面表现出种种差异。本章以“存同求异”为主线对比上述差异，并对造成差异的深层次原因进行探析，以期探寻期货市场运行的本质，更加清楚地了解期货市场建设工作应当遵循的规律和原则。

一、商品期货与金融期货的异同综述

（一）两类期货的共性特征

商品期货与金融期货同属于期货，自然都具有期货这一风险管理工具的共性特征。

首先，两者的市场功能和运行原理基本相同。商品期货与金融期货都是通过市场化的方式，将现货市场的风险及其收益在不同交易者之间进行转移分配，从而实现期货市场三大功能，服务实体经济发展。

其次，基础的交易结算机制和风险控制机制基本相同。商品期货与金融期货的交易都在场内进行，具有保证金交易、多空双向交易、T+0 日内回转交易等特点；都依托中央对手方进行结算，具有集中清算、当日无负债结算等特点；都通过价格限制、持仓限额、强行平仓等一系列制度安排来防控和化解市场风险，维护市场稳定运行。

最后，法律关系和监管制度安排基本相同。商品期货与金融期货涉及的法律关系基本相同，因此大多数国家都是通过同一部法律统一调整商品期货和金融期货市场，如我国的《期货和衍生品法》、美国的《商品交易法》、英国的《金融服务与市场法》、新加坡的《证券期货法》等，这些国

① 近年来出现了天气类、排放权类等创新品种，这些期货品种的合约标的物既不同于商品，也不属于金融，因而不能简单地归入传统的商品期货或者金融期货。

家也是由同一监管部门对商品期货和金融期货市场进行统一监管。只有日本基于历史原因，商品期货由《商品交易法》调整，金融期货由《金融商品交易法》调整，商品期货的监管主体为日本农林水产省、通产省等相应商品现货市场的管理机构，而金融期货的监管主体为日本金融厅，形成了期货市场分割监管的局面。

（二）两类期货的差异化特征

在境内外期货市场的发展和演进中，不难发现两类期货的一些差异，比如商品期货早于金融期货诞生、金融期货创新进程相对更为迅速等。

具体而言，第一，从发展演变历史看，绝大多数国家和地区的期货市场，都是先有商品期货，再有金融期货，两者都是市场经济发展到一定阶段的产物。商品期货产生与发展早于金融期货，主要是因为商品现货市场早于金融市场产生和成熟，因而由商品价格波动导致的风险管理需求先于金融市场出现和积累，促使商品期货先于金融期货产生，并在发展过程中为金融期货奠定实践基础，这是期货市场必须顺应现货市场发展潮流的结果。

第二，从发展速度来看，金融期货发展较快，规模后来居上。商品贸易从星星之火到繁荣壮大，交易风险的类型基本上是一致的，无外乎供需以及运输等各种原因导致的原材料、产成品价格波动的风险，可以说量变为主，质变为辅。商品期货的创新，主要表现在紧跟现货交易不同品种来创建新产品，或者解决这些新产品上市带来的交割、仓储等问题。由于金融市场独成体系且越来越复杂，机构类型逐步丰富，不同资金的投入和瞬息万变的行情导致金融风险多种多样，因此金融期货市场也随之需要管理更为复杂的风险，提供更为精细化的服务。在现货市场需求的催动下，各种不同的金融期货创新品种犹如雨后春笋一般出现在世界各国的期货市场上。

第三，商品期货与金融期货的差异还表现在其他方面。首先是市场机制安排的不同，比如交割方式、合约规模和月份设计等存在差异；其次是期货市场发展过程中的不同市场运行表现，比如两者价格发现功能发挥表现不同以及对外开放程度存在差异等。究其原因，标的物差异和现货市场运行情况是两大重要影响因素：首先，商品期货的标的物为有形的商品，标准化程度不高，金融期货的标的物为无形的金融资产，这既是二者最直观的表象，也是最首要、最基础的根本性区别，更是两类期货市场上不同机制设计和制度产生的根本原因。其次，现货市场运行情况和发展阶段也影响着期货市场的表现，比如商品现货国际贸易促进商品期货市场国际化步伐不断加快、国民财富积累和投资观念的转变对金融期货市场提出更高要求等。

二、商品期货与金融期货的差异表现

（一）合约设计差异

除了标的物之外，两类期货在合约设计上的最直接差异，就是交割方式的不同，以及因此导致的期货合约交割成本和交割风险的不同。除此之外，合约月份、合约规模差异也是合约设计差异的重要表现。

1. 交割方式

期货合约到期时，交易双方按照交易所的规则和程序，将合约所载标的物的所有权进行转移，或者进行现金结算，了结到期未平仓合约，这个过程就是交割。由于实物商品和金融资产的基础物理属性和标准化程度不同，商品期货更多在交割日通过实物所有权的转移加以清算①；金融期货则较多按照结算价格以现金来结清头寸。

商品期货方面，交易双方较多通过合约所载商品所有权的转移，来了结到期未平仓的期货合约。虽然实践中最终以实物交割了结期货头寸占整体交易量的比例非常小，但正是这少量的实物交割将期货市场与现货市场联系起来，促使期货价格和现货价格趋向一致，为期货市场服务实体经济功能发挥提供了重要保障。

① 实践中也有部分商品期货使用现金交割，前提是商品现货市场存在一个公认的、权威的现货价格。

由于不同商品的实物形态、存储方式、贸易习惯等存在差异，商品期货实物交割的方式也多种多样，大体可以分为仓单交割和非仓单交割两大类（见图4－1）。

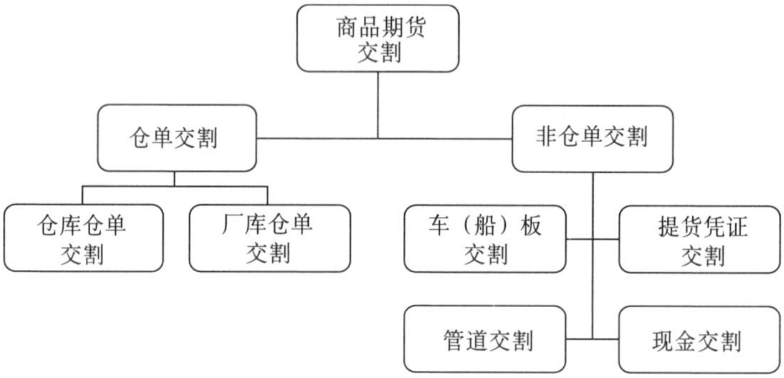

图4－1　商品期货主要交割方式

仓单交割主要包括仓库仓单和厂库仓单交割。其中仓库仓单交割是实践中最为广泛的交割方式，在这种方式下，卖方将指定仓库开具的相关商品仓单转移给买方，完成实物所有权转移；厂库仓单交割与此类似，只是仓单由指定厂库开具。这两种方式中，如果仓单是经交易所注册的符合期货合约规定质量标准的实物提货凭证，则可被称为“标准仓单”。这种仓单的标准化程度较高，便于计算实物数量和质量，对应的物品必须满足交易所期货交割的相关要求，相应的交割方式也被称为“标准仓单交割”。实践中，采用标准仓单进行交割的期货品种较多，比如上期所的铜、铝、锌、锡、镍、黄金、白银、天然橡胶、燃料油；大商所的黄大豆一号、黄大豆二号、玉米、纤维板、聚乙烯、聚氯乙烯、聚丙烯；郑商所的强麦、早籼稻、棉花、PTA等。值得一提的是，厂库仓单是一种信用仓单，作为交割仓库的企业并不需要事先存储相应数量的实物商品，而是凭借自身的现货加工或贸易能力作为信用担保，根据卖方的要求将现在还未生产出的商品提前出具仓单，并按照买方要求在规定的时间内提供相应数量的交割实物以履行交割义务。我国实践中，采用厂库仓单交割的期货品种有螺纹钢、沥青、豆粕、玻璃、动力煤等。

非仓单交割方式包括车（船）板交割、装运凭证交割、提货单交割、期货转现货（期转现）交割等。其中，在车（船）板交割方式中，买卖双方以货物装上买方车（船）板为界，实现货物的所有权和风险转移，并各自承担货物的数量、质量相关责任。通常情况下，双方通过协商可以从卖方货物存放地直接将货物发往买方，以降低费用。车（船）板交割无仓储费用且运费较低，适用于交割区域大、商品价格低、需要降低运输成本的品种，如 ICE 的 11 号原糖期货采用船板交割，大商所生猪期货采用车板交割与厂库仓单交割相结合的模式。装运凭证交割方式通过转运站或者厂库取代传统意义上的仓库，转运站或者厂库以生产能力和相应的信用保证作为出具信用仓单的依据，在买方要求的规定时间内提供相应质量和数量的实物以履行交割义务，这种方式要求卖方只要能够在买方提货时有足量对应实物即可，不需要在注册时就提供相应实物。实践中，CME 的玉米期货、小麦期货等品种早期采用装运凭证进行交割。提货单交割是指在交割月前一个月的规定时间内，由买卖双方主动申请、经期货交易所组织配对并监督、按照规定程序进行货物交收的方式。目前大商所的铁矿石期货采用仓单交割和提货单交割相结合的方式，仓单交割有利于发挥交易所管理经验，确保铁矿石品种平稳运行；提货单交割则能够显著降低实体企业的交割成本，提高市场效率。期转现也被称作提前交割，是指期货合约到期前，买卖双方达成协议，对冲期货头寸、转移现货所有权，达到钱货交换的目的，既能满足交易者个性化需求，又有利于减少交割月交割压力。在具体实践中，达成期转现协议的交易双方共同向交易所提出申请。获得批准后，分别将各自持仓按照双方商定的平仓价格由交易所代为平仓。同时，双方按达成现货买卖协议进行与期货合约标的物种类相同、数量相当的现货交换。

金融期货方面，由于股票、债券、外汇等金融资产存在不同运行特征，以其为标的物的不同种类金融期货品种的交割方式也因此各有特点。其中，采用现金交割方式的品种有以下几类：

一是股指期货[1]。股指期货合约的标的物为股票指数，不具有实物形态，因而只能采用现金交割方式。股指期货采用现金交割有利于降低交割成本，解决无法用指数来交付实物的现实问题，同时也有利于防范逼仓等市场操纵行为的发生。例如，我国境内目前上市的四只股指期货均采用现金交割方式。

二是短期利率期货。国际市场上，短期利率期货合约大多采用现金交割，交割结算价一般以现货市场上的某一个影响较大的市场利率为依据。例如，CME 的 3 月国债期货采用现金交割，交割结算价根据最后交易日现货市场上 91 天期国债拍卖贴现率的加权平均值计算。

三是部分外汇期货。总体来看，目前国际上主要的产品中，标的货币未实现自由兑换的外汇期货较多采用现金交割方式。现金交割流程简单，可以避免实物交割存在的支付问题，更加适用于没有货币兑换需求的交易者，有利于杜绝市场因空头持仓高于现货市场可交割量而可能产生的逼仓行为。以 CME 上市的外汇期货为例，包括人民币、卢布等在内的新兴市场国家货币相关的外汇期货主要采用现金交割方式。

实践中，也有部分金融期货采用实物交割，主要包括：

一是 ETF 期权。目前我国证券交易所上市的 ETF 期权采用实物交割的方式。在交割过程中，认购期权的权利方支付现金买入标的资产，认购期权的义务方收入现金卖出标的资产，或认沽期权的权利方卖出标的资产收入现金，认沽期权的义务方买入标的资产并支付现金。

二是中长期利率期货。在美国，由于国库券在发行时采用无纸化方式，联储系统都有相应记录，即使是实物交割，也不需要动用实物券，投资者只需要通过电子转账系统划转即可。另外，由于存在一篮子可交割债券，中长期利率期货的交割结算比较复杂，需要考虑转换因子。但在境内实践中，中金所上市的 2 年期、5 年期、10 年期国债期货均采用实物交割方式。

三是部分外汇期货。实物交割需要通过转移标的货币所有权方式了结期货合约，交易者可以通过实物交割方式直接获得标的货币。实物交割有

① 不包括 ETF 股指期权。

利于降低汇率的波动水平，减少政府因汇率大幅波动而干预市场的情形，进而更好地控制市场流动性。因此，在境外市场上，以资本账户实现自由兑换的国家或地区货币为标的的外汇期货多采用实物交割方式。例如，同样在 CME 上市的外汇期货中，欧元、日元、加拿大元、瑞士法郎、英镑、澳大利亚元等主要交易品种都是采用实物交割。

值得注意的是，即使部分金融期货以实物交割，在具体实践中，由于金融凭证等实物基本上都是采用电子方式记录在册，其交割过程远不及商品实物交割复杂。

交割方式的差异导致两类期货的交割成本和交割风险存在区别。交割成本是指期货合约在参与交割的过程中产生的相关成本，通常包含商品实物的仓储费用、运输费用、检验费用等。总体来看，商品期货合约交割成本高于金融期货。

第一，仓储成本。仓储成本与期货合约标的物的物理属性直接相关。在期货合约临近交割到完成交割的一段时间内，用于交割的普通商品需要存储在交割仓库中，因而会产生相关的仓储费用。实践中，仓储费用的相关标准通常由交易所规定，部分实体企业对交割成本较为敏感，交易所可以根据市场情况调整仓储费用标准，以提升企业交割意愿，提高期货交割量。而金融资产在交易过程中不会产生仓储成本。如股指期货的合约标的物为股票指数，没有仓储需要，因而不产生相关费用；国债期货的标的物是记账式国债，其发行和交易均采用无纸化形式，并托管在专门的国债托管机构，也不会产生仓储费用。

第二，运输成本。这是商品期货交割成本的重要组成部分，主要包括商品在运输过程中所产生的相关运费、装卸搬运费、杂费等各项费用，其大小取决于交割仓库与指定地点的运输距离和运输方式等多方面因素。实践中，运输费用的高低会影响商品期货的成交量和交割量，进而间接影响到商品期货市场服务实体经济功能的发挥。例如，2020 年 4 月，在全球新冠疫情蔓延、物流成本暴增的背景下，过高的仓储和运输成本导致原油期货交易出现负价格，严重影响了期货乃至现货市场的正常运行。与仓储成本的情况类似，金融期货中的股指期货不存在运输成本，国债期货通过相应电子系统划转即可实现交割，不存在物理运输环节，也不会产生运输成本。

需要说明的是，交割方式的创新有助于降低商品期货的交割成本。如在传统的仓库仓单交割方式下，卖方首先需要将交割商品运到指定交割仓库所在地，再短驳运抵仓库，然后经检验合格后入库，这些成本也将最终体现在期货交易价格上。而在厂库交割方式下，卖方只需将购买相关商品的资金预付给厂家或者提交银行保函，厂家根据要求提供商品即可，短驳费、装卸费、检验费等不再发生，有效降低了期货合约的交割成本。

商品期货和金融期货的交割风险也存在差异。总体来说，金融期货的交割过程一般不涉及检测、运输、仓储等环节，即使采用实物交割，其标的物本质是数字凭证，理论上发生交割风险的概率较低。而商品期货的交割流程相对来说较为烦琐、交割周期较长、涉及企业主体复杂多元，因此更容易产生交割风险。例如仓单交割中，在临近交割之际，商品期货通常需要卖方注册标准仓单或信用仓单，该仓单由期货交易所指定的交割仓库或厂库作为第三方进行监管和代办，买方通过期货交易所系统和该指定第三方获取仓单。在卖方制定仓单到买方获取该仓单这一过程中，需要经过检测、入库、存储等环节，涉及检测机构、仓储公司、物流公司等主体，其间存在一定的时间差，周期从几日到几周乃至几个月不等。在上述环节中，由于权货分离，容易因重复抵押、权货不符等产生风险事件。

一些意外事件也可能导致商品期货受到交割风险的侵扰。例如，2013年3月，青岛某保税仓库发生起火事故，造成仓库存放的橡胶大量焚毁；2021年7月，青岛保税区再次发生火灾，造成在区内仓库储存的聚乙烯、橡胶等货物损毁，对交割造成巨大影响。此外，买方发现交割品质严重不符、标准仓单的溢短[①]超过规则要求、交割要求太高导致卖方交割品不足进而导致逼仓等事件也时有发生。

这些风险事件的发生，也在另一个层面促使期货市场不断改进和完善

① 溢短，是买卖双方在买卖合同条款中规定卖方实际交货数量可多于或少于合同所规定的数量一定幅度。

相关交割机制，以适应现实需求。举例来说，苹果期货上市之初，以一等及以上等级质量指标且果径不小于 80 毫米的红富士苹果为交割品，其中质量容许度[①]不超过 5%。该交割标准要求较高，对于初期的期货运行起到了很好的规范和标准作用，但也导致可用于交割的苹果数量较少，对卖方不利。2018～2019 年，受灾害天气影响，苹果期货的可交割产品数量受到很大影响，引起苹果期货价格剧烈波动。为此，郑商所及时完善交割制度，于 2020 年 7 月发布通知，对苹果期货交割质量标准、交割月份、交割流程和交割单位等方面进行了修订。新的制度扩大了质量容许度（由不超过 5% 调整为不超过 10%）和替代品交割范围（由一种增加至三种）、降低了硬度指标等。

2. 合约月份

与股票等现货资产可以长期持有不同，期货合约一般按月挂牌，未平仓合约到期时要进行交割。合约月份即期货合约最后交割日所在的月份，比如上海锌 2201 合约的交割月为 2022 年 1 月，此后该合约将不复存在。标的物的不同特征以及商品与金融现货市场的不同运行规律，导致两类期货的合约月份设计存在差异。

交易所在设计商品期货合约月份时，主要考虑对应现货市场生产、流通、消费等因素；与商品现货市场相比，金融市场运行不直接受到季节性因素影响，因而无需考虑作出特别月份安排。

商品期货方面，工业品具有连续生产、连续贸易的特点，其生产、消费、贸易、流通没有明显的季节性，相关实体企业在全年各个月份均有套期保值的需求。因此，在设计工业品类期货合约的交割月份时，基本都规定了全年 12 个月可进行交割。而农产品受到地域、气候等因素影响较大，突出表现为具有季节性特征。由于我国春节假期多在阳历 2 月，大部分农产品合约交割月份首先避开了 2 月，同时借鉴了国际通行的离散设计，月份选择一般为单月，即 1 月、3 月、5 月、7 月、9 月、11 月。另外，交易所还会

---

① 质量容许度是指一批货物中不符合相关指标要求的货物占比。交割苹果的质量容许度一般是指磨伤、碰压伤、刺伤等不合格果之和的占比。

考虑将现货贸易量较大、套期保值需求强的月份作为交割月份。这些设计和安排都体现了期货市场服务实体经济需要、满足现货贸易习惯的具体要求。

以晚籼稻期货的合约月份设计为例，郑商所主要考虑了晚籼稻供给、需求及季节性的变化，相关期货品种的套利交易和交割顺畅等方面因素。从现货供需规律来看，晚籼稻9月、10月开始陆续收割、上市，水分达到国标要求、可以交割的第一个月份为11月，因此将11月作为新季晚籼稻第一个合约月份较为适宜。一般情况下，1月正值春节之前，供需较为旺盛，作为交割月份有利于套期保值和活跃市场。3月以后，晚籼稻的加工和贸易又开始活跃，农户手中余粮销售加快，市场氛围较好，5月进入一个小高峰。6月以后各地开始投放晚籼稻储备，满足加工需求。7月加工企业以消化前期库存以及竞拍政策性粮源为主。9月大中院校开学、中秋国庆双节备货，终端大米需求旺盛，现货流通活跃。因此，采用离散设计方案，选取1月、3月、5月、7月、9月、11月作为合约月份，与现货生产、加工、贸易活跃月份相符。国内主要商品期货合约月份汇总见表4－1。

表4－1　　国内主要商品期货合约月份汇总

期货品种	合约月份
铜、铝、铅、锌、镍、锡、白银、燃料油、螺纹钢、线材、热卷、棕榈油、LLDPE、PP、PVC、焦炭、焦煤、铁矿石、纤维板、胶合板、PTA、甲醇、玻璃、动力煤、硅铁、硅锰	1～12月
小麦、白糖、棉花、稻谷、菜籽油、大豆、玉米、玉米淀粉	1月、3月、5月、7月、9月、11月
燃料油	1～12月（春节月份除外）
石油沥青	24个月以内，其中最近1～6个月为连续月份合约，6个月以后为季月合约
天然橡胶	除2月、12月外的其他月份
豆粕、豆油	1月、3月、5月、7月、8月、9月、11月、12月

续表

期货品种	合约月份
菜籽粕	1 月、3 月、5 月、7 月、8 月、9 月、11 月
油菜籽	7 月、8 月、9 月、11 月
黄金	最近 3 个连续月份的合约以及最近 13 个月以内的双月

金融期货方面，权益类、利率类和汇率类期货三者的合约月份设计略有差异。

第一，股指期货。境外市场股指期货的合约月份设计主要分为两种：一种是采用四个季月合约。欧美等成熟市场国家，机构投资者占比较高，套期保值者持有期货合约时间相对较长，因此这些市场主要选择季月合约，如 CME 的标普 500 股指期货、NYSE 的道指期货以及 LIFFE 的 FTSE100 股指期货等。另一种是以近期月份合约为主，叠加远期季月合约。新兴国家或地区市场由于股市规模有限，期现货价格波动大，同时短线投机者数量较多，因此主要采用月份合约，如港交所的恒生指数期货和 SGX 的摩根台指期货等。我国股指期货推出初期，交易者中的散户比例较高，价格容易波动，交易所将维护市场安全稳定作为首要考虑因素。如果将股指期货全部设计成季月合约，可能会增加市场炒作的风险，因此中金所借鉴了我国香港与台湾市场的实践经验，确定股指期货合约月份为近两个自然月及随后两个季月，这样设计既可以保证半年中有三到四个合约同时运行，同时可以达到长短兼济、相对集中的良好效果。

第二，国债期货。以季月作为合约交割月是境内外国债期货市场的主流模式。中金所上市的 2 年期、5 年期、10 年期国债期货的合约月份均为最近三个季月（3 月、6 月、9 月、12 月中的最近 3 个月循环），主要有以下几个考虑因素：首先，符合境外国债期货市场的惯例。从境外主要国债期货市场情况来看，主流的国债期货合约月份采用季月循环的方式，其中大多数国家和地区主要采用最近 3 个季月的模式[①]。其次，保持适度流动性。国债期货交易的专业性较强，技术门槛高，市场波动相对较为平缓，是一个以机构投资者为主的风险管理市场，如果提供过多的合约数量，会分散合约月份的交易量，降低各合约月份的流动性，不利于国债期货市场长期发展。从 CME 十年期国债期货的交易数据来看，尽管有 5 个合约同时交易运行，但远月合约的成交量非常小。再次，充分满足套期保值的避险需求。合约月份过少不利于促进价格回归合理水平，也不能充分满足套期保值者对短、中、长期不同期限利率风险管理的需求。采用实物交割的国债期货，如果只有两个合约月份，则会因为临近交割月合约的流动性降低而影响跨期套利，进而导致近月与次月合约的价格相对偏离均衡关系，影响期货价格发现功能的发挥。最后，降低价格受长假因素等的影响。我国的长假主要是春节和国庆假期，通常在 2 月（或 1 月）和 10 月。长假期间期货市场不开市，为了更好反映宏观经济运行基本面的变化，国债期货采用季月合约设计，可以有效避免长假因素对国债期货价格造成影响。

第三，外汇期货。外汇期货的合约月份设计主要结合实体经济汇款周期、场外外汇衍生品市场期限结构等因素。境外不同国家和地区的外汇期货合约月份各有不同，总体来看，成熟市场的外汇期货，倾向于采用连续季月合约，例如 CME 的澳元兑美元、欧元兑美元期货合约月份均采用连续 12 个季月，ICE 的英镑兑美元、欧元兑美元期货合约月份采用最近 4 个季月。而新兴市场国家或地区货币相关外汇期货则主要采用连续月份加季月合约的模式，如港交所的离岸人民币兑美元期货采用最近 4 个连续月加随后 4 个季月的模式。目前，我国境内尚未推出外汇期货产品。在中金所欧元兑美元、澳元兑美元的仿真交易中，合约月份采用最近 3 个连续月加随后 3 个季月的模式。这样的设计，一方面可以满足实体经济付款和汇款周期的需要，最近 3 个连续月可以满足企业短期较为频繁的收付汇活动，再叠加连续 3 个季月，可以涵盖 1 整年的周期；另一方面，从合约的流动性考虑，过多的合约会分散流动性，连续月加季月合约相配合，合约个数相对合适，有

① 也有例外，如 CME 十年期国债期货采用的是最近 5 个季月。

利于提高市场流动性，充分发挥外汇期货市场的功能。

3. 合约规模

合约规模是指交易一手期货合约所代表的商品或金融标的资产的价值。期货合约统一以“手”为单位，但合约标的物的单位却多种多样，比如铜的单位为吨、原油的单位为桶、股指的单位为指数点。因此，必须在设计时就确定每一手期货合约对应的标的物的数量，而合约规模即是这一数量乘以标的物的单位价格。假设铜的价格为每吨 5 万元，1 手铜期货合约对应 5 吨铜，那么这 1 手铜期货合约的规模即为 $5\times5=25$（万元）。

两类期货在合约的平均规模上呈现出一定差异，相对金融期货来说，商品期货的合约规模一般要小很多。

境内金融期货合约的单手规模通常较大，比如股指期货的货值通常在 60 万元之上，国债期货货值通常在 100 万元左右，两年期国债期货甚至达到 200 万元之多。金融期货的大合约设计可以方便套保需求，也可以有效隔离不具备期货交易和风险承受能力的中小交易者盲目入市，达到保护其合法利益的目的。相应地，商品期货对应于商品现货市场的行业习惯，一手的货值在 1 万 ~50 万元（原油期货市值最大，最高接近 100 万元）。合约规模的设置并非一成不变，在运行过程中，商品期货也存在调整合约规模大小的情况。如上海铅期货由 1 手 25 吨调整为 1 手 5 吨，甲醇期货由 1 手 50 吨调整为 1 手 10 吨等。其主要目的是，一方面可以适应商品现货市场发展需求，避免交割时产生较大的溢短；另一方面能够服务更多中小型产业链客户，促进有实际需求的中小交易者参与，进而丰富交易者结构，促进市场流动性，保障风险管理功能发挥。

从国际经验来看，金融期货市场运行平稳成熟后，部分交易所适时推出了小型股指期货品种，这有助于促进市场流动性，满足更多维度交易者需求。例如，1982 年，CME 率先推出合约乘数为 250 美元的标准普尔 500 股指期货；1996 年，CME 又推出了该合约的“迷你版”，合约乘数降至 50 美元。如今，迷你型标准普尔 500 指数期货成交量已是标准版的 20 倍，成为全球成交量最大的股指期货合约之一。从发展特点来看，境外迷你期货在推出顺序上经历了先金融、后商品的过程，迷你型股指期货合约居多，也有一些以能源、金属为标的，农产品类迷你合约较少。

（二）机制安排差异

虽然从交割环节来看，商品现货实物需要进行妥善的存储和运输，一定程度上增加了商品期货的交割风险；但相对来说，由于金融期货一般合约规模较大，且现代金融市场对信息的收集和反应效率更高，金融体系内各机构各产品相互嵌套、复杂多样，牵一发而动全身，一旦发生风险事件则可能引发系统性风险。因此在交易环节中，需要更加注重防范金融期货的交易风险。针对这种情况，期货市场的相关制度和机制设计也对金融期货和商品期货区别对待，在结算模式、交易者适当性、持仓限额等方面作出了不同安排。

1. 结算模式

当前我国期货市场未设立独立统一的期货市场结算机构，期货的结算由产品对应的期货交易所组织进行。根据具体结算关系的不同，结算模式可以分为全员结算和分级结算。

在全员结算模式下，交易所的会员均具有与交易所进行结算的资格，交易所对全体会员结算，会员对其客户结算。所有交易参与人的结算风险均由期货结算机构承担，会员受准入条件的限制，其违约风险基本在可控范围之内。同时，交易所通过当日无负债结算等制度，也可以将会员的结算风险控制在一定程度内。

在分级结算模式下，会员由结算会员和非结算会员组成，只有结算会员具有与交易所进行结算的资格；交易所对结算会员结算，结算会员对非结算会员结算，非结算会员对其客户结算；当然，在结算会员有自己的客户时，结算会员也可以直接对其客户结算。① 分级结算制度中，结算会员向期货交易所缴纳用于应对结算会员违约风险的共同担保资金，即具有联保性质的结算担保金。分级结算实质上是交易所对期货交易参与人进行资格

① 此外，也可能存在特别结算参与人，即其并不参与期货交易，但具有结算资格，可以为不具有结算资格的会员结算。

认证，只有符合相关要求的期货交易参与人才具有结算资格，这本身就是一种风险管理措施。结算参与人的条件由期货交易所规定，期货结算服务本质上是一种商业服务，虽然期货交易所实行自律管理，但其与结算参与人处于平等地位，双方是基于合同建立的业务关系，因此，期货交易所有权利选择作为其合同相对方的结算参与人，选择标准的设立通过制定结算参与人条件的方式达成。

总结来说，全员结算的优势主要在于模式结构简单，对风险影响较小的市场较为适用；而分级结算有利于形成多元化、多层次的金字塔式风险控制体系，使部分局部风险在结算会员层面就得到化解，更能确保期货市场的平稳运行。

境外市场上，期货产品采用全员结算还是分级结算，主要取决于结算安全与效率的权衡，与商品期货还是金融期货本身并没有必然关系，两类期货的结算模式也没有表现出明显的差异。我国的商品期货和金融期货的结算制度差异明显，具体来说，商品期货采用全员结算，金融期货则采用分级结算。这一方面是因为金融期货价格波动更为频繁，需要抗风险能力更强的分级结算模式来分解风险；另一方面，我国不同类别的期货产品恰好在不同的期货交易所分别上市，而不同的交易所在设立时非必然性地选择了不同的结算体系。

境内商品期货方面，我国几家商品期货交易所均采取全员结算模式。在此模式下，为满足逐笔交易保证金资金校验的要求，会员向交易所缴纳资金，或者提交客户授权的有价证券等作为保证金。每日交易结束后，交易所按当日结算价结算所有合约的盈亏、交易保证金及手续费等费用，对应收应付款项实行净额一次划转。交易所结算完成后，向会员推送成交、持仓、资金等结算数据文件，同时向监控中心报送当日各项数据。若会员的结算准备金低于要求，会员应当在下一个交易日开市前补足。会员未能补足保证金时，交易所可执行禁止开新仓、强行平仓、强制换汇、非现金类抵押品资产变现等措施，从而将资金风险控制在较短的时间内。

境内金融期货方面，在推出股指期货时，为保证金融期货市场平稳运行，中金所借鉴国际期货市场惯例，在制度设计中引入了分级结算制度，逐级控制和吸收结算风险，强化金融期货市场的整体抗风险能力。分级结算在《期货交易管理条例》中已有规定，结算参与人主要从期货公司中选出，必须是资本雄厚、管理规范、信誉可靠的市场主体，并需要按照交易所规定缴纳结算参与人担保金，用于应对结算参与人违约风险的共同担保。其他期货公司不能参与结算业务，只能从事市场开发、客户服务等经纪业务，其结算需委托结算参与人进行。这样，交易所只对符合相关条件的期货公司承担履约担保，其他期货公司和客户的履约担保由结算参与人承担。如果发生违约事件，不管是不是结算参与人自身违约，交易所都只追究结算参与人的责任，因此，交易所的结算风险得到了稀释。此外，结算参与人的结算资格是其综合实力的反映和证明，为了维持结算参与人资格，或者非结算参与人为了能够成为结算参与人，期货公司一般会强化内部管理，规范经营行为，提高经营效率，控制经营风险，这有利于期货公司等提高管理水平，并从整体上防范市场风险。

2. 交易者适当性制度

交易者适当性制度旨在维护金融市场秩序、保护证券期货投资者合法权益，为证券期货市场安全平稳运行提供重要保障。证券期货市场瞬息万变，产品种类多样，结构日渐复杂，而目前我国资本市场还处于发展阶段，中小投资者居多，其抵御风险的能力一般较差，常常成为市场剧烈波动的受害者。交易者适当性制度通过对交易者的专业知识、投资经验、资金实力等设置门槛要求，将适当的产品销售给适当的投资者，客观上减少了非理性投资行为给整个金融市场带来不合理波动、影响市场平稳发展的情况，对于维护中小投资者合法权益、引导期货市场健康有序发展具有重要意义。

境内期货市场适当性制度的建立和发展经历了漫长的过程：我国商品期货市场早于金融期货市场近二十年诞生，但一直未建立交易者适当性制度，交易者参与商品期货交易几乎没有门槛。2006 年，考虑到当时股指期货在我国还属于新鲜事物，其合约规模、风险水平远远高于一般的商品期货，为保障产品顺利推出和市场稳定运行，中金所引入了交易者适当性制度，这是我国期货市场适当性制度的起源，并在此后拓展至国债期货。实践证明，交易者适当性制度对金融期货市场的健康平稳运行发挥了重要作用。

中国证监会总结实践经验，于 2016 年 6 月制定《证券期货投资者适当性管理办法》，统一适用于证券期货市场，从而将适当性制度的适用范围从金融期货拓宽到了商品期货。2019 年 11 月，最高人民法院印发《全国民商事审判工作会议纪要》，其中第五章明确规定了金融消费者的适当性制度，从民事司法政策性文件层面对金融消费者合法权益予以保护。此外，《期货和衍生品法》在借鉴国内外实践经验的基础上，将期货交易者适当性制度的相关规定在法律条文中予以体现，比如第五十条明确了期货经营机构关于充分了解交易者、充分揭示风险、提供匹配服务的适当性管理义务，并规定期货经营机构违反适当性管理义务给交易者造成损失应当承担责任等。

虽然我国商品期货市场的交易者适当性制度是从金融期货市场拓展而来，但两者在对交易者的专业知识、交易经验、资金实力等细节方面提出了不同的管理要求。金融期货对交易者适当性要求总体高于商品期货，主要体现在资金门槛和投资经验两个方面：

第一，资金门槛要求方面。目前，针对交易者参与一般商品期货交易，三家商品期货交易所均未作资金要求，仅对参与特定商品期货和期权的交易者设置了资金门槛，要求其在开通交易权限（交易编码）前连续 5 个交易日保证金账户可用余额不低于 10 万元人民币或者等值外币。另外，由于原油期货、期权价格受国际因素的影响更大，交易风险较其他商品期货更高，上海国际能源中心因此设置了 50 万元人民币或者等值外币的资金门槛。相比而言，交易所对交易者参与金融期货交易规定了更高的资金门槛，要求交易者开通交易权限（交易编码）前连续 5 个交易日保证金账户可用余额不低于 50 万元人民币；参与股票期权交易的，要求开户前 20 个交易日日均托管的证券市值与资金账户可用余额不低于人民币 50 万元。

第二，投资经验要求方面。与资金门槛要求类似，交易所对参与一般商品期货的交易者不作投资经验要求，仅对参与特定商品期货和期权交易设置了投资经验门槛。比如交易者需要累计不少于 10 个交易日且 20 笔以上境内期货交易场所的期货合约或者期权合约仿真成交记录，或者三年内具有 10 笔以上的境内期货交易场所的期货合约、期权合约或者进行集中清算的其他衍生品交易成交记录，或者近三年内具有10笔以上的在中国证监会签署监管合作谅解备忘录的国家（地区）期货监管机构监管的境外交易场所的期货合约、期权合约或者集中清算的其他衍生品交易成交记录。而参与金融期货交易，交易所目前要求交易者具有累计不少于10个交易日且20笔以上境内期货交易场所的期货合约或者期权合约仿真成交记录，但未明确是否认可交易者的境外交易记录。

3. 持仓限额

在期货交易和交割过程中，交易者往往要及时防范、妥善应对多种多样的风险。从风险源头看，期货合约在交易过程中的流动性不足是操纵市场价格风险和集中度风险产生的原因之一；而标的现货市场的存量不足或者临近期货合约交割时的流动性不足可能引发逼仓事件的发生。在诸多风险防范措施中，持仓限额制度是由交易所对交易者、会员在某一合约上的持仓量规定最高数额，目的是为了避免某一位或某一部分交易者持有大量合约，在交易或交割时段造成严重的流动性风险。

商品期货与金融期货面临的交割风险不同，因而设置持仓限额制度的目的也相应有所不同。在商品期货上，合约集中度过高不但会带来市场价格操纵风险，还可能引发交割逼仓事件。金融市场通常不太容易出现现货逼仓事件，对期货实行持仓限额管理主要是为了防范操纵市场价格和集中度风险两类。在仅考虑操纵市场价格风险和集中度风险的情况下，由于商品期货市场流动性往往弱于金融期货，因此商品期货面临的这两类风险水平相对高于金融期货。基于以上考虑，境外成熟市场对金融期货的持仓限额管理一般要比商品期货更为宽松，甚至对于抗操纵性强、流动性好的部分金融期货合约（如宽基指数期货合约、主要货币的外汇合约）可以不设持仓限额，而是以持仓责任报告制度替代。

持仓限额的具体设置对象分为一般月合约和交割月合约。一般月合约设置持仓限额，主要功能是防范因期货市场流动性不足引发的操纵风险和集中度风险；交割月合约则更侧重防范逼仓的发生。期货交易所会综合考虑市场流动性、合约交割方式、标的物现货市场规模等因素来设置持仓限额。

商品期货理论上存在货币供给的无限性和商品供给相对有限性之间的矛盾，并且可供交割的商品数量限制了期货合约的开仓数量，这种限制随着交割日的临近不断收紧，因此可能导致交割供需失衡，进而引发逼仓。出于对此的考虑，境内商品期货交易所的持仓限额制度主要有以下特点：一是根据不同期货品种的具体情况，分别确定每一品种每一月份的持仓限额；二是某一月份合约在其交易过程中的不同阶段，分别适用不同的持仓限额标准，进入交割月份的期货合约持仓限额一般会从严控制；三是采用限制会员持仓和非期货公司会员持仓、比例限仓和数额限仓等相结合的方法，控制市场风险。表4－2列示了上期所部分商品期货持仓限额标准。

表4－2　　上期所部分商品期货持仓限额标准（2022年8月31日）

产品	期货公司会员		非期货公司会员/客户			
	合约挂牌至交割月份		合约挂牌至交割月前第二月的最后一个交易日		交割月前第一月	交割月份
	某一期货合约全市场持仓量	限仓比例	某一期货合约全市场持仓量	限仓比例和限仓数额	限仓数额	限仓数额
铜	≥8万手	25%	≥8万手	10%	3000手	1000手
			<8万手	8000手		
铝	≥10万手	25%	≥10万手	10%	3000手	1000手
			<10万手	10000手		
锌	≥6万手	25%	≥6万手	10%	2400手	800手
			<6万手	6000手		
不锈钢	≥7万手	25%	≥7万手	10%	1800手	360手
			<7万手	7000手		

除了直接限制持仓数额外，交易所也会根据相关市场的不同情况，针对合约的不同存续时间设置不同的保证金水平。例如上期所的镍期货规定了4档保证金要求（见表4－3），郑商所苹果期货合约的交易保证金标准分为3个阶段（见表4－4）等。尽管不同时段的保证金标准存在差异，但设置目的一致，都是为了调整交易和持仓成本，控制过度持仓，防范交易和交割风险。

表4－3　上期所镍期货合约交易保证金标准（2022年8月31日）

交易时间段	交易保证金比例
合约挂牌之日起	5%
交割月前第一月的第一个交易日起	10%
交割月份第一个交易日起	15%
最后交易日前二个交易日起	20%

表4－4　郑商所苹果期货交易保证金标准（2022年8月31日）

交易时间段	交易保证金比例
自挂牌至交割月前一个月第15个日历日期间的交易日	7%
交割月前一个月第16个日历日至交割月前一个月最后一个日历日期间的交易日	10%
交割月份	20%

金融期货市场上，我国股指期货和国债期货的持仓限额制度也有不同。具体来说，股指期货的标的物，即股票指数的供应理论上是无限的，因此股指期货的现货供应与需求均是货币本身，两者是对等的，不存在货币供应和商品供应之间的矛盾。因此对股指期货设置持仓限额时，一般无需区分合约一般月份和交割月份，持仓标准也相对更加宽松。例如，考虑到持仓过于集中可能带来的相关市场风险，中金所对股指期货设置了一定额度的持仓手数限制（见表4－5）。

表4－5　中金所股指期货持仓限额标准（2022年8月31日）

股指期货	持仓限额（单边，手）
沪深300股指期货	某一合约单客户5000手
上证50股指期货	某一合约单客户1200手
中证500股指期货	某一合约单客户1200手
中证1000股指期货	某一合约单客户1200手

和商品期货一样，国债期货对一般月份合约和交割月份合约分别设置梯度持仓限额标准（见表4－6）。但相较于商品期货，国债期货现券供给的

不确定性远远低于农产品和大宗商品，因此交割月持仓限额的收紧幅度要低于商品期货。

表4－6　　中金所国债期货持仓限额标准（2022年8月31日）

国债期货	合约月份	持仓限额（单边，手）	
		某一合约客户	非期货公司会员
2年期	一般月份	2000	4000
	交割月份前一个交易日起	600	1200
5年期	一般月份	2000	4000
	交割月份前一个交易日起	600	1200
10年期	一般月份	4000	8000
	交割月份前一个交易日起	1200	2400

与设置不同持仓限额的逻辑相同，理论上，国债期货在交割月份的风险相对大于股指期货，因此境内国债期货设置了梯度保证金制度（见表4－7），股指期货则没有相关规定。

表4－7　　中金所国债期货交易保证金标准（2022年8月31日）

国债期货	合约月份	交易保证金比例
2年期	一般月份	0.5%
	交割月份前两个交易日结算时起	1%
5年期	一般月份	1.2%
	交割月份前两个交易日结算时起	2%
10年期	一般月份	2%
	交割月份前两个交易日结算时起	3%

（三）市场运行差异

两类期货在市场表现、价格发现功能发挥和对外开放方面也存在差异，这与各自期、现货市场运行状况和我国经济发展现状、不同市场开放监管政策等息息相关。

1. 市场表现

从我国境内期货市场运行表现来看，商品期货与金融期货在品种类别、交易者结构、现货相对体量、主力合约特征等方面均略有不同。

一是品种类别和产品上市速度。前文分析，商品期货种类较为齐全，上市速度也相对较快，而金融期货产品体系不完整，相关产品上市的研究准备时间长、挂牌速度相对缓慢。从产品数量、品种类别、上市速度来看，金融期货与商品期货市场相比存在一定差距，这与其对应的现货市场发展阶段紧密相关，也与两个市场不同的风险水平以及由此导致的监管要求不同有关。

二是交易者结构。商品期货与金融期货两个市场的服务对象不同，因此交易者结构也有偏差。商品期货的服务对象大多是产业链实体企业，这些来自生产、加工、贸易各环节的大大小小的企业，都可能成为期货市场的参与者；金融期货面向的服务对象大多是金融机构，如证券公司、期货资管、公募基金、私募基金等，相对而言专业性更强。据统计，截至2021年底，商品期货市场上法人客户持仓占比为50%~70%，股指期货和国债期货市场上的机构持仓占比分别为70%和89%，高于商品期货市场。这一方面缘于商品期货市场拥有大量中小交易者，另一方面也与金融期货市场设置较高的交易者准入门槛有关。

三是期货与现货的相对体量。通过将期货持仓名义金额与对应现货年产量货值进行比较，可以得到一个比值，该比值越大，说明期货市场能够为交易者风险管理和资产配置相关需求提供的流动性更为充足。商品期货市场上，近年来，螺纹钢期货和铜期货的该比值通常在10%以上（见图4-2、图4-3）。金融期货定价准确、运行平稳，但与庞大的金融现货市场相比，其持仓名义金额与现货比值较低。例如2021年以来，国债期货的该比值维持在1.5%左右，股指期货更是持续低于1%（见图4-4），这在一定程度上影响了金融期货的市场深度，也体现出金融期货市场功能的发挥还任重而道远。

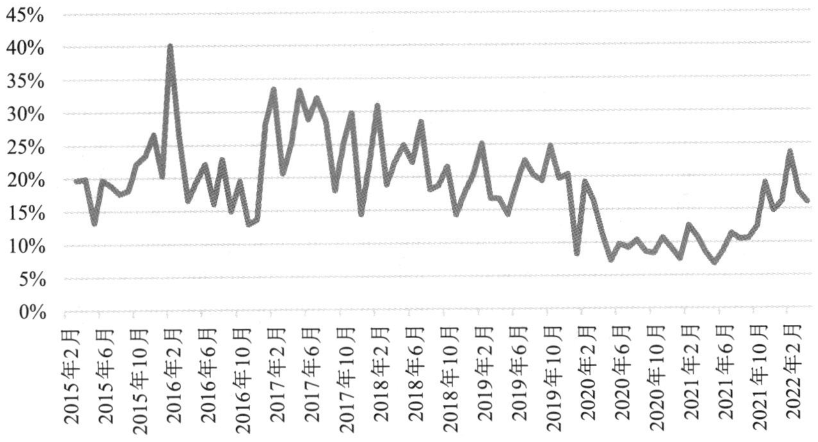

数据来源：Wind

图 4-2　螺纹钢期货持仓货值/现货年产量货值比

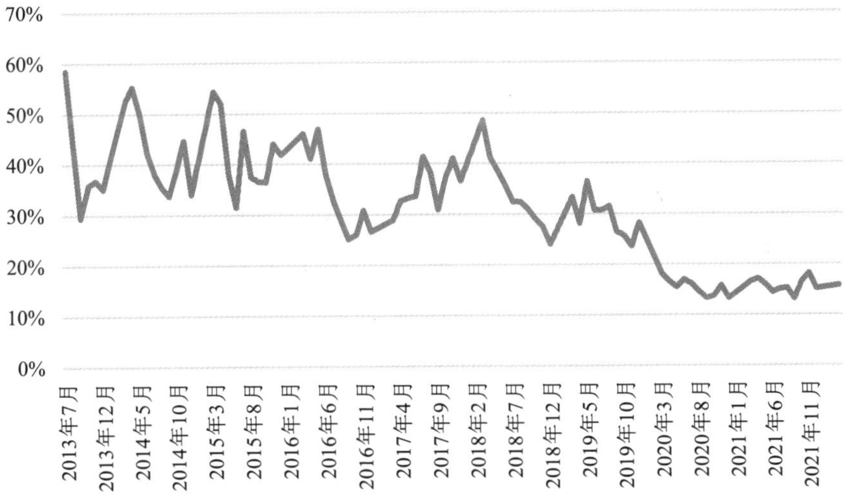

数据来源：Wind

图 4-3　上海铜期货持仓货值/现货年产量货值比

四是风险管理模式的变迁。商品期货交易者的交易理念、参与方式和市场效率等，伴随商品期货市场的长足发展而得到快速成长。目前，国内很多商品期货的风险管理模式已经从简单套保逐步发展得更为丰富多样，部分如有色金属、豆类油脂及纺织产业等已经升级成“供应链金融”模式，

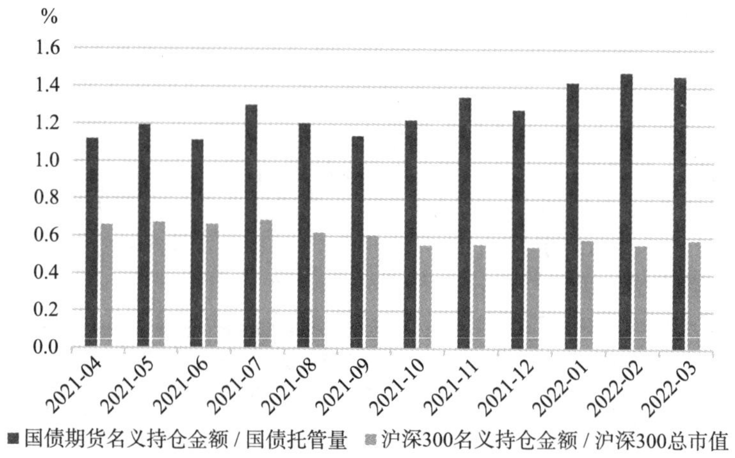

数据来源：Wind

图 4－4　国债期货和沪深 300 股指期货名义持仓金额/现货规模

这已经齐平于国际前沿水平。风险管理产品也经历了从简单套保策略，到风险管理产品标准化，再到定制个性化的风险管理产品等几个阶段。商品期货市场的快速发展，不断提升服务实体经济的效能，也有效促进了现货市场的稳健发展。这类风险管理发展模式在金融期货也逐渐有所体现，诸如结构化产品设计“雪球”、部分资产管理机构巧妙运用期货进行多头替代等，但相较市场总量来说规模仍然偏小，这也在一定程度上也体现了金融期货与商品期货的差别。

五是主力合约的月份分布。部分商品期货呈现出鲜明的主力合约月份分布特征，以螺纹钢期货为例，其活跃合约为 1 月、5 月、10 月合约，这是螺纹钢现货 1 月“冬储备货”，需求季“金 3 银 4，金 9 银 10”特点的反映，其他大部分工业品主力合约集中在 1 月、5 月、9 月上。对应来看，由于金融资产的供需交易并不存在季节性特征，因此金融期货的主力合约通常不会明显地集中在某个或某几个特定月份，例如股指期货的主力合约往往为成交量最大的近月合约，且在交易过程中会不断更替。

2. 价格发现功能发挥

相对于现货市场而言，期货市场因其更加高效的交易机制而产生更为透明、统一、及时的价格，这一特征使其具备价格发现这一核心功能。从价格发现功能的表现方面来探究两类期货的差异，可以发现：商品现货市场大多数是区域性市场，市场分割、交易分散、价格零散，因而集中统一的商品期货市场的价格发现功能得以突显。而金融现货市场自身就可以产生高效及时的价格曲线，比如投资者可以时刻从市场上观测到所持股票的价格变化，从而使金融期货市场形成的价格不像商品期货市场那样唯一，价格发现功能的表现略有弱化。

商品期货对应的现货市场是商品实物市场。在现货贸易中，买卖双方通常基于各自掌握的供求信息，一对一地讨价还价，达成协议。这种交易方式确定的价格，其准确性与买方和卖方所掌握信息的多寡直接相关，双方之间存在一定程度的信息不对称。商品品质、交易时间、交易地点、付款方式等不同，买卖双方的消费偏好、心理、年龄、受教育程度等差异都会影响到价格的形成。另外，商品现货的交易是分散的、非连续的、区域化的，不同的运输成本和存储成本也会反映在终端销售价格上。在这种情况下，公开、连续、集中交易的商品期货市场就能够充分发挥重要的价格发现作用，形成一个统一的、权威的价格，有助于弥补现货市场上难以形成代表性价格的不足。

从实践来看，商品期货价格确实已经成为资源配置的重要载体。生产活动中，各行业积极使用期货价格信号指导生产经营，如在国际石油贸易中，交易双方主要依据 NYMEX 的 WTI 原油期货和 ICE 的 Brent 原油期货价格作为定价依据。在我国，铜、铝、铅、豆油、豆粕、棕榈油和 PTA 等商品期货价格已基本取代现货价格，成为国内相关产业的定价基准。

金融期货对应的金融现货市场如股票市场、债券市场、外汇市场等，其本身就是集中连续交易的市场。与普通商品相比，金融资产的标准化程度更高，具有广泛代表性，众多参与者通过集中连续的方式对其进行交易，易于形成统一连续的现货价格。另外，除了单一品种的价格外（如某只股票价格），金融市场通常编制、运行一些权威指数，如沪深 300 指数、中债指数、在岸人民币汇率指数等，这些指数能够及时、准确地反映市场行情、交易情况等。以股票市场为例，股票一级市场实现了资产发行定价，二级市场集中连续交易实现资产持续定价。但由于目前国内股票市场做空工具相对较少、融券不畅，反向套利力量不足，容易出现现货指数失真的情况。而股指期货具有多空双向交易、保证金交易、T+0 交易机制等特点，交易成本更低、买卖更为灵活，因此产生的期货价格也能更多地包含市场各方掌握的信息，更能反映资产的真实价值，能够对股票市场价格发现起到有效的辅助参考作用。总结而言，与商品期货市场相比，金融期货市场的价格发现功能并不是价格创造、价格决定，而在很大程度上表现为对现货市场价格发现功能的有益补充。

3. 对外开放

对外开放是期货市场高质量发展的必由之路。通过开放期货市场，全球的生产商和贸易商参与到价格形成中来，有助于提升我国期货价格的权威性和影响力。由于商品期货与金融期货的市场发展阶段、功能定位有所不同，二者对外开放工作的目标意义、发展进程以及所遇困难程度都存在一些区别。

目标和意义。我国商品期货市场对外开放的远期目标是争夺全球大宗商品的定价权，保障国内大宗商品原材料行业的安全稳定；金融期货则具有更加明显的地域属性，在对外开放时必须考虑保障国内资本市场安全稳定运行的目标。

商品期货对外开放与产业发展、经济结构密切相关，从品种特性上看，当前境内已实现国际化的期货品种之间并没有必然的产业关联。但从宏观角度看，这些品种与全球宏观经济、产业结构调整有着密切联系。以原油期货为例分析商品期货对外开放的多重意义：一是服务实体经济，管理价格波动风险。原油市场是一个高度国际化的市场，贸易呈现多元化，欧美成熟的原油期货市场价格难以客观全面反映亚太地区的供需关系，我国境内的国际化原油期货市场形成了反映中国以及亚太地区原油市场供求关系的基准价格体系，能通过市场优化原油资源配置，服务我国实体经济。二是推进交易机制创新，持续深化市场服务。原油期货市场对国际参与者开放，有利于买卖双方的平衡，立足产业需求建立一个更健康、具有创新力的市场交易机制。考虑保税现货贸易的计价为不含税的净价，原油期货设计了“保税交割、净价交易”机制，方便与国际市场的不含税价格直接对比，避免税收政策变化，有利于实体企业进行实物交割。三是增加国际市场话语权，提升能源安全。引入包括跨国石油公司、原油贸易商、投资银行等在内的境外交易者参与，能有效增加我国期货产品在国际原油市场上的话语权。原油期货与国际油价有机联动，客观反映国内供需基本面，并逐步由境内到岸价向亚太地区贸易集散地价格转变。目前，以上海原油期货结算价计价的原油现货在交割出库后，转运到韩国、缅甸、马来西亚等国家，相关国家涉油企业在现货贸易中更加关注上海价格，一个辐射亚太地区的原油贸易集散地价格已初现雏形。

金融期货对外开放的意义，更多体现在完善金融市场的风险管理能力上，推进金融期货市场的双向开放，能够进一步完善对冲机制，吸引更多类型境外交易者参与并提高市场运行效率。随着国内股票市场的对外开放进程不断加速，以北上资金为代表的外资持续流入，如果缺乏国内股指期货作为套保对冲，将会加大海外资金在股票市场的进出波动，进而可能引发 A 股市场系统性风险，而股指期货的对外开放向境外交易者提供风险管理工具，可以有效降低此风险。同时，金融双向开放的深入推进、人民币国际地位提升，持有人民币的境外市场主体管理人民币投资产品利率波动风险的需求日益迫切，积极研究国债期货通过特定品种方式引入境外交易者参与，可以便利境外交易者使用境内风险对冲工具，丰富交易者结构，进一步发挥国债期货的市场功能。

对外开放进程与方式。从当前实践来看，在对外开放过程中，我国金融期货市场面临的困难相较于商品期货市场更为复杂，对外开放程度总体上低于商品期货，实现方式也有所区别。

在商品期货市场上，品种开放方面，我国有色金属和豆类油脂等行业率先与国际接轨，实现市场化定价，对应于铜、大豆等期货品种率先上市，随后黑色金属产业链和能化产业链相关产品也逐步推出。2018 年 3 月 26 日，原油期货在上海国际能源交易中心上市，成为我国首个国际化期货品种。原油期货确立了国际平台、保税交割、竞价交易以及人民币计价的框架思路，在交易、交割以及结算等各个环节都实现国际化。从此开始，境内商品期货市场以每年约 3 个品种的速度实现对外开放，开放步伐整体较快。截至2022年年中，已实现对外开放的品种包括原油、20号胶、低硫燃料油、国际铜、铁矿石、PTA、棕榈油等7个期货品种和2个期权品种。交易者开放方面，交易所允许外资直接参与特定品种交易。以目前实践情况来看，原油期货等合约的外资持仓量和交易量贡献已经超20%，但其他部分特定品种的外资参与深度还有待进一步提高。2020年9月，中国证监会、中国人民银行、国家外汇管理局联合发布《合格境外机构投资者和人民币合格境外机构投资者境内证券期货投资管理办法》（以下简称《管理办法》），新增允许合格境外机构投资者（QFII）、人民币合格境外机构投资者（RQFII）投资商品期货，为进一步丰富商品期货市场境外交易者结构打开制度空间；2022年9月2日，三家商品期货交易所发布公告，QFII、RQFII获批参与41个商品期货和期权品种。另外，2020年9月，上期所将上海纸浆期货交割结算价授权给挪威浆纸交易所，这是我国期货市场价格在国际金融市场的首次应用，成为探索期货市场国际化新模式的创新举措。

在金融期货市场上，交易所国际化方面，2015年10月，中金所与上交所、德意志交易所集团合资设立中欧国际交易所（CEINEX，以下简称中欧所），旨在打造欧洲离岸人民币证券交易与定价中心。2016年12月，中金所、上交所、深交所、中巴投资有限责任公司及巴基斯坦哈比银行组成的联合体竞标收购巴基斯坦证券交易所40%股权，其中中方三家交易所持股30%。此项投资有利于拓宽中巴两国经济金融合作领域，对于落实“一带一路”倡议和中巴经济走廊建设具有重要意义。品种与交易者国际化方面，金融期货目前尚未推出特定品种。2011年5月，中国证监会《合格境外机构投资者参与股指期货交易指引》规定QFII、RQFII可参与股指期货交易，但只能从事套期保值交易。2020年《管理办法》的颁布进一步扩大了QFII、RQFII的投资范围，2022年9月2日，中金所发布公告明确QFII、RQFII可参与股指期权交易。金融期货在交易者对外开放进度上总体与现货市场相匹配，QFII、RQFII可参与的金融衍生品范围进一步扩大，也为外资参与国债期货等其他品种交易打下了扎实基础。

三、商品期货与金融期货的差异原因

以上不同表现，仅是商品期货和金融期货表象差异的一部分，两类期货在合约设计、机制安排和市场运行等方面的区别还有很多。但其他差异或者比较细微、区别不大，或者名目众多、无法穷尽，或者与已列出的表现同因同源，对其一一陈述既不可行，也不必要。本节仅以前述三个类别差异为基础，对导致差异的原因进行探析，并将其归纳为三条：首先是本质原因，即两类期货品种标的基础物的不同；其次是我国宏观经济发展环境；最后是现货市场的运行状态和特征。

（一）期货合约标的物

商品期货的合约标的物一般具有实物形态，如农林产品、能源化工产品、金属等；金融期货合约标的物往往是虚拟化的金融资产，如有价证券、利率、汇率等金融资产及其相关指数产品。基础资产物理属性不同，使得以其为标的的衍生产品，即商品期货与金融期货在交割安排、合约月份等诸多方面存在天然差异。

有趣的是，美国《商品交易法》中“商品”与“金融”的概念并非泾渭分明。该法第1a（9）条将“商品”（commodity）一词定义为小麦、棉花……冷冻浓缩橙汁以及“作为现在交易或未来交易的远期交割合约标的之一切服务、权利以及权益。”根据该定义，未来交割合约的标的“服务、权利以及权益”也属于商品范畴，这就将金融期货的标的也纳入了商品范畴。可见商品的概念也涵盖了金融产品。

有一点需要注意，期货合约的标的物与期货交易的标的物其实是两个不同的概念。《期货和衍生品法》将“期货交易”定义为“以期货合约或者标准化期权合约为交易标的的交易活动”。据此，期货交易的标的物即为期货合约或者标准化的期权合约，直观地体现为期货交易场所制定的，载明交易品种、报价单位、交割方式、交易代码等基本要素的交易品种合约表。而期货合约的标的物，是期货合约指向的对象，即在合约表上载明的交易品种，也就是原油、大豆、玉米、国债等基础标的物。例如，《上海期货交易所阴极铜期货合约》中，期货合约标的物就是阴极铜；但在期货交易关系中，交易双方交易的标的是阴极铜期货合约，而非阴极铜本身，只有在进入实物交割阶段后，双方交易的标的物才会从期货合约转换为阴极铜这一实物商品。

显然，前文所述具有明显区别的有形商品与无形金融资产，是期货合约的标的物而非期货交易的标的物。但为表述方便，本书不对“合约标的”和“交易标的”这两个概念做严格区分，有时会混用“标的物”“标的基础”“期货的标的物”等词来表示期货合约标的物的概念。

1. 期货合约标的物应具备的基本属性

从境内外期货交易实践来看，并非任何现货商品都适合成为商品期货的标的物，通常作为合约标的的商品应当具备一定的基本属性。

一是价格的市场化程度较高。商品价格能够自由确定且不受管制，通常表现为商品价格通过充分的市场竞争形成，不存在政府管制或者卖方垄断的情形。如果某种商品的价格不是由正常供需关系产生的，而是由政府决定，那么利用期货市场发现价格并进行风险管理的必要性就会大大减弱。同时，对于相对固定的现货价格，相应期货品种的套期保值价值、投机者博取短差的动力也会减少。

二是价格具有一定波动性。商品价格具有波动性是开展期货交易的必要条件。只有当商品的价格波动频繁、幅度较大、走势不易确定时，才能有效调动和吸引各类交易者参与：套期保值者有参与期货市场套保避险的需求，套利者有较多的套利机会、较大的套利空间，投机者有高抛低吸、博弈价差的兴趣和动力，从而能够有效促进该期货市场的发展。

三是具有一定市场规模。较大的市场规模往往意味着现货供给量和需求量也比较大，有更多的现货经营者可以参与期货交易，因而可以吸引交易者参与。反过来，参与交易的主体人数众多、市场流动性好，则相对应的期货合约供给和需求充足，交易也相对活跃，进而能够有效避免价格垄断和逼仓等操纵市场行为，在降低期货交易风险的同时保证期货市场功能正常发挥。

四是易交割。易交割的商品一般品质标准化程度较高、评价指标客观性较强、耐存储、易运输，这样的商品才适合作为期货合约的标的物。美国曾有一个著名案例，1955 年，商人 Sam Seigel 与 Vincent Kosuga 通过大量囤货成功操纵了 CME 的洋葱期货市场，美国商品交易管理局认为洋葱易变质、交割不便的特征容易使其成为价格操纵的对象，不宜作为期货交易品种，因此国会为此通过了洋葱期货法案，禁止进行洋葱期货交易。

五是所处的行业具有重要性。《期货和衍生品法》明确将“促进期货市场和衍生品市场服务国民经济”作为立法宗旨之一。某一商品所属的行业是关系到国计民生的重要行业，上市相应的期货品种才具有发挥市场功能、服务国民经济的意义。同时，如果商品所在行业处于成熟行业或者朝阳行业，则意味着已有或者未来将会有更多资金汇聚到该行业，上市相应的期货品种，参与期货市场的资金量和交易者数量能得到一定保证。

不同于一般实物商品，作为金融期货合约标的物的货币、债券、股票以及金融指数等具有以下基本属性。

一是信用价值高。大多数金融资产无法像实物商品一样直接通过外观观察或者性能测试，直观、快速、准确地判断其质量以及价格是否合理。金融资产价格形成的基础是发行主体的信用，包括国家信用、企业信用、个体信用等。例如债券的价格受到发行主体信用评级影响，发行主体信用评级调低，投资者对所持有的债券信心不足，可能会在短时间内大量卖出，直接导致该债券的交易价格下跌。

二是流通性高。金融市场主要通过电子交易系统进行交易，且有专门的登记机构对有价证券交易进行登记，整个交易过程没有空间上的运输、仓储等环节，交易效率比实物商品更高。以股票市场为例，由于市场上参与者众多，持有股票的投资者可以快速找到交易对手，卖出股票进行变现，相较于实物商品的买卖，金融资产的交易成本更低，也具有更高的流动性。

三是价格波动性高。与普通商品相比，金融市场参与者众多，流动性好，金融资产价格的影响因素更加复杂和多元，买卖双方由此产生的不同预期，使金融资产的价格波动更为频繁，也更为剧烈，而这也成为诞生相应期货品种、提供风险管理工具的必要条件。以汇率为例，利率、国际收支情况、通货膨胀、一国货币当局的干预、各国宏观经济政策、地缘政治等因素都会对外汇的价格产生影响，所以上市外汇期货极具必要性。

2. 基本属性导致表现差异

基础标的物的不同属性首先影响期货产品的创设目的和供给创新，继而影响两类期货的不同机制设计和市场表现。

一是创设目的。商品期货产生于大宗商品现货的生产和流通环节，创设目的主要是发现商品价格、管理商品生产和交易的风险、便利商品生产流通并保障国家大宗商品安全。金融期货产生于金融市场大幅波动期间，创设目的更多是管理金融投资和交易风险，防范金融资产的价格波动导致系统性风险。基于此，我国商品期货的创新工作需要紧密围绕服务实体经济目标，贴近商品生产和流通环节，充分发挥期货产品的价格发现功能，分散和管理整个产业链中各环节的风险，并有针对性地确认其中的关键品种，引入国际交易者，逐步提高我国商品期货的全球影响力和定价权。金融期货产品的开发和创新，除了更好服务实体经济之外，还要立足国内金融市场发展的现状，从大处着眼，充分发掘市场潜力，提高市场深度，充分发挥风险管理作用，更好维护金融市场的平稳运行。

二是品种供给。由于经济生活中实物商品的种类有限，且适合作为期货标的物的实物商品需要满足市场化程度高、价格波动性强、商品市场规模大、行业重要性等条件，因此商品期货的产品供给数量受到客观限制。而金融产品创新永无止境，理论上金融期货品种可以是无限的。以权益类金融期货为例，股票数量的不断增加，需要对应的股票期货期权品种也随之增加，因此，交易所可以相应开发各种类型的股票指数类期货、期权等。金融期货产品的供给在理论上没有上限，这是金融期货能够不断创新、后来居上的一个重要原因，也是金融期货出现后，期货市场发生翻天覆地变化、发展格局彻底更改的重要原因。目前在国际期货市场上，金融期货已经占据了主导地位，近年来金融期货的创新产品多于商品期货，未来的创新空间也更加广阔。

三是创新速度。前文已详细论述，商品与金融交易活动的发展，以及各自面临的风险管理需求，对不同期货的诞生有一定影响：商品现货市场上的风险更早地累积，因而商品期货较早地应运而生；金融期货因现代金融业的发展而产生，因而相对较晚。随着期货市场的快速发展，商品期货和金融期货的标的范围都在不断扩展，但相比而言，由于金融市场风险复杂多样、瞬息万变，与之相对应的风险管理需求也不断变化，因此要求金融期货市场的发展要更为迅速，创新品种丰富多样、层出不穷。这一过程与基础标的物所处相关行业的发展息息相关，也反映出期货市场始终去满足实体经济不断变化的风险管理需求。

（二）宏观经济发展环境

推动我国期货市场不断发展并取得瞩目成就的原因，既有我国成为制造业大国和全球最大单一消费市场等经济因素，也有改革开放营造良好环境等政策因素，还包括我国经济改革发展路径、目前经济现状和结构等，它们共同影响着两类期货市场的不同特征。

1. 经济发展带动现货市场规模增长

国民经济发展和产业升级、发展模式变化，影响着期货市场的布局和发展进程。伴随改革开放和国内经济的迅速发展，大宗商品市场规模逐渐庞大，商品生产和消费量在世界上占据较高份额；金融行业内部不断革新，助力国民经济平稳发展。

据统计，2001～2021 年，我国 GDP 从 11 万亿元增至超过 114 万亿元，已经稳居世界第二大经济体；相应地，我国货物贸易规模也从 2001 年的 4.22 万亿元，增长到 2021 年接近 40 万亿元。在全球外贸市场上，我国的出口贸易额占比由 2001 年的 4% 大幅提升至 2021 年前三季度的 13.5%，成为世界第一大出口贸易国。同期，我国还成为钢铁、有色金属、化工等多个商品领域的世界第一大生产国和消费国，大豆、铁矿石、原油、铜及铜矿等商品的世界第一大进口国。门类齐全的全产业链现代工业体系、庞大的内需市场、快速发展的实体经济，塑造了“世界工厂”的美誉。

现阶段，我国相关产业不断实现升级，正在从中低端制造向中高端制造迈进，国内部分行业在中高端制造业领域表现突出，占据世界领先地位。比如新能源汽车领域，2021 年底，我国动力电池产能约占全球 70%，世界前十的锂电池生产厂家中就有6家为国内企业；再如光伏发电，截至2021年底，我国光伏发电并网装机容量达到3.06亿千瓦，突破3亿千瓦大关，连续7年稳居全球首位①。新产业催生新需求，新需求呼唤新品种，正因如此，广期所将工业硅（光伏原料）和金属锂期货作为未来上市的储备品种。

作为我国社会主义市场经济的重要组成部分，金融市场以其特有的融资筹资功能，在社会经济生活的方方面面发挥优化资源配置功能，推动社会经济正常运行与发展。随着改革开放尤其是2001年加入WTO，我国金融的市场规模也在逐步提升。以股票市场为例，A股总市值与美国总市值的比值在2006年之前不足5%，中小板（2004年）、创业板（2009年）、新三板（2012年）的逐步推出，促进上市公司数量不断增加，这一比值持续攀升到10%~25%。2019年，科创板设立并同步试点股票发行注册制，2020年6月，创业板实行注册制，资本市场进入了新的发展阶段，下一阶段，我国市场将全面实行股票发行注册制，持续推进资本市场深化改革。未来，金融期货市场将紧跟资本市场的不断壮大，实现快速发展，迎来新的发展格局。

2. 需求的变化突显两类期货市场的差异

国民经济运行过程中的风险管理需求的演变和扩张是期货市场发展的根本动力，期货市场制度变革也源于实体经济的发展。随着国内经济结构不断转型升级，经济由房地产相关产业链为中心的态势转变为以中高端制造业为中心。目前，我国人均GDP已突破一万美元，居民的理财观念也逐渐发生变化，从原来以储蓄为主逐渐转移到开始进行金融资产投资。经济结构的改变、国民储蓄与投资理念的变化，无不带动期货市场这一风险管理市场的发展和繁荣，也促进了期货品种不断丰富、期货市场相关制度不断规范完善。

当然，无论是投身商品产业还是参与金融资产投资，大众对风险管理的需求都在不断提高、对风险管理工具的需求也在不断增加，这就对期货

---

① 国家能源局：《我国光伏发电并网装机容量突破3亿千瓦分布式发展成为新亮点》，http://www.nea.gov.cn/2022-01/20/c_1310432517.htm，访问日期：2022年6月15日。

市场产品丰富性、使用便捷性、功能有效性等提出了更高的要求。在原先资金多集中在商品资产领域的情况下，商品期货市场得到不断催进，逐步完善产品体系、优化交易机制，在管理商品交易风险方面发挥了重要作用。如今，大众财富的风险管理需求逐步扩展到金融领域，这样的宏观经济和投资结构变革，使得金融期货市场需要快速跟进、不断革新，以满足现货投资者相关需求。因此，金融期货市场上品种供给不足、体系不完善的差距就更加明显地表现出来。

（三）现货市场运行情况

从商品和金融两个现货市场的微观运行状态，以及两者对外开放程度的差异来看，金融现货市场起步较晚、国际化进程相对较低，也是导致两类期货市场不同表现的原因。

1. 现货市场各自运行状况

我国商品现货市场采取渐进式改革路径，逐步完成从改革开放初期的政府主导转向市场机制发挥基础性作用，并最终过渡到市场机制起决定性作用和更好发挥政府作用的过程。经过一系列市场化改革，目前以原油、燃料油、PTA、聚烯烃等能化产品和绝大多数金属原材料为代表的大宗商品价格逐步实现了与国际市场接轨，商品价格形成机制得到进一步完善，粮食、棉花等农副产品价格形成机制改革也不断深化。当然，也有部分商品尚未完全通过市场化定价，如主粮中的小麦和稻谷，成品油中的汽油、柴油等，这一类商品相对应的期货品种在功能发挥上仍显不足。

由于涉及金融安全等问题，目前金融领域的开放性发展程度不及大宗商品领域。2002 年以来，我国股票市场经历了从国有企业改革试点，建立直接融资渠道、促进储蓄向投资转化的基础性功能，到促进国有企业转机建制（转换经营机制、建立现代企业制度）、为搞活国有经济服务，再到促进经济结构战略性调整的高级、复合性功能的逐步演进历程。近年来，资本市场以注册制改革为主线，持续深化重大体制机制改革，不断推进市场高质量发展。2004 年以来，债券市场经历创新和快速发展，规模加速增长、产品创新和制度创新都在不断推进，在促进实体经济发展中发挥积极作用，取得突出成绩，但仍然存在总体规模偏小、信用债比重低、市场流动性不足、品种创新不够等问题，制约了企业融资效率的提高和融资成本的降低。

可见，相比商品市场，我国金融市场起步较晚、内部状况更为复杂都是不争的事实，这也导致金融期货市场需要面对的风险管理任务更为艰巨，需要具备更高的风险应对能力，更加谨慎地创新产品和拓展业务，由此影响金融期货在合约设计、市场机制安排和运行表现等方面与商品期货存在差异。

2. 现货市场的国际化发展进程

期货市场对外开放，既是国家金融软实力的重要体现，也反映了现货市场国际化发展进程的需要。现货市场的对外开放发展形势对期货市场的国际化进程发展会产生重要影响。总体来看，大宗商品现货市场对外开放程度高于金融现货市场，这是金融期货国际化步伐相对迟缓的重要原因。

大宗商品市场上，我国目前已经成为世界商品制造和贸易不可或缺的重要一环，在全球大宗商品现货市场中具有举足轻重的地位，全球经济一体化和产业链全球分工的趋势不可逆转，商品市场因此天然具有国际化特征。

作为兼具劳动力数量与成本优势的人口大国，我国一直将纺织服装行业作为支柱产业之一。随着产业整体竞争力的不断提升，我国纺织行业在全球产业链中的重要性日益突显。根据中国纺织工业联合会发布的《纺织行业“十四五”发展纲要》，2020 年我国纺织纤维加工总量达 5800 万吨，占世界总量的比重保持在 50% 以上，而其中化学纤维的产量占比更是在 70% 以上。聚酯纤维作为专门用于织造的一大化纤，在纺织行业中具有举足轻重的地位。聚焦整条产业链，无论是上游原料对二甲苯（PX）、中游产品精对苯二甲酸（PTA），还是下游产品聚酯，我国均贡献了全球的主要产能份额。正是如此深厚的产业基础，才使得 PTA 期货上市之后，价格发现和风险管理的作用在产业运行过程中发挥得淋漓尽致，并且使 PTA 全球定价权开始往国内集中。2018 年末，郑商所引入 PTA 期货境外交易者，国内市场的全球话语权得进一步巩固。

期货市场的国际化发展，也在反过来推动着商品现货市场更加壮大。

伴随国内商品期货市场定价影响力逐步增强，商品现货市场的建设也更加迅速，市场主体更加积极参与，市场风险进一步降低。延续以上事例，在PTA期货市场功能不断发挥的推动下，我国PTA现货市场得以蓬勃发展，产能逐年增长、产业愈发成熟，已参与PTA期货交易的企业产能占全国PTA产能的94%、聚酯产能的近70%。伴随PTA期货的对外开放进程顺利推进，未来PTA的出口将进一步增大，海内外企业的贸易合作也必将逐渐加强，PTA期现货市场也将得到进一步融合发展。

金融现货市场上，自加入世界贸易组织以来，我国金融业不断融入全球化进程当中，目前已基本形成多层次金融服务体系。金融机构管理能力、风险控制能力和国际竞争力显著提升；资本市场不断成熟，国内利率正逐步走向市场化，人民币国际化也取得一定进展；监管体系更为完备，开放深度和广度也不断提升；对外资机构准入和展业限制基本解除，如取消银行、证券、基金、期货等领域外资股比限制，不断扩大外资金融机构业务范围；沪深港通、沪伦通稳步推进，境外投资者的控股比例、投资范围不断松绑等。这些工作推动金融期货市场在对外开放方面取得了一定成就，比如境内外交易所之间的合作方式更加多样化，境内外期货公司建立更多合作联系、外资参与我国金融期货市场的范围不断扩大等。

但相较商品领域，我国金融领域的对外开放程度仍然较低，开放水平有待提高，相关原因主要有：一是不同金融市场监管力量较为分散，部分监管标准不统一，缺乏协调性，对境外投资者参与规定了较高的门槛，导致境外投资者参与比例较低。二是利率、外汇等市场化程度还有待提高，人民币距离实现完全自由交易仍有一定距离，与我国大宗商品市场的开放程度，甚至与我国经济整体开放程度并不完全匹配。这就自然影响了金融期货市场这一风险管理市场的国际化进程。未来，我国金融市场对外开放程度将进一步加深，外资参与数量与程度将逐步提高，金融期货市场也将在风险可控的前提下，按照现货市场国际化进程及市场风险管理需要，不断完善丰富产品体系，优化交易制度，吸引越来越多国际交易者积极参与。

需要再次强调的是，金融期货和商品期货同大于异，需要同样地尊重各自市场的发展规律与特征，努力满足现货市场风险管理需求。从监管层面看，两者都是多层次资本市场的重要组成部分，只有商品期货和金融期货共同进步、协同发展，才符合期货市场满足现货市场风险管理需求的一般规律，也才能满足我国经济健康发展的内在要求。

第五章
他山之石：世界知名交易所概览

期货交易所作为金融市场的重要基础设施，在期货市场的建设发展过程中发挥核心作用。纵观世界各大知名交易所（集团）的发展历程及其期货及衍生品业务发展情况，可以看出，虽然各家交易所的产品结构各有所长，收入构成各有侧重，战略布局春兰秋菊，但各自的建设历程也呈现出许多共性。对这些差异和共性进行分析、比较和总结，无疑对我国期货市场的发展具有较好的借鉴意义。

期货合约由期货交易场所统一制定，并在这个场所内进行集中交易①。这个特定的、规范的、受到严格监管的期货交易场所通常是指交易所，包括各类期货交易所和部分上市期货或期权的证券交易所②。通过对芝加哥商业交易所集团、德意志交易所集团、洲际交易所集团、香港交易所集团四家开展期货业务的知名交易所（集团）进行多方位对比分析，读者可以了解其发展脉络、辨别其收入差异、探究其规划策略、分析其成功原因，从而引发我国境内期货交易所如何因地制宜创新发展的相关思考。

一、交易所的功能与特征

交易所能够确保场内衍生品公开有序地交易，促进价格信息的有效传播。作为关键的金融市场基础设施，交易所在资本市场乃至整个金融体系中起着至关重要的作用。经过多年发展，全球的交易所不断创新，在品种拓展、业务发展、技术应用、行业格局等方面呈现出独特的发展特征和趋势。

（一）交易所的功能

无论是市场自发形成，还是基于行政管理而创设，就其发挥的功能而言，交易所在任何国家和地区都是相似的——提供交易场所、维护市场秩序、担保履约、化解风险、研发创新以及这些功能的自然延伸。

第一，交易所的首要功能是为场内衍生品提供有组织的集中交易场所，形成公允连续的市场价格。在集中规范的场内交易所进行集中交易，是期货区别于场外衍生品的最重要特征。交易所汇聚并收集买卖双方的供需信息，提供交易机会和流动性，降低交易者寻找对手方的成本，减少信息不对称问题，提升交易速度和交易达成效率，并在交易过程中形成公允、连续、透明的价格，为包括期货标的物在内的更广泛的资产提供定价依据。

① 部分交易场所也具备集中结算功能，一般由其内部相关部门承担。

② 本章统一以“交易所”一词指代这两种交易所，但内容侧重于期货及衍生品业务。

现代交易所还采用电子订单簿交易，通过事前和事后的数据披露，确保市场信息具有较高的透明度，更利于市场交易充分吸纳各方交易者观点，形成具有代表性的市场价格，这一过程被称为价格发现。由此形成的期货价格为无法产生连续集中价格的商品现货、场外衍生品等其他相关市场提供定价锚，支持金融体系的有序运行。

第二，作为自律管理组织，交易所通过履行市场监查责任来维护期货市场的运行秩序。比如，为防范突发事件、过度投机、违法违规等问题对期货价格产生冲击，现代交易所在监管要求与内在需求的驱动下，设计了价格波动限制、交易持仓限额、持仓报告及实控关系报备、订单信息流监管等风险控制措施。这就使交易所在提供交易便利的同时，还承担起维护期货市场稳定运行的职责，也是现代交易所成为自律组织、被纳入金融市场监管体系的原因。当然，一些交易所或监管组织还探索出其他新颖的形式参与市场监管，比如 SGX 设置了独立于交易所运营的新交所监管公司（SGX RegCo），确保对相关市场履行自律管理职责、避免利益冲突；德国联邦金融监管局（BaFin）和 Eurex 所在地黑森州政府直接向 Eurex 长期派驻交易监查团队，与交易所共同监督市场交易开展。

第三，交易所提供便利高效的清算结算服务，作为中央对手方来担保履约，防范市场系统性风险。由于期货合约在交易和持仓期间会持续累积风险，需要市场组织者提供保证金交易、每日盯市结算等兼顾安全与效率的清算结算以及持续的交易后服务。中央对手方成为每个买方的卖方和每个卖方的买方，起到了担保履约、避免违约损失扩散、保护交易者权益的作用。尽管有个别市场采用水平结构，由第三方机构来独立承担清算职能，但由于交易结算一体化垂直清算的集中度风险较低、产品创新速度快、业务衔接效率更高，所以境内外交易所大多由内部所设的清算、结算部门，或交易所集团内部的清算公司来提供中央对手方服务①，发挥着防范化解系

① 2021 年全球成交量前 20 位的期货交易所中，仅 CBOE、迈阿密国际交易所集团两家美国权益期权交易所通过期权清算公司（OCC）开展水平清算，这是由于美国期权市场产品高度同质，并且在建立之初就与实施统一结算的证券市场同属 SEC 管辖，因此早期就确立了水平统一清算的发展路线。

统性风险的功能。

第四，交易所通过代理交易和分级结算，可以间接触及更广泛、更基层的交易者，又能够逐层化解市场风险。自早期发展以来，交易所就广泛采用会员结构，即选择优秀的中介机构作为会员，客户（间接参与者）通过会员来使用交易所的交易结算服务。会员管理模式的本质是分级参与，这一机制以会员公司为枢纽和中介，拓展了交易所对交易者的覆盖程度，提升了市场价格信息的代表性。更重要的是，分级参与方式建立了逐层的风险缓冲机制，在会员层面就可以及时地化解局部风险，减少了风险向最远端广大客户的传递，增强了全市场的风险防范能力。另外，分级安排使参与者的风险承受能力与其角色相匹配。一般而言，通过资质认证的会员公司，其风险承受能力要高于客户，这也为会员公司的交易与结算业务权责风险分离奠定了基础。2021 年，全球期货期权成交量前 20 位的交易所中，除境内三家商品期货交易所采用全员结算模式之外，其余交易所均采用交易会员与结算会员资质分离的分级结算体系。

第五，交易所还承担着支持标准化场内合约研发交易、驱动金融风险管理工具创新以及推进行业发展的重要职责。交易所负责开发新产品、设计新的交易机制，在推动衍生品创新、合约规范化标准化发展等方面起到了核心作用。交易所一般都设有研究或产品部门，有的设立专门的研究子公司，专门负责品种创新研发和新型业务开展前的计划评估。期货品种的推出，离不开交易所研究和与市场、监管者进行沟通以及积极引导舆论的努力。近年来，为了顺应 2008 年金融危机后衍生品市场的新发展趋势，以及标准化场外衍生品电子交易、集中清算等监管要求，较多交易所将部分可清算的标准化场外衍生品转为场内标准期货合约，覆盖能化类（如天然气、电力、原油）、大宗商品类（如铁矿石）、金融类等多种标的，并出现了以利率互换、信用违约互换为基础的互换期货等新型场内产品，在丰富投资标的、推动衍生品市场标准化等方面作出了积极贡献。

（二）交易所的共性特征和发展趋势

持续挂牌日益丰富的期货期权品种、不断创新合约设计，是期货交易所发展中的第一个共性特征。例如，为顺应国际基准利率改革，CME、ICE等交易所上市基于美国有担保隔夜融资利率（SOFR）、英镑隔夜平均指数（SONIA）、瑞士平均隔夜利率（SARON）等期货及期权产品；可持续发展等股票市场投资策略不断拓展，ESG[①] 投资等新型热点主题及标的衍生品广受关注，比如 Eurex、ICE 等 9 家交易所上市 40 只 ESG 期货及 5 只期权，并就绿色投资相关业务积极布局；此外，世界各国尤其是欧美发达经济体的期货交易所，非常重视合约类型的精细化，比如 CME、Eurex 等交易所近年连续推出迷你乃至微型期货、期权，覆盖股指、商品、外汇等多种标的。

第二个共性特征是持续推进创新型业务。比如为落实 G20 峰会等监管承诺[②]，顺应场外衍生品业务场内化趋势，部分成熟市场和新兴市场都逐步构建了以交易所集团为主体的场外衍生品交易报告、集中清算、电子交易服务，将场外衍生品嵌入到交易所业务体系中，充分发挥基础设施协同优势。与此同时，信息科技的运用使交易所更加便捷地扩展业务范围，云计算、人工智能、大数据、区块链等多种新兴金融科技也日趋广泛地运用到各家交易所日常业务当中。欧美主要交易所通过与科技创新园区、金融科技企业开展合作，并积极收购金融科技企业，加大对创新技术项目的试验与推广以获取新的发展机会。

第三个共性特征是不断优化服务、提升业务效率成为众多交易所的共同追求。在优化交易结算业务方面，各交易所积极丰富场内外交易方式、推出跨产品价差指令来提升交易效率，并通过优化保证金及担保金计算等方式加强风控水平。在降低成本方面，为顺应产品多样化和交易策略丰富化的趋势，在计量技术发展、风控经验积累、运算能力增强等条件的配合下，许多交易所的保证金机制已逐渐从传统的固定比例模式向组合保证金转变。CME、Eurex 等还针对利率衍生品采用了跨场内外产品的组合保证金，有效降低了交易者的资金成本。在提高交易灵活性方面，为更好满足

---

① 即环境（environmental）、社会（social）和公司治理（governance）三个英文单词首字母的缩写，ESG 是衡量上市公司是否具备足够社会责任感的重要标准。

② 2010 年 G20 会议明确场外衍生品市场的监管目标为：标准化、集中清算、有组织的交易平台（即交易所与电子交易平台）、交易报告四个方面。

交易者尤其是机构投资者在交易前灵活协商、交易后适度披露等个性化需求，许多交易所还基于场内集中清算能够有效保障交易履约的制度优势，在挂牌合约基础上引入大宗交易、期转现、灵活合约等业务，实现了场外灵活交易与场内风险可控的结合。代表性交易所灵活服务如表5－1所示。

表5－1　　代表性交易所灵活服务

交易所	大宗商品业务	期转现业务	灵活合约业务
芝加哥商业交易所（CME）	√	√	√
欧洲期货交易所（Eurex）	√	√	√
洲际交易所（ICE）	√	√①	√②
香港交易所（港交所）	√		√
芝加哥期权交易所（CBOE）	√		
新加坡交易所（SGX）	√	√	
巴西证券交易所（B3）			√

第四个共性特征是国际化程度迅速提升。境外交易所与明晟（MSCI）、富时罗素（Frank Russell）等主要指数公司的合作持续深化，进一步丰富挂钩海外股指产品的行业及风格类型，上市跨市场股指衍生品，拓展离岸衍生品，吸引国际交易者参与。在跨境合作方面，CME等交易所积极拓展与境外交易所指数授权等业务模式的合作范围；Eurex将其与韩台市场建立的跨境链接由股指衍生品拓展到外汇期货；SGX在Nifty指数期货授权被印度国家证券交易所（NSE）终止后，转而与其合作推动品种互联互通计划；Eurex、港交所等进一步延长交易时间，满足跨时区交易者在自身时段开展交易的需求等。

第五个共性特征是交易所组织架构和内部治理体系也在悄然发生着变化。现代交易所组织形式经历了从会员制到公司制的转变过程。最初的交易所采用会员制结构，由市场的主要使用者（大型产业交易商或金融机构）参与设立。自20世纪90年代以来，随着信息技术发展与行业竞争加剧，境

① ICE欧洲及美国交易所

② ICE欧洲

外交易所组织形式纷纷从传统的非营利性会员制向营利性的公司制转型，以更高的利润追求为目标，不断加速产品创新、提升机构服务质量、平衡投入产出回报，并进一步为交易所集团公开上市、筹集更广泛资金支持、对外收购拓展业务奠定了组织基础。在行业格局方面，近些年来，为进一步应对本国市场传统业务份额日趋稳定的现实状况，境外代表性交易所在公司化改制和上市之后，纷纷通过并购等方式拓展国际市场或切入行业上下游，以提升综合实力并向集团化方向发展。

二、北美劲旅——芝加哥商业交易所集团

芝加哥商业交易所集团（CME Group）建立于19世纪末期，发展历史已横跨3个世纪。历经120余年的发展，CME Group已经成为当今世界规模最大的衍生品交易所集团，为全球交易者提供多样化的风险管理工具。

（一）跨越三个世纪的发展历程

CME Group旗下拥有CME、CBOT、NYMEX和COMEX四大交易所，其中CME起步于一家成立于1898年的非营利性组织[①]。最初的交易品种非常单一，仅有黄油、鸡蛋等农产品，1960年之后逐步推出了猪腩期货和活牛期货，并快速拓展其产品范围。这一时期可以归为CME的初创起步阶段。

布雷顿森林体系的瓦解将CME带进了成长转型期。CME于这一阶段率先推出了外汇期货（1972年），达成全球首笔金融期货交易，由此开辟了金融期货的新赛道。当年的外汇期货交易量达到14.5万张，次年交易量增长了两倍多。1981年，CME率先推出以现金结算的欧洲美元期货；1992年推出全球首个期货与期权电子交易平台CME Globex。

上述转型使得CME顺利跻身世界知名交易所行列，同时开启了CME的并购扩张时期。2000年，CME由会员制改为公司制，并于2002年在纳斯达克成功上市，成为美国首个改制上市的交易所。2007~2008年，CME先后

---

① 1898年，芝加哥黄油鸡蛋交易所从芝加哥农产品交易所分离出来，并在1919年重组为CME。

与 CBOT、NYMEX、COMEX 合并，成立芝加哥交易所集团，即 CME Group，极大地丰富了自身产品体系，成为全球最大的期货及衍生品交易市场。

2008 年之后，CME Group 进入稳健发展阶段，产品体系更加完善，发展重心更多放在全球化以及场外市场。2012 年，CME Group 收购堪萨斯期货交易所（KCBT），进一步巩固其在全球农产品期货及衍生品市场中的领先地位；2018 年收购伦敦金融技术公司（NEX），拓展了相关场外业务。

（二）丰富的产品体系

CME Group 旗下的四大交易所可交易超过 2000 只场内衍生品，范围涵盖利率、股票指数、外汇、能源、农产品和金属六大类别，以及天气和房地产等另类衍生品。截至 2021 年底，除了为数众多的个股类衍生品之外，CME Group 还上市了接近 800 只其他衍生产品。CME Group 产品体系（除个股衍生品外）见表 5－2。

表 5－2　CME Group 产品体系（除个股衍生品外）

产品线	产品数量（个）	主要产品
利率	45	欧洲美元、30 年期国债、10 年期国债、5 年期国债、2 年期国债、美国有担保隔夜融资利率（SOFR）等
股指	60	标准普尔 500 指数、E－Mini 标准普尔 500 指数、纳斯达克 100 指数、E－Mini 纳斯达克 100 指数、日经平均指数 225、E－Mini 罗素 2000 指数等
外汇	69	欧元、英镑、日元、澳元、加元、墨西哥比索等
农业	75	玉米、大豆、小麦、活牛等
能源	463	原油、天然气、汽油等
金属	53	金、银、铜、铝、铂金、铁矿石等
其他	25	天气、房地产等另类衍生品

数据来源：FIA 2021 年报

2017～2021 年，CME Group 所有产品的年平均成交量超过 47 亿手。2021 年全年，CME Group 总成交量为 49.43 亿手，在全球交易所中排名第三（仅次于 NSE、B3）。其中利率产品和股指产品成交量占比分别为47% 和

28%，前十大畅销合约占全年交易量的67%（见表5－3）。

表5－3　　CME Group 前十大合约品种

期货或期权合约	2021年成交量（手）	占全年成交量比重（%）
欧洲美元期货	674465734	14
10年期国债期货	629431493	13
E－Mini 标准普尔500指数期货	487306490	10
5年期国债期货	322204628	7
WTI 轻质原油期货	248314481	5
微型 E－Mini 纳斯达克100指数期货	239566023	5
微型 E－Mini 标准普尔500指数期货	220489905	4
欧洲美元中期曲线期权	202913484	4
E－Mini 纳斯达克100指数期货	147388214	3
30年期国债期货	146126697	3
总计	3318207149	67

数据来源：FIA 2021年报

从交易者结构来看，根据CFTC公布的大户持仓报告，在成交活跃的股指期货产品上，资产管理类投资者是第一大持仓者，交易商是第二大持仓者，杠杆类基金是第三大持仓者①。在E－Mini标准普尔500指数期货上，资产管理类投资者的多头持仓显著多于空头持仓，交易商和杠杆基金空头持仓则显著多于多头持仓。国债期货方面，资产管理类投资者也是第一大持仓者，但杠杆类基金成为第二大持仓者，交易商则成为第三大持仓者。

（三）均衡稳健的收入结构

2017～2021年，CME Group的年均营业收入超过44亿美元。CME

① 根据CFTC的分类，交易商通常为市场的“卖方”。他们设计并向客户出售各种金融资产同时需要对冲风险，持有期货合同是他们风险对冲策略的一部分。交易商主要包括大型银行（美国本土和美国海外）、证券交易商、掉期和其他衍生品交易商。其余市场的“买方”分为三个不同的类别：（1）资产管理机构，包括养老基金、捐赠基金、保险公司、共同基金等；（2）杠杆基金，包括对冲基金、商品交易顾问（CTA）、注册商品池（CPO）或未在CFTC注册的其他基金（如美国境外小型私募基金等）；（3）其策略可能涉及市场内和跨市场的套利或投机交易的机构。

Group 的收入主要由交易清算收入、市场数据及信息服务收入等构成，其中交易清算收入占比最高。2021 年 CME Group 实现营业收入 46.9 亿美元，其中交易清算收入 37.65 亿美元，占比高达 80%；市场数据和信息服务相关收入 5.77 亿美元，占比 12%，位列第二；其他业务收入 3.48 亿美元，占比 8%。

CME Group 的交易清算收入主要来自六大衍生品产品线。其中，利率产品是最主要的收入贡献者，占比基本保持在 30% 左右；其次是股指产品，约占 20%；能源产品和农产品收入占比约为 17% 和 12%；金属和外汇产品收入分别占 6% 和 4%。此外，场外清算和现货交易相关业务也贡献了部分收入。值得注意的是，收购 NEX 后，CME Group 现货市场收入比之前有大幅提升，达到交易清算收入的 11% 左右；而这一比例在 2018 年刚收购时是 2%，2017 年以前则无此项收入。

（四）以风险管理为核心的多元化战略

CME Group 能够成为全球最多元化的衍生工具市场龙头，与其发展战略是密不可分的。纵观发展历程，CME Group 的成功主要通过不断丰富产品体系、推进业务多元化、积极推动技术变革、全球化战略布局来实现。CME Group 坚持风险管理为核心的多元化战略，形成了场内衍生品、现货市场业务、市场数据服务和交易优化服务四大业务模块，成为服务全球交易者的全天候、一站式风险管理市场，大大提升了市场份额和规模经济。同时，不同产品线之间、产品线内不同产品之间、全球不同区域市场之间优势互补，实现了范围经济，也降低了公司对单一品种的依赖，增强了财务稳健性。

首先，不断创新，丰富产品体系。创新是企业发展的源动力。CME Group 在创新产品方面善于把握历史机遇，引领行业创新，实现跨越发展：1972 年首创外汇期货，敲响金融期货交易的钟声；1981 年首创欧洲美元期货，推出第一个现金结算期货合约；1982 年推出股指期货合约——标普 500 指数期货合约；1996 ~ 1999 年陆续推出纳斯达克 100 指数、E - Mini 标普 500 指数、E - Mini 纳斯达克 100 指数期货，成功扩大客户群和整体交易量。近十年，CME Group 推出了包括超级国债期货、基础金属期货、指数收盘基差交易（BTIC）、微型 E – Mini 标普 500 股指期货、E – Mini 罗素 1000 和 2000 期货、E – Mini 标普 500ESG 指数期货、液化天然气期货、上海黄金期货、比特币期货及期权等在内的产品。

其次，外延扩张，不断推进业务多元化。现货市场业务方面，CME Group 于 2018 年收购了主要从事固定收益及外汇买卖搓合业务的 NEX，从而拥有全球外汇交易量最大的外汇电子交易平台。通过并购 NEX，CME Group 将原有业务范围扩展至现货和场外市场，并扩大了利率和外汇产品的规模，提升其在全球外汇市场中的地位，增强了对非美客户市场的渗透。市场数据服务方面，CME Group 拥有行业领先的市场数据平台，为全球交易者提供各类市场数据服务，包括实时和历史数据、深度行情及各类分析工具等。随着云技术的推广，CME Group 与谷歌达成战略合作协议，通过在谷歌云平台上推出智能流功能，成为第一个在云端提供实时市场数据的衍生品市场。交易优化服务方面，CME Group 通过旗下三家公司向交易者提供交易全生命周期管理服务，帮助客户简化工作流程，优化资金配置，降低风险和运营成本。2021 年 CME Group 宣布与 IHS Markit① 达成协议，将双方的交易优化业务整合，成立一家新的合资企业，旨在为场外交易者提供更加全面高效的服务。

再次，技术变革，持续提升市场效率。CME Group 一直致力于积极推动技术变革。早在 1992 年，CME 就推出了 CME Globex 电子交易平台，这是全球首个期货与期权电子交易平台，可以实现每个交易日 24 小时不间断交易，并且可在微秒之内到达全球 150 多个国家，极大提高了市场效率。除自身产品外，CME Globex 可为交易者提供全球范围内最多样化的期货和期权产品。CME Group 还拥有全球领先的清算技术，1988 年推出的标准投资组合风险分析（SPAN）模型，成为世界上第一个也是唯一一个在清算和客户两个层面基于投资组合的总体风险计算保证金的模型。自问世以来，SPAN 就成为全球投资组合风险评估的行业标准。全球超过 60 家交易所、清算机构、服务机构、监管机构均以此作为履约保证金计算的官方标准。2019 年，

① 一家提供全球商业资讯服务的多元化供应商，创立于 1959 年，总部位于英国伦敦。

CME Group 宣布推出新一代 SPAN 2 模型，进一步提升了风险管理功能。

最后，战略联盟，全球布局与营销。CME Group 通过发展战略联盟、开发区域性产品、投资参股及跨境并购等多渠道来实施全球化战略。首先，以发展战略合作伙伴为主。CME Group 于 1999 年发起成立了全球交易所联盟，与多家交易所如巴西证券交易所（B3）、韩国交易所（KRX）、新加坡交易所（SGX）等建立战略合作伙伴关系，实施买卖盘传递、产品交叉上市或交叉许可安排，通过允许其他交易所的参与者交易 CME Group 的产品，或 CME Group 的客户直接通过 CME Globex 交易其他交易所产品，以扩大其全球衍生品业务的市场范围。其次，以投资参股和推出区域性产品为辅。CME Group 通过多种股权安排推进全球化业务进程，包括入股马来西亚衍生产品交易所 25% 股权；与迪拜控股公司和阿曼投资基金合资设立迪拜商品交易所，并于 2012 年增加对迪拜交易所的投资，积极开拓中东市场；与全球领先的指数公司 McGraw – Hill Financial 成立合资企业，与标准普尔以及道琼斯指数签署独家许可协议，推出挂钩标准普尔指数和道琼斯指数的产品等。此外，CME Group 通过推出区域性产品，如欧洲的小麦与铝期货，墨西哥比索期货，巴西的雷亚尔、可可、尿素肥料期货，可交割人民币期货以及中国钢筋掉期期货等，满足特定地区特有的风险管理需求，以此推进全球化业务和加快市场渗透。

通过以上多种举措，借助于本身强大的交易和清算平台，CME Group 目前已实现覆盖 150 个国家、连接 11 个全球交易中心、12 家合作交易所的全球化布局。与 2020 年相比，CME Group 在 2021 年的亚洲交易时段交易量增长了 5%，欧洲交易时段交易量增长了 3%，表明以上全球化布局也为其业务持续增长、收入大幅提升奠定了坚实基础。比如 2021 年，CME Group 约 29% 的电子期货和期权交易量，以及约 56% 的市场数据收入均来自美国境外。

三、欧陆雄兵——德意志交易所集团

德意志交易所集团（Deutsche BörseAG，以下简称德交所）成立于 1992 年，总部位于德国法兰克福，是德国境内以及欧洲最大的证券、期货与期权交易所集团。德交所集交易、清算、交收、存管、市场数据和信息技术服务、初创企业风险投资与培育等多项业务于一体，旗下设有多个交易所和上下游服务机构，包括：欧洲最大的衍生品交易所——欧洲期货交易所（Eurex）、欧洲能源类大宗商品和碳排放权的主要交易场所——欧洲能源交易所（EEX）、欧洲最先进的证券交易平台 Xetra、欧洲最大的 CCP 机构——欧洲期货交易所清算公司（Eurex Clearing AG）以及欧洲最重要的交易后端服务机构——明讯国际结算托管银行（Clearstream International）等。

（一）从德国国内到全球

历经三十年发展，德交所已成为全球最大的综合性交易所集团之一。与 CME Group 类似，德交所的发展历程也呈现明显的阶段化特征，大致可分为三个阶段：

第一阶段：初步整合国内资源（1992 ~ 1997 年）。1992 年 12 月，法兰克福证券交易所股份有限公司（Frankfurter Wertpapoerbörse AG，FWB）更名注册为德意志交易所股份有限公司。1992 ~ 1997 年，德交所收购了德国衍生品交易所（DTB）①，开始进军衍生品市场；并接管了 FWB、德国证券数据中心有限公司（DWZ）②、德国证券结算保管股份公司（DKV）③ 和德国境外结算存管股份公司（AKV），对德国境内的交易、结算、存管领域进行了初步整合。

第二阶段：进一步整合和拓展资源（1997 ~ 2000 年）。在完成德国市场各环节的资源整合后，德交所继续通过兼并收购推进对欧洲市场相关业务资源的整合。1997 年，DKV 与 AKV 合并成立德交所清算公司（Deutsche

① 德国衍生品交易所（Deutsche Terminbörse GmbH），成立于 1990 年 1 月，标志着德国期货交易的开端。

② 1988 年 10 月，法兰克福的交易所数据中心有限公司（BDZ）与杜塞尔多夫的证券交易数据处理公司（BDW）合并组成了德国证券数据中心有限公司（Deutsche Wertpapierdaten - Zentrale GmbH）。DWZ 是数据处理领域的主要系统开发者和计算机中心服务的主要提供者。

③ 1989 年 10 月，位于柏林、杜塞尔多夫、法兰克福、汉堡、汉诺威、慕尼黑和斯图加特等地区证券交易所的证券清算和结算银行与中央证券托管系统组建成立德国结算托管股份公司（Deutsche Kassenverein AG，DKV）。

Börse Clearing AG)。1998 年 6 月，德交所旗下的 DTB 与瑞士交易所旗下的瑞士期权和金融期货交易所（SOFFEX）合并，成立 Eurex①。2000 年 1 月，德交所清算公司与世达国际（Cedel International S. A.）合并，成立明讯国际结算托管银行（Clearstream International SA），德交所持有该合资公司 50% 的股份②。

第三阶段：布局全球发展（2001 年至今）。2001 年 2 月，德交所首次公开发行上市，继而提出“缔造交易所行业国际领跑者”的发展目标，积极布局亚太市场，业务领域不断拓展。2007 年，通过收购美国国际证券交易所（International Securities Exchange，ISE），德交所的衍生品业务成功拓展至北美；2009 年，收购美国财经新闻服务商（Need to Know News）；2010 年，收购德国 Tradegate 交易所 75% 的股份，进一步拓宽其在欧洲权益、债券、基金和 ETF 零售市场的份额。

2015 年，德交所进一步加快全球布局。1 月收购法国能源交易所(Powernext)③ 的部分股权；7 月，在新加坡设立的清算公司——欧洲期货交易所亚洲清算公司④从新加坡金融管理局处获得了清算业务的全牌照；11 月与上交所、中金所联合成立中欧所，致力于为全球投资者提供投资中国资产的渠道；当年还收购了 STOXX 指数公司的全部股权，以及外汇交易平台（360T），进一步巩固了其在欧洲的领先地位。德交所主要发展事件见表 5－4。

表 5－4　　　　德交所主要发展事件

年份	事件
1585 年	为了抵御货币贬值，法兰克福的货币经纪商协商制定统一的外汇汇率，法兰克福证券交易所（FWB）由此诞生
1820 年	FWB 上市了第一只股票——奥地利国家银行

① 2012 年，瑞士交易所退出后，德交所全资拥有 Eurex。

② 2002 年 6 月，德交所通过一项增资计划购买了明讯国际全部的股份，成为其全资母公司。

③ 2020 年 1 月 1 日，Powernext 并入欧洲能源交易所（EEX）。该交易所与欧洲能源交易所联合运营着欧洲的天然气交易平台 PEGAX，覆盖欧洲绝大多数的天然气现货和衍生品。

④ 该公司主要为亚洲投资者提供证券清算服务。

续表

年份	事件
1988 年	7 月，代表德国蓝筹股的 DAX 指数开始正式对外发布
1990 年	8 月，法兰克福交易所公司正式进行商业注册，运营管理 FWB，并加入了法兰克福商会
1992 年	11 月，FWB 首次采用电子化订单路由系统 BOSS。此前，订单传递只能通过大厅公开喊价，这一技术革新开启了 FWB 电子化交易的新纪元； 12 月，法兰克福证券交易所股份有限公司更名为德意志交易所股份有限公司，开始将其定位由传统股票交易场所转变为全产业链的交易所集团； 12 月，新更名的德意志交易所集团收购了德国衍生品交易所（DTB），开始进军衍生品市场； 12 月，收购德国证券结算存管股份有限公司（DKV）全部股份
1997 年	3 月，德交所设立了创业板市场（Neuer Markt），为高科技创新企业提供了股票融资服务；但由于市场低迷以及集团整体战略调整，该板块于 2003 年 6 月 5 日被正式关闭，所剩的企业都被纳入主板； 10 月，DKV 与境外结算存管股份有限公司（Auslandskassenverein，AKV）合并成立德交所清算公司（Deutsche Börse Clearing AG）； 11 月，德交所现货市场引入了全自动化电子交易系统 Xetra
1998 年	2 月，德交所联合巴黎证券交易所、瑞士交易所和道琼斯公司发布了欧洲 STOXX 股票指数； 6 月，德交所旗下的德国衍生品交易所 DTB 与瑞士交易所旗下的 Soffex 衍生品交易所合并，成立欧洲期货交易所（Eurex）
2000 年	1 月，德交所清算公司（Deutsche Borse Clearing）与世达国际（Cedel International S. A.）合并，成立明讯国际（后更名为 Clearstream International S. A.），德交所持有该合资公司 50% 的股份； 4 月，德意志交易所集团旗下的 FWB 推出新的交易板块，专门交易指数 ETF 产品； 10 月，推出新的全球债券交易平台，采用全电子化交易
2001 年	2 月，德交所 IPO 上市
2002 年	6 月，德交所收购明讯国际剩余 50% 的股份
2005 年	10 月，德交所推出了新的市场板块——初级市场（Entry Standard），随后被 2017 年 3 月新建的新兴中小企业板（Scale Segment）取代

续表

年份	事件
2010 年	德交所收购了 Tradegate 交易所 75% 的股份，进一步拓宽其在欧洲权益、债券、基金和 ETF 零售市场的份额； 11 月，成立 425 年之际，德交所集团将其总部由法兰克福搬迁至埃施波恩
2014 年	1 月，收购欧洲能源交易所（EEX）
2015 年	1 月，收购 Powernext 交易所部分股权； 6 月，成立风投公司专门为年轻的成长企业提供资金支持、培训与社交服务，收购外汇交易平台 360T； 7 月，在新加坡设立的清算公司——欧洲期货交易所亚洲清算公司，从新加坡金融管理局处获得了清算业务的全牌照，该公司主要为亚洲投资者提供证券清算服务； 11 月 18 日，德交所与上交所、中金所联合成立中欧所，致力于为全球投资者提供投资中国资产的渠道； 收购 STOXX 指数的全部股权
2016 年	6 月，德交所成立 DBI 风投公司，作为风险投资的运作平台，主要对初创和成长期的金融科技企业进行战略投资； 6 月，德交所将其 2007 年购买的美国国际证券交易所控股公司（ISE）及其控股股东美国交易所控股公司出售给纳斯达克交易所
2017 年	5 月，收购美国的 Nodal Exchange，拓展在美国的能源衍生品业务
2018 年	12 月，Clearstream 收购 Swisscanto Funds Center
2019 年	2 月，并购芬兰的 Grexel Systems Oy，进一步提高商品期货业务效率； 4 月，并购软件供应商 Axioma，将其与指数业务（STOXX 和 DAX）合并为 Qontigo，进一步提高指数业务效率； 7 月，Clearstream 收购澳大利亚 Ausmaq Limited 公司的专业资金管理业务
2020 年	1 月，Clearstream 与 UBS 达成协议拟购买 Fondcenter AG51% 的股权，并拟于下半年完成收购； 收购了为全球期货、期权和利率市场提供复杂执行算法和基于数据的分析应用程序的独立供应商 Quantitive Brokers，并将其纳入 Eurex； 11 月，收购提供治理解决方案、ESG 数据和分析的领先供应商 Institutional Shareholder Services, Inc.（ISS）； 收购 Fondcenter，该公司将成为德意志交易所的基金分配服务（Fund distribution service）的核心，并被纳入 IFS 业务。将其与 Clearstream Fund Desk（前身为 Swisscanto Funds）的现有服务相结合，创建了领先的基金服务提供商，为 UBS 和 Clearstream 的客户带来巨大利益

（二）构建全链条服务体系

德交所的业务覆盖了整个证券及场内外衍生品产业链，涵盖了从现货和期货交易、交易后的结算、托管，到市场信息提供、电子交易平台开发等全链条服务。其业务条线可以细分为八大模块①，其中证券交易业务集中于法兰克福交易所，外汇交易集中于360T交易平台，金融衍生品业务主要在Eurex进行，商品衍生品业务则主要在EEX进行。

1. Eurex产品体系

Eurex挂牌交易的产品十分丰富。按照基础资产划分，除主要的商品和金融产品外，还涉及波动率、股息、加密货币、公司债指数、气候产品等不同类别（见表5－5）。从合约类型来看，Eurex上市产品主要以期货合约为主，兼顾部分以期货合约为标的的期权合约。2021年，Eurex的交易量达到17亿手，全球排名第11名。其中金融衍生品（包括股指、个股、利率、外汇类）交易量排名第六，仅次于NSE、B3、CME、KRX和伊斯坦布尔交易所（BIST）。权益类（包括股指与个股类）衍生品约占全部交易量的65%，交易量达到11亿手；利率类衍生品占比35%，达到6亿手。Eurex最受欢迎的产品为欧洲斯托克50指数、长期欧元债券（Euro－Bund）、欧元德国5年期国债（Euro－Bobl）、欧洲斯托克银行指数（EuroStoxxBanks）相关的衍生品，四种产品2021年的交易量合计为9.5亿手，占整个交易所集团全部交易量的半数以上（55%）。

表5－5　Eurex产品概况

产品大类	产品系列
利率类	固定收益期货和期货期权 货币市场期货和期货期权

① 分别是Eurex的金融衍生品业务、证券交易Xetra、外汇360T、大宗商品EEX、交易后服务Clearstream、指数及分析业务Qontigo、投资基金服务IFS。自2020年一季度起，抵押品管理（GSF）模块的服务全部调整至Clearstream，前数据服务（Data Segment）的业务分别在Xetra和Eurex报告。2021年2月，德交所收购了全球领先的ESG数据供应商Institutional Shareholder Services，Inc.（ISS），开拓了ISS这一新业务条线。

续表

产品大类	产品系列
股指类	DAX 系列指数期货 STOXX 系列指数期货 MSCI 系列指数期货 SMI 期货 SLI Swiss Leader Index 期货
波动率类	VSTOXX 期货和期货期权 EURO STOXX 50 Variance 期货
外汇类	多种全球主要货币的期货合约、滚动现货期货合约（Rolling Spot Futures）
ETF 和 ETC 衍生品	ETF（交易所交易基金）和 ETC（交易所交易商品）产品
加密货币衍生品	比特币 ENT（交易所交易票据）期货
商品类	iShares 实物金、银期权 WisdomTree 布伦特原油期权 WisdomTree 铜、镍期权 WisdomTree 金期货和期权 WisdomTree 布伦特原油期货和期权 Xetra 金期货和期权
股息类	个股股息期货 股指股息（Equity Index Dividend Futures）期货和期权
回购市场	债券回购产品

资料来源：Eurex 官网

2. EEX 产品体系

EEX 是全球最大的商品期货交易所之一，交易产品主要为电力、天然气和排放权的现货及衍生品合约（见表 5－6）。此外，牛奶类和土豆类农产品衍生品合约是其产品线重要的构成部分，在其他交易所较为少见的货运类衍生品也是 EEX 的亮点产品，标的资产包括货运费率等。2021 年，EEX 的能源类衍生品交易量为 670 万手，占比高达 87%。最受市场青睐的前三位合约是货运期货、PEG 天然气期货和 EUA 排放权期货，三者共计交易 240 万手，占 EEX 全部交易量的 31%。

表 5－6　　EEX 主要产品概况

市场类型	产品系列
现货市场	欧洲电力现货 欧洲天然气现货 欧洲排放权现货
衍生品市场	欧洲电力衍生品 欧洲天然气衍生品 欧洲排放权衍生品 农产品衍生品 货运类衍生品

资料来源：德交所官网

（三）金融衍生品业务成为第一收入来源

德交所的收入主要来自上述八大业务模块①。2017～2021 年这五年间，德交所的净收入始终保持稳定增长势头。2021 年净收入达 35.10 亿欧元，较 2017 年增长 43%，年均增速约为 10%。Eurex 相关交易业务始终是德交所的第一大收入来源，占比维持在 28% 以上。Clearstream 主要提供证券托管与结算服务，收入占比稳定在 24%，是第二大收入来源。其他各业务模块收入占比也较为稳定，其中大宗商品 EEX 和证券交易 Xetra 模块的收入占比均为 10%，指数与分析业务和投资基金服务业务占比分别为 7% 和 11%，投资基金服务业务主要为全球机构投资者和公司提供独立的 ESG 及治理研究、代理投票解决方案、评级和数据、市场信息等服务，占比约 6%，360T 占比均为 3%。

分产品种类来看集团子公司的收入构成（见图 5－1）。Eurex 方面，2021 年，股指类衍生品贡献了 39% 的净收入，达到 3.9 亿欧元；其次是利率类衍生品，净收入为 2.3 亿欧元，占比 23%；其余各部分创收在 5000 万～9000 万欧元不等，平均占比约在 6%。EEX 方面，电力衍生品创收约

① 自 2021 年开始有投资基金服务业务。

1.2 亿欧元，是其最主要的收入来源，占净收入的 35%。

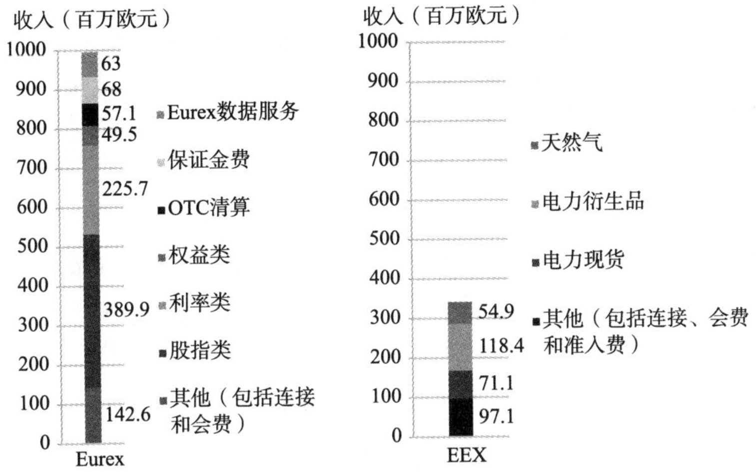

资料来源：德交所官网

图 5-1 2021 年 Eurex（左）和 EEX（右）净收入构成

（四）立足欧洲、布局全球

作为老牌交易所，德交所在发展过程中注重强化核心业务、丰富产品条线、扩大业务范围，同时积极推进全球化布局、开拓亚太市场并重视与中国合作，持续在技术和数据服务领域发力，打造全球顶尖交易所集团。

依托核心业务，拓展交易所全业务链。上市之初，德交所只有衍生品交易、股票交易以及配套的数据与技术服务，业务较为单一。针对此种模式，德交所在持续扩大交易业务规模的基础上，积极拓展交易后业务并不断覆盖其他业务。比如 1998 年成立 Eurex 的全资子公司 Eurex Clearing AG，负责为欧洲期货交易所的场内外衍生品和 Xetra、FWB 的现货市场等提供清算服务。2002 年收购全球领先的证券存管和交割机构明讯国际后，德交所的交易后服务职能大大增强。

积极推进全球化布局，开拓亚洲市场。德交所积极布局欧洲资本市场一体化，推进交易、清算和存托管等业务的跨国运营，不断缩小与美国市场的差距；还收购美国的ISE① 和 Nodal Exchange②，将衍生品业务拓展至北美市场。此外，德交所积极开拓亚洲市场，在中国香港、新加坡和东京开设办事处，与韩国、中国台湾等市场开展指数业务方面合作，向印度孟买证券交易所（The Bombay Stock Exchange，BSE）输出交易技术系统等。2015年，德交所与上交所、中金所合资成立中欧所，开启了与全球第二大资本市场——中国的深入合作。

精选兼并收购对象，丰富产品条线打造亮点。德交所分别于2014年和2015年收购了EEX和Powernext交易所，进军能源、天然气和碳排放权等衍生品领域。2015年，收购360T平台，填补了在外汇交易领域的空白；同年收购瑞士证券交易所下的STOXX和Indexium AG，打造了德交所旗舰产品——STOXX指数系列产品。2017年，收购美国Nodal Exchange交易所，进一步丰富了电力、天然气和环境类的衍生品种类。

强化技术优势，持续在数据服务领域发力。重视技术系统和数据服务是交易所行业电子化转型后的又一发展潮流。德交所立足自身发展优势，整合行业优势资源，加强信息技术和数据服务业务模块的发展，建设了全球最发达、最稳定的技术系统之一——7 Market Technology③。鉴于其在技术领域明显的优势地位，全球已有超过25家交易所（含其他交易场所）使用其技术系统或将IT系统的运营外包给德交所。

四、后起之秀——洲际交易所集团

洲际交易所集团（ICE）是全球较大的综合性交易所集团之一。ICE业

① 2016年6月，将ISE及其控股股东美国交易所控股公司出售给美国纳斯达克交易所。

② Nodal Exchange是一家为北美商品市场参与者提供价格、信用和流动性风险管理的衍生品交易所，其基础资产包括电力、天然气和环境三大类。

③ 这一技术系统主要包括A7、C7、F7、M7、N7、T7、D7七个子系统。其中，T7是核心交易系统，速度快、性能稳定，是现货交易平台Xetra、欧洲期货交易所（Eurex）和欧洲能源交易所的交易系统，也被印度孟买证券交易所和芬兰赫尔辛基证券交易所使用。C7是清算业务的核心系统，主要用于欧洲期货交易所和OTC现货交易的清算，无论硬件还是软件均代表行业最先进水平，可以确保未来引进新产品或服务时的灵活性。A7则可以通过云技术直接获取来自Eurex和Xetra的逐个订单历史数据。

务条线完备、产品覆盖全面、重视技术发展，通过一系列并购活动不断完善产品结构、扩大经营范围，实现了产品类型的全面覆盖和全球化的战略布局，是借助交易所并购浪潮迅速做大做强的典型案例。

（一）始于科技，成于并购

ICE 成立至今仅有 20 余年，是一家非常年轻的交易所集团。其发展历程可以简单分为两个阶段：

技术筹备阶段（1997～2000 年）。1997 年，ICE 的 CEO Jeff Sprecher 收购了旨在为电力市场提供透明价格的科技初创企业——大陆电力交易所（Continental Power Exchange）。在此后的三年里，Jeff Sprecher、ICE 的 COO 和一支技术专家团队与近百家潜在客户（大多是石油、天然气和电力公司）进行交流，根据客户追求透明、高效、中立的新型交易模式相关需求，在大陆电力交易所的技术基础上，设计了一套具有大量创新特征的电子化交易技术，这也是 2000 年 5 月 ICE 正式成立时推出的电子化交易平台的前身。

快速发展阶段（2000 年至今）。2000 年 5 月，ICE 交易所正式成立。此后，ICE 通过一系列兼并收购活动整合行业内的优秀资源，开启了二十余年的快速发展通道。具有代表性的收购对象包括伦敦国际石油交易所（IPE）、纽约期货交易所（NYBOT）、气候交易所（Climate Exchange）、纽约泛欧交易所（NYSE Euronext）、Interactive Data Corporation① 和 Ellie Mae② 等。ICE 在选择收购对象时，主要筛选处于早期增长阶段且可以借助 ICE 平台继续做大的小公司，或者凭借 ICE 的技术及运营优势能够重振和扩大增长轨道的大型成熟公司。目前，ICE 已经发展成为产品类型丰富、业务条线完备、管理机制健全的综合性交易所集团。

（二）主打能源产品的业务结构

ICE 下设了 12 家交易所和 6 家清算公司，涉及衍生品相关业务的主要

---

① 金融市场数据、分析以及相关交易解决方案的提供商。

② 抵押贷款云计算软件提供商。

有5家交易所：ICE Futures Europe、ICE Futures U. S.、ICE Futures Singapore、ICE Futures Abu Dhabi和ICE Endex。业务条线分为交易所业务、固定收益和数据服务、抵押贷款技术三大块，服务范围覆盖企业上市、交易清算、信息服务和技术支持等，产品大类涵盖了商品和金融等主要的资产类别。

在期货和期权市场上，ICE在能源领域部署了Brent原油、液化天然气及碳排放权等具有全球代表性的期货产品；农产品和金属领域有咖啡、可可、棉花及糖等全球领先的软商品和金银等贵金属；金融领域则有MSCI新兴市场指数、MSCI ESG指数、NYSE FAANG+等指数衍生品，以及Short Sterling、Euribor、Gilts、SONIA和SOFR等利率产品。表5-7列示了ICE交易所集团各市场产品结构。

表5-7　　ICE交易所集团各市场产品结构

交易所	产品大类
ICE Futures Europe	农产品、能源、权益、利率
ICE Futures U. S.	农产品、信用、能源、权益、外汇、金属
ICE Futures Singapore	能源、权益、外汇
ICE Futures Abu Dhabi	能源
ICE Endex	能源、权益
NYSE	证券现货
Creditex	信用
ICE Swap Trade	信用、能源
ICE OTC Energy	能源
ICE NGX	能源

资料来源：ICE官网

FIA相关数据显示，2021年，ICE下的5家衍生品交易所总成交量达到15.13亿手。其中，能源期货产品是ICE交易量最大的产品类别，共成交约7.5亿手，占全部交易量的50%左右。利率类产品以35%的占比紧随其后；农产品和股票指数期货规模相当，各自成交约1亿手，占比约为6%；个股、外汇及贵金属期货产品的占比相对较小（见图5-2）。

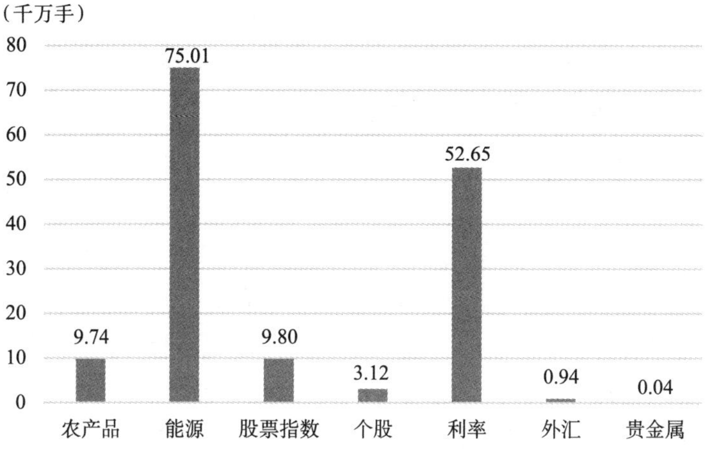

数据来源：FIA

图 5－2　2021 年 ICE 旗下期货交易所各产品大类交易量

（三）交易所业务成为主要收入来源

以技术起家的 ICE 一直非常重视其技术革新，在完成对 Ellie Mae 的收购后，ICE 进一步明确了组织架构，将原有的两条业务条线调整为现有的三条①，分别是交易所业务、固定收益和数据服务、抵押贷款技术。具体来看，交易所业务收入主要来自于全球期货交易和清算平台、NYSE 交易和上市以及与这些平台相关的数据服务。固定收益和数据服务收入则包括定价和参考数据、分析和指数、固定收益执行或 ICE 债券、CDS 清算、合并收益、ICE Global Network 相关业务、其他多类资产数据和网络服务。抵押贷款技术收入主要是与 MERS、Simplifile 和 Ellie Mae 提供的抵押贷款服务相关的业务收入，这部分业务面向美国的住房抵押贷款市场提供从申请到结束全阶段以及相关二级市场的抵押贷款技术解决方案。

交易所业务是 ICE 集团最主要的收入来源。2021 年，该条线营业收入约为 25 亿美元，约占集团营业总收入的 73%。固定收益及数据服务条线则以 5 亿美元的营收规模成为集团的第二大收益来源，占比约 15%。抵押贷

① 调整自 2020 年 10 月 1 日生效。

款技术条线占集团营业收入的12%。按产品类别来分析交易所业务，2021年，权益类产品是该条线最大的收入来源，占比约40%；第二大收入来源为能源类期货和期权产品①，占比为21%。

（四）发展史也是并购史

ICE伴随着20世纪的交易所并购浪潮发展起来，其二十余年的发展史也是一段兼并收购史。通过不断收购优秀的平台或公司，ICE迅速发展成为全球最大的交易所集团之一，其发展历史充分体现了全面多样的战略。

1. 发挥自身技术优势，把握行业电子化发展趋势

技术优势是ICE战略发展和行业竞争的核心。ICE可以提供全面的技术方案来满足市场需求，包括交易和清算技术、资产大类分析、风险评估工具、数据产品、抵押贷款技术和即时通信等。20世纪末21世纪初，交易所行业面临电子化转型的重大行业发展机遇。当时，场内交易仍然以传统的喊价方式为主，由于能源管制的放松以及天然气和电力批发市场的竞争加剧，市场经历剧烈变化，参与者因此积极寻找更加公平高效的市场参与模式。ICE为场外能源和金属交易提供更加透明和有效的电子化交易平台的初衷与当时的市场需求不谋而合。在交易所电子化转型的浪潮中，ICE借助其电子化交易平台的优势，抓住机遇迅速做大做强。2002年7月，ICE收购了安然的后台软硬件子公司CommodityLogic（Enron Net Work LLC）②，获得了安然在能源交易的软硬件技术，整合了行业优势资源，进一步夯实了ICE当时场外电子交易平台的基本功能和服务范围，为后来的快速发展奠定了基础。

2. 精选收购对象和战略伙伴，丰富产品布局全球

年轻的ICE通过不断兼并收购，快速实现了产品类型的全面覆盖和全球化战略布局，并可以与诸多老牌交易所抗衡竞争。起初，ICE仅为场外能源市场提供电子化交易。2001年，ICE收购欧洲最重要的能源期货和期权

---

① ICE年报："energy futures and options"。

② 安然的能源交易部门，在其倒闭前是公司创新的核心部门。

交易平台——IPE①，正式进入期货市场，开启了其在欧洲的能源期货交易业务；2007 年，收购 NYBOT，丰富软商品领域的期货产品条线；同年收购加拿大温尼伯商品交易所，并入股印度国家商品期货交易所；2013 年收购纽约泛欧交易所集团，填补了证券市场及金融期货交易领域的空白；2014 年全资收购新加坡商品期货交易所（Singapore Mercantile Exchange，SMX），奠定了亚太市场衍生品交易的业务基础。经过上述一系列收购活动，ICE 的产品条线自场外扩展至场内，从能源扩展至其他商品以及金融，产品覆盖了现货和衍生品的几乎全部领域，实现了包括北美、南美、欧洲和亚太地区的全球化市场布局。

3. 整合行业优势资源，重视发展清算和数据服务业务

ICE 十分注重清算业务，通过连续收购多家清算所和清算平台整合了行业优秀资源，打造了 ICE 清算领域的领先优势。2007 年，成功收购 NYBOT 旗下的清算所，获得了其在清算领域的技术和专家，改变了其产品均通过第三方机构清算的局面；2008 年，成立 ICE 欧洲清算所（ICE Clear Europe），布局场外 CDS 清算业务，建立了现今全球最大的 CDS 清算机构——ICE Clear Credit；2009 年，正式完成对 The Clearing Corporation（TCC）的收购，建立起 ICE 信用清算公司（ICE Trust）②，开始清算场外信用衍生品。此后，ICE 还陆续收购了新加坡商品交易所清算公司、Holland Clearing House 清算公司等清算机构，目前旗下已拥有 6 家清算公司（见表 5－8）。

与发展清算业务相同的是，ICE 拓展其数据服务业务也是通过兼并来完成的，这使“通过收购扩大影响力，提升自身水平”成为 ICE 最大的发展特征。自 2014 年开始，ICE 不断加大对数据类公司的收购，快速提升数据服务能力。为满足金融机构对金融衍生品的分析和定价需求，ICE 收购数据供应商 Super Derivatives，在多种资产清算、风险管理和市场数据领域迅速发展。2015 年收购交互数据服务商（IDC）；2016 年收购标准普尔证券评估

① ICE 收购 IPE 时，IPE 仍然是以传统的场内喊价方式进行交易的原油期货交易所。完成收购后，ICE 对其进行改造，在 2005 年 4 月正式完成电子化交易所的转型，并将其重新命名为 ICE Futures Europe，也在现今的能源期货领域占据重要地位。

② 后更名为 ICE Clear Credit，仍服务于信用衍生品的清算。

表5－8　　ICE清算公司概况

清算公司	清算产品	交易场所	区域
ICE Clear Europe	能源、农产品、利率、股指期货及期权；OTC欧洲CDS工具	ICE Futures Europe、ICE Futures U. S.、ICE Endex和第三方场所	英国
ICE Clear U. S.	农产品、金属、外汇、汇率指数期货及期权；股票期货和数字资产期货	ICE Futures U. S	美国
ICE Clear Credit	北美、欧洲、亚太和新兴市场的OTC CDS工具	Creditex和第三方场所	美国
ICE Clear Netherlands	在受监管市场交易的股票和股票指数衍生品	ICE Endex	荷兰
ICE Clear Singapore	能源、金属和金融期货产品；数字资产期货	ICE Futures Singapore	新加坡
ICE NGX	北美实物天然气、电力和石油期货	ICE NGX	加拿大

资料来源：ICE集团2021年年报

（SPSE）和信贷市场分析（CMA）；2017年收购TMX Atrium和美林银行全球研究指数平台。通过这些操作，ICE一方面获得被并购方的数据服务，丰富自身数据服务类型、提高数据服务能力，另一方面获得对方客户，扩大自身原有服务的客户基础。

4. 以上市为契机，实现短时间内快速发展

2005年，ICE在纽约证券交易所正式挂牌上市。上市后，ICE在背负业绩发展压力的同时也获得了更多样的融资渠道。以此为契机，ICE先后完成对NYBOT和NYSE Euronext的收购，这两次里程碑式的收购助推了ICE的快速发展。不仅如此，上市后的ICE也更容易吸引具有共同发展目标的战略投资者，优化并提高决策流程和效率。上市公司公开透明的信息披露机制也使得交易所更具公信力和吸引力，进而使得更多投资者参与交易，促进交易所不断发展。ICE主要兼并收购事件见表5－9。

表 5－9 ICE 主要兼并收购事件

年份	主要事件
2000 年	ICE 成立，目标是建立一个更透明高效的 OTC 能源市场平台，为全球场外交易市场提供更多流动性
2001 年	收购伦敦国际石油交易所（IPE），开始涉足期货市场，在伦敦建立 ICE Futures Europe
2002 年	推出 OTC 能源合约清算服务； 7 月，ICE 收购了安然的后台软硬件子公司 CommodityLogic
2005 年	ICE 欧洲期货交易所转为第一家全电子化能源期货交易所； ICE 在纽约证券交易所挂牌上市； ICE 成为罗素 1000 指数和标准普尔 500 指数成分股
2006 年	ICE 欧洲期货交易所推出首个电子交易的 WTI 期货合约
2007 年	收购纽约期货交易所（NYBOT）及其全资拥有的清算公司，成立 ICE 美国期货交易所； ICE 美国期货交易所在 ICE 交易平台推出软商品电子交易； 收购 Chem Connect、加拿大温尼伯商品交易所和 Chatham 能源； 3 月，收购印度国家商品期货交易所（National Commodity and Derivative Exchange，NCDEX）8% 的股份
2008 年	收购在信用衍生工具的执行和处理方面全球市场的领先者和创新者——Creditex，开始涉足信用市场； 建立 ICE Clear Europe； 收购交易商间的即时通讯平台 Yellow Jacket。这是一个能源期权市场领先的对等网络平台，允许交易商通过即时信息进行交流、接收数据和在 OTC 市场交易天然气、原油和天气市场上进行谈判
2009 年	收购清算有限公司（The Clearing Corporation），为 ICE 信托以及 ICE 欧洲清算公司的 CDS 清算公司提供风险管理框架、运营过程以及清算基础设施； ICE 信用清算公司推出清算业务； ICE 欧洲清算公司开始清算 CDS
2010 年	收购全球环境市场领先运营商——气候交易所有限公司

续表

年份	主要事件
2011 年	收购 Ballista 另类交易系统的运营商 Ballista Securities，并将 Ballista 整合到 Yellow Jacket 期权谈判系统； 出资约 5.12 亿美元收购巴西结算所运营商 Cetip 的 12% 股权，成为其第一大股东； 成立巴西电力交易市场（BRIX），为巴西重大的电力合同提供透明、开放的电子化交易环境
2012 年	收购针对期权市场参与者的技术、软件、信息供应商 When Tech 公司； 关闭传统的公开叫价交易大厅，自 2012 年 10 月 22 日开始，所有在 ICE 上市的期权都通过电子平台进行交易； 宣布收购纽约泛欧交易所集团
2013 年	收购 APX – ENDEX 能源交易所衍生品现货业务的 79% 股份，并更名为 ICE – Endex； 以股票和现金支付共计 111 亿美元的金额收购了纽约泛欧交易所。这笔收购使 ICE 不但开始从事股票现货业务，也增加了利率、商品、股票类衍生品、股票期权及管理 LIBOR 的牌照
2014 年	以现金收购了新加坡商品交易所和新加坡商品交易所清算公司，并更名为 ICE 新加坡期货清算公司，开始从事亚洲业务； 分别在 6 月、12 月出售泛欧交易所 94%、6% 的股份； 以现金收购了 Super Derivatives，这项收购使 ICE 在多种资产清算、风险管理和市场数据领域迅速发展； 收购位于阿姆斯特丹的 Holland Clearing House 清算公司； 将原纽约泛欧交易所集团旗下的伦敦国际金融期货交易所（LIFFE）的所有业务完全转入 ICE 欧洲期货交易所
2015 年	以股票和现金支付共计 111 亿美元的金额收购了金融市场数据分析的公司 Interactive Data Corporation； 以 6.5 亿美元价格收购全球商品和股权交易技术供应商 Trayport
2016 年	以 4.3 亿美元的现金收购了固定收益定价评估机构 Standard & Poor's Securities Evaluations（SPSE）和 OTC 市场数据提供商 Credit Market Analysis（CMA）的全部股权

续表

年份	主要事件
2017 年	收购国家证券交易所，并更名为 NYSE National； 收购多伦多证券交易所集团的国际资本市场基础设施提供商 TMX Atrium； 收购 TMX 的两家子公司 Natural Gas Exchange 和 Shorcan Energy； 收购 ICE Endex 和 ICE Clear Netherlands 及 CDS 清算公司剩余少数股权； 收购美银美林的债券指数业务 Global Research Index Platform； 以 2.75 亿欧元现金收购欧洲大型清算公司 Euroclear4.7% 的股权； 以 5.5 亿英镑将 Trayport 出售给多伦多证券交易所母公司 TMX Group； 将 NYSE Governace Services 出售给 Marlin Heritage
2018 年	在 1 月 2 日，以 4 亿美元现金完成收购大型高频交易公司的 Virtu Financial 的电子固定收益交易方案供应商 BondPoint； 并购 MERSCorp，开始 ICE 抵押服务业务
2019 年	以 3.3 亿美元现金收购 Simplifile 公司。Simplifile 在美国业务覆盖了 80% 以上的人口。该项收购交易有助于扩大洲际所的抵押服务组合，增强抵押业务竞争力
2020 年	ICE 收购了行业领先的抵押贷款技术服务供应商 Ellie Mae

五、亚太明珠——香港交易所集团

香港交易及结算所有限公司，即香港交易所集团（港交所），是由香港联合交易所有限公司（以下简称联交所）、香港期货交易所有限公司（以下简称期交所）与香港中央结算有限公司（以下简称香港结算）合并成立的交易所。港交所成立于 2000 年，总部位于中国香港，是世界主要的上市交易所集团之一。

（一）从四所鼎立到统一上市

第一阶段，早期建立。香港的第一家证券交易所诞生于 1891 年，时称香港股票经纪会，1914 年易名为香港经纪商会；1921 年，香港股份商会成立。两家商会于 1947 年合并成为香港证券交易所。此后，香港经济快速发展，远东交易所（1969 年）、金银证券交易所（1971 年）、九龙证券交易所

(1972 年) 依次建立，并在市场监管压力下于 1980 年和香港证券交易所合并成为联交所。衍生品市场方面，最早于 1976 年成立的香港商品交易所主要进行棉花、黄豆、白糖、黄金等产品的期货交易，在 1985 年更名为香港期货交易所，即期交所，并于第二年推出了恒生指数期货合约，受到市场的广泛欢迎。

第二阶段，筹备上市。20 世纪 90 年代，全球交易所普遍面临市场竞争激烈、会员之间利益冲突加剧、交易所筹资困难、集体决策体制不灵活、工作效率低下、对环境变化反应迟钝等问题。在此背景下，公司化甚至公开上市成为交易所发展主流。为进一步提高香港金融市场的竞争力，迎接全球化带来的挑战，1999 年，香港财政司宣布对香港证券及期货市场进行全面改革。方案提出联交所与期交所实行股份化改革，并与香港结算合并，由单一控股公司香港交易所拥有。同年，联交所和期交所举行股东大会并通过相关协议，合并于 2000 年 3 月 6 日正式生效。合并后的香港交易所集团于 2000 年 6 月 27 日以介绍方式在联交所上市，其单一大股东为香港特别行政区政府。

第三阶段，飞速发展。上市后的港交所将各项业务拓展到更广阔的市场：地域上向中国内地延伸；业务类型上注重发展衍生品和货币及固定收益市场。除了在香港本地推出金融衍生品外，2012 年，港交所与上交所、深交所合资设立中华证券交易服务有限公司，开发金融产品及相关服务。同年通过收购 LME 拓宽商品期货业务和大宗交易，并于两年后成立清算所 LME Clear，把 LME 的金属衍生产品拓展到了亚洲时区。2018 年，港交所在内地发起并成立现货大宗商品交易平台前海联合交易中心（QME），占股 90.01%，拓展在岸大宗商品实力，与 LME 形成东西配合效应，提升了对大宗商品价格的发现能力。2012 年 5 月，香港场外结算有限公司正式成立，为场外衍生产品提供结算及交割服务，是港交所固收及货币产品发展战略的重要组成部分。

（二）衍生品业务两翼齐飞

港交所交易的衍生品资产类别覆盖股票、利率、货币及大宗商品等。

依靠其自身业务分布优势，港交所将金融衍生品业务置于香港本地，商品期货相关业务则主要依托 LME 开展。

港交所的金融衍生品种类齐全、数量众多，产品主要覆盖了股票指数、利率、股票和汇率期货等场内衍生品以及利率掉期、交叉货币掉期等场外衍生品（见表 5 - 10）。股指期货方面，港交所已推出行业指数、迷你指数及红利指数相关衍生品等。汇率期货方面，港交所目前是重要的离岸人民币汇率期货市场之一，2012 年 9 月推出的美元兑人民币期货是全球首只人民币可交割货币期货合约；同时，港交所还挂牌欧元、日元、澳元、印度卢比等汇率期货产品，以满足世界各类活跃交易货币的汇率风险管理需求。利率期货方面，港交所已涉足短期港元利率期货，但目前尚未形成完整的利率衍生品产品体系。

表 5 - 10　　　　港交所及 LME 上市主要产品及介绍

港交所上市产品	
分类	介绍
股票指数产品	股指产品中以恒生指数系列为主，其中历史最悠久的交易产品为恒生指数期货期权。最早于 1986 年 5 月推出恒生指数期货合约、1993 年 3 月推出恒生指数期权，成分股涉及工商、金融、地产、公用事业四个分类指数，是香港股票市场变化的指标，也是亚洲区广泛关注的指数。除基于香港市场外，港交所还推出了中国企业相应的恒生指数期货及期权产品，反映主要 H 股的走势。其他还有 MSCI 指数期货期权、中华交易服务类指数期货及金砖交易所联盟的挂牌产品
利率产品	香港银行同业拆息三个月和一个月和港元利率期货，分别于 1997 年和 1998 年推出
股票产品	股票产品主要以个股期货期权及 ETF 为主，截至 2021 年底，港交所共有 102 只股票期货和 124 只股票期权产品，最早的一批推出时间为 1995 年
商品期货	主要分为以美元和人民币计价的贵金属（黄金、白银），挂钩 LME 的伦敦金属小型合约（铝、锌、铜、镍、锡、铅），以及美元计价的铁矿石期货
外汇产品	美元、欧元、澳元、日元、印度卢比兑人民币的外汇期货及期权产品

续表

LME 上市产品	
分类	介绍
有色金属	参与者可买卖及交收铝、铜、锡、镍、锌、铅、铝合金及北美特种铝合金合约（NASAAC）等相关产品。此平台上的有色金属价格是全球的参考指标
黑色金属	为满足钢材业需求而设，产品组合包含现金结算的螺纹钢及废钢合约
稀有金属	特为契合小金属业界的需求而设，参与者可买卖钼及钴期货。2021 年，为了与电动车电池材料金属市场密切合作，新上市了氢氧化锂相关产品
贵金属	LME 黄金及 LME 白银期货。目前正在与伦敦白金和钯市场合作管理和分销 LBMA 铂金和 LBMA 钯价格

资料来源：香港交易所官网

商品期货方面，LME 拥有 80% 的全球工业金属期货交易量，是世界最大的有色金属交易所，2021 年总成交量达到 1.45 亿手，平均日成交量 57 万手。目前的交易品种主要是有色金属、黑色金属、贵金属、稀有金属 4 个交易类型 14 个品种。2021 年，LME 新推出 6 只现金交割的商品期货合约，包括迎合发展迅速的电池材料业需要的锂合约等。

港交所衍生品业务还有两个特点：一是交易活跃。根据官方公布数据，2021 年，港交所衍生品交易总量约为 2.9 亿张合约（含所有品种），平均日成交量 115 万张。成交量几乎全部由权益类衍生品贡献，其中股票期权成交量将近 1.6 亿张，日均成交量创 63.2 万张的历史新高；小型美元兑离岸人民币期货合约交易活跃，上市不到 20 天总成交量就突破 10 万张①。二是机构参与度和对外开放程度较高。以成交量计算，2021 年，权益类和汇率类期货主力合约的第一大参与者均为境外机构投资者，占比分别为 47% 和 43%。可以看到，仅境外机构投资者一项就占到所有投资者的将近一半，加上境内机构投资者（分别占比 22% 和 35%）之后，市场参与者中的机构投资者可以达到七到八成。

① 该合约于 2021 年 4 月 26 日上市，5 月 14 日报道累计成交超过 10 万张。

（三）交易后业务是最主要收入来源

港交所的总体收入来源于交易后业务、现货、股本证券与金融衍生品业务①、LME（商品期货）、科技和投资收益等。其中，交易后业务收入是最主要的收入来源，包括结算及交收费、存托管服务费等。2021 年，该项收入占交易所总收入的 38%（见图 5－3），较前一年增长了 18%，主要原因是现货部分的沪深港通交易量庞大、股票期权成交量增长以及 MSCI 系列新产品的开发上市带动结算等相关业务增收明显。此外，业务类收入呈现较为稳健的增长态势，这主要得益于近几年公司实行的结构性增长措施，包括上市制度改革吸引新兴科技公司、沪深港通交易量持续增长、衍生产品的开发创新等。

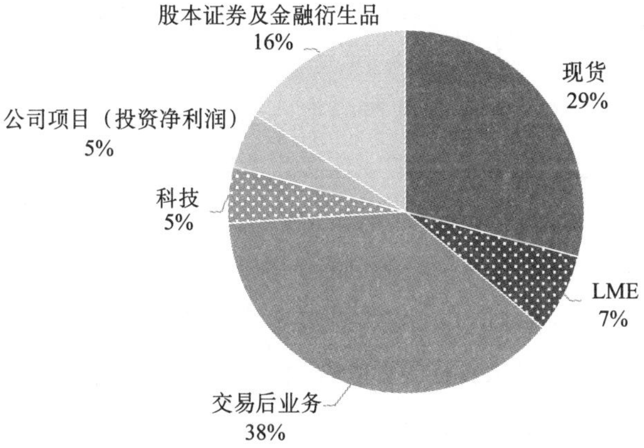

数据来源：香港交易所官网

图 5－3　港交所 2021 年收入构成

现货业务收入主要由交易费及交易系统使用费、公司上市费、市场数据费和其他收入构成。2021 年，该项收入总额达到 61.31 亿元，占比 29%，位列第二。细分来看，沪深港通业务是现货收入的主要来源，南北向交易

① 指在联交所及期交所买卖的衍生品及相关业务，包括股本证券、股票及股指期货期权、衍生权证、牛熊证及权证。

费收入创新高，占集团总收入的13%。另外，联交所的公司上市费也为集团贡献了将近10亿元的收入。

收入占比排名第三的是股本证券及金融衍生品业务，收益主要源自在联交所交易的衍生产品（如衍生权证、股票期权等）以及在期交所交易的期货及期权。其中，交易费及交易系统使用费又是该条线收入的主要组成部分，占比约为59%。2021年，受期交所衍生产品合约交易费下跌的影响，交易费收入总体较前一年稍有下降。

其他收入占比相差不大，均在5%左右：大宗商品期货部分的收入主要来自LME[①]收取的交易费，2021年该部分的整体收入略有增长；科技部分收入源于用户使用平台及基础设施服务支付的费用，此部分收入在2021年增长较多，主要归功于领航星及中华通中央交易网关的用量增加。

（四）连接中国与世界

为实现长期增长，拓展全球影响力，港交所以“连接中国与世界”作为发展愿景，制定了“立足中国、连接世界、拥抱科技”的战略规划，旨在增加对中国与亚洲市场的影响力。

1. 立足中国内地，开拓全球市场

港交所作为投资枢纽，为境内外投资者提供丰富的投资产品和在岸、离岸风险管理工具，极大推动了资产配置的多元化，拓展了市场互联互通和产品创新，这也使港交所成为推进中国市场资金流动和吸引全球投资者的联络人，促进了东西方资金双向流动。

在“立足中国”方面，2012年，上交所、深交所、港交所合资成立中华证券交易服务有限公司，以沪深港三方市场交易产品为基础编制跨市场指数，开发上市多个指数期货及ETF产品，将中国资本市场与全球市场紧密连接起来。从2014年开始，港交所推动建立与内地市场互联互通机制，既吸引中国内地企业在香港市场融资，又帮助投资者找到管理A股持仓的

① 商品部分的99%收入由LME贡献，其余1%为QME以及期交所的衍生品包括伦敦金属期货小型合约、黄金期货、白银期货及铁矿石期货合约。

有效工具。为扩大和深化与内地的互联互通机制，港交所于2019年收购中国内地科技公司港融科技，2021年成为广期所创始股东之一，占股7%，这标志着港交所进一步开拓大湾区发展空间，立足服务实体经济和绿色发展。2021年，港交所推出MSCI中国A50互联互通指数，与之前上市的中国A股ETF产品组合形成完整的离岸市场A股产品生态圈。2022年，港交所成立中国业务咨询委员会及内地市场小组，对其在中国内地业务提供支持。近年来，港交所的发展策略不仅限于通道业务，还有效拓展平台业务。对于互联互通机制在衍生品市场的未来发展方向，港交所原总裁李小加曾表示，沪深港通模式如能被应用于金融衍生品市场，将释放巨大潜力。

在“连接全球”方面，港交所一直致力于与新兴市场的合作，并不断扩大标的指数的经济体覆盖范围。2012年3月，与巴西圣保罗证券交易所、莫斯科证券交易所、印度孟买证券交易所及南非约翰内斯堡证券交易所组成BRICS交易所联盟，加强交易所间交流合作，开拓海外市场。至2022年6月，港交所已挂牌3个金砖国家市场期货合约。除联盟形式外，港交所还以境外期货商受托契约形式积极促进产品的国际化挂牌买卖。2020年，港交所与MSCI指数公司达成合作协议，当年共计上市38只追踪亚太地区及新兴经济体的MSCI指数期货和期权产品，涵盖泰国、马来西亚、澳大利亚、印度等市场，并上市首批在香港市场买卖的日元和新加坡元衍生产品合约，将标的资产覆盖面扩展至亚洲其他国家和地区，翻开了创新发展的新篇章。

2. 拥抱前沿科技，打造数字化交易市场

港交所非常注重前沿科技发展，2019年将“拥抱科技”定为其战略规划主题词之一。具体计划包括革新核心系统、灵活善用科技、探索新征途等三项重点任务，在交易、结算、数据分析等多项业务中加大科技投入。在交易平台方面，港交所先后开发领航星交易平台和HKATS衍生品交易平台，以先进的全电子化交易方式为全球投资者提供服务。在数据与资讯支持方面，2020年收购华控清交信息科技有限公司的部分股权，提升科技实力。在结算服务方面，2020年开发沪深港通交易结算加速平台Synapse，致力于简化沪深股通的交易后工作流程；2022年计划推出公开招股快速结算平台 FINI（Fast Interface for New Issuance），以全面简化及数字化香港的首次公开招股结算程序；2021 年推出债券通线上系统 CNYPlus，为非港元投资者进行货币兑换提供便利，加强了货币兑换和外汇风险管理；为支持新产品推出，港交所还增加了新的交易时段，加强了针对流动性提供者及自营交易商的激励措施。

六、相关启示

近年来，商品和金融现货市场不断扩容、全球贸易持续蓬勃发展、经济格局更加变幻莫测，货币、能源、大宗商品、粮食等现货市场越来越容易受到地缘政治、宏观经济、突发事件乃至气候变化的冲击，市场也需要越来越多的期货品种来管理相对应的风险。在这样的情况下，交易所必须不断创新挂牌产品、丰富品种体系，回归期货市场本源，满足现货市场的风险管理需求。

除此之外，交易所业务发展是否成功，还要看产品的实际运用是否方便、市场秩序是否稳定、交易流动性是否充足、各项费用是否合理以及产品能否充分发挥其市场功能。这就要求交易所建立更科学便捷的交易、结算、仓单管理等一系列制度，不断拓展业务、更新技术，使期货市场更受大家的欢迎，使中介机构和参与者更方便地进入市场、运用产品。因此，业务水平的高低以及提供服务的质量，往往成为评价交易所综合能力的重要指标，这也促使各家交易所不断拓展其业务范围，不断增强自身竞争力。

随着商品贸易和金融市场的全球化发展，期货市场也必须顺应现货市场的发展节奏，紧随其步伐积极探索对外开放模式，为跨境交易风险提供管理服务。各家交易所在这方面各显神通，创造出不同的国际化途径：有的挂钩国际指数开发新产品，有的打开大门迎接境外交易者，有的走出去和引进来齐步并进、双向开放。但毋庸置疑的是，优秀的交易所无一不是国际化、全球化的拥护者，鲜少见到拒绝对外开放的交易所获取全面成功。

为提升运作效率，壮大集团力量，交易所不可避免地需要进行组织机制的优化。除了完成公司化改制并成为上市公司之外，不少交易所还进行对各类交易平台纵向的上下游兼并收购，或者横向的功能性、水平性、精准性兼并收购，进而拥有众多的旗下子公司和清算机构。这种集团化的经营模式打通了从交易到结算的上下游业务，聚集了信息技术与数据服务多项职能，整合了境内外资源，构筑起一个庞大的发展体系。

在交易所发展过程中，明晰的战略规划至关重要。比如 Eurex 立足欧洲积极推进全球化布局，定位“欧洲领先的金融市场基础设施供应商”；ICE 重视为行业提供高质量清算业务，定位于“信息服务优先的全球综合型交易所”；LME 要“成为全球领先的金融市场基础设施和数据提供商”；港交所立志作为“内地投资者的首选国际目标市场和国际投资者首选的参与中国相关产品的通道”，又提出“国际领先的亚洲时区交易所”的战略定位；新加坡交易所则采取“发展全球市场的多资产类别衍生品”策略，坚持不懈走发展离岸市场的道路。交易所根据自身状况和所处环境的不同，对主要发展策略的选择各有侧重。显而易见，这些发展模式并非一成不变，交易所需要通过不同组合，既保持基础发展必要条件，又各有明确的战略布局和引领思想，既不断学习弥补短板，又利用“长板效应”走特色化发展路线，从而走出差异化、多元化、有特色的成功道路。

交易所是期货市场的组织者，是交易、结算服务的提供者，其发展状况直接关系着期货市场乃至金融市场功能发挥的水平。总结来看，不断丰富自有产品、拓展创新业务、推进对外开放、优化治理体系等，是国际知名交易所发展过程中呈现出的共性特征，也是各家交易所共同努力的方向。交易所的这些探索，是发展综合实力的必经之路，也是其作为衍生品市场的基础设施，满足现货市场风险管理和实体经济发展需求的必要条件和客观要求。与境外交易所不同，我国境内期货交易所有着明显的本地特色，针对如何辩证借鉴境外经验、不断提升境内期货交易所的服务质量、提高交易所自身核心竞争力等亟待解决的重点问题，本书还将在后文中深入讨论。

第六章

前车之鉴：风险案例专题研究

在证券期货监管部门以及交易所工作期间，我亲身经历或耳闻目睹了证券期货市场上发生的一些重大事件。如 1997～1998 年香港金融保卫战，就是我在中国证监会国际合作业务部时亲身经历的一个事件。除此之外，证券期货市场上还有多起影响深远的风险事件，通过对这些重大事件进行整理和分析，总结对我国期货市场建设的相关启示，无疑对有效预防和应对市场风险、稳妥推进期货市场双向开放具有重要的警示作用。

香港金融保卫战、2015 年股市异常波动、“原油宝”以及“伦敦镍”四个事件是金融市场上的经典案例，对相关证券期货市场以及市场投资者产生较大冲击，受到国内乃至全球关注，有的事件虽然时隔久远，但影响一直衍射至今。本章深入分析香港金融保卫战和 2015 年股市异动两个案例，是为了引导公众更加深入地了解期货特别是金融期货在整个金融体系中担负的角色，以及在金融风险处置中所发挥的作用；通过了解“原油宝”事件的来龙去脉，是为了进一步对比理解期货的概念和运行特点，以及期货市场可能带来的风险；分析“伦敦镍”事例，是为了强调期货市场上“危机”交织、风云变幻，必须重视风险控制，但并不必为此因噎废食，对期货避而远之。总结而言，只有深刻认识期货本质，了解其运行原理，敬畏市场、敬畏风险、科学运用，才可以使期货这一优秀的风险管理工具充分发挥出应有功能，让日常交易和投资行为更为便捷顺畅。

一、香港金融保卫战

20 世纪 80 年代，东南亚四国（印度尼西亚、马来西亚、菲律宾、泰国）和“亚洲四小龙”（韩国、新加坡、中国香港、中国台湾）承接了美国、日本等发达国家的产业转移，创造了“亚洲奇迹”。但在金融自由化和亚洲地区高利率环境下，大量国际资本流入一定程度上催生了资本市场泡沫。1997 年 7 月，泰国首先受到国际投机者的冲击。因无力承接大量泰铢卖空盘，泰国政府不得不宣布放弃固定汇率制，泰铢自由浮动。随后，国际投资者相继对韩国、马来西亚、印度尼西亚、菲律宾、新加坡等国家的货币进行攻击，货币危机从一个国家向多个国家蔓延，亚洲金融危机爆发。1997 年 8 月，亚洲金融危机开始波及香港，港币受到国际投机者的攻击，香港政府予以反击，引发了轰轰烈烈的香港金融保卫战。1997 年 7 月 1 日香港已回归祖国，此次香港金融保卫战备受各方关注。

（一）香港金融市场经受四次攻击

作为“亚洲四小龙”之一的中国香港是亚洲繁华的大都市、地区及国际金融中心、条件优越的天然深水港，曾在短时间内实现了经济腾飞，一跃成为全亚洲最发达富裕的地区之一。1997 年金融危机之前，香港的房地产价格出现泡沫，引发房地产热潮，股市也一路凯歌，恒生指数飙升，屡次创下新高。国际投机者认为未来港币有贬值的趋势，在成功对泰国等国家进行攻击后，也开始对我国香港地区金融市场展开进攻。

1. 第一次攻击：1997 年 8 月 14 日至 16 日

1997 年 8 月 14 日，印度尼西亚政府正式决定印度尼西亚盾自由浮动，与此同时，国际投机者抛售约 40 亿港元，8 月 14 日，美元兑港元的汇率价格为 7.7484。期间，美元兑港元的日内波动一度高升至 1:7.763 水平[①]，突破了当时中国香港联系汇率制[②] 1:7.75 的关口，但是收盘时回到 7.75 以下。8 月 15 日港币汇价再次受到冲击，令港元同业拆息拉高，美元兑港元远期溢价飙升（见图 6－1）。彼时作为香港股市“晴雨表”的恒生指数正在一路高歌猛进，1997 年 8 月 14 日，恒生指数冲高到 16497.70 点，随后振荡下跌（见图 6－2）。

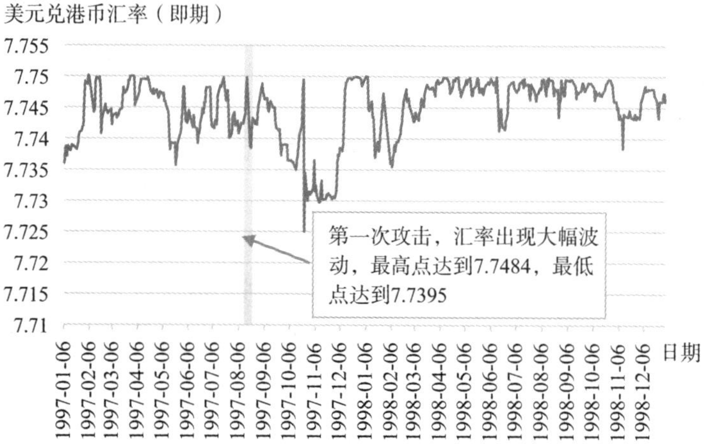

数据来源：Wind

图 6－1　第一次攻击中美元兑港币汇率走势

① 王沛英：《股指期货与金融安全研究》，厦门大学，2003 年。

② 简称联汇，是一种固定汇率制，即将本币与某特定外币的汇率固定下来，并严格按照既定兑换比例，使货币发行量随外汇存储量联动的货币制度。

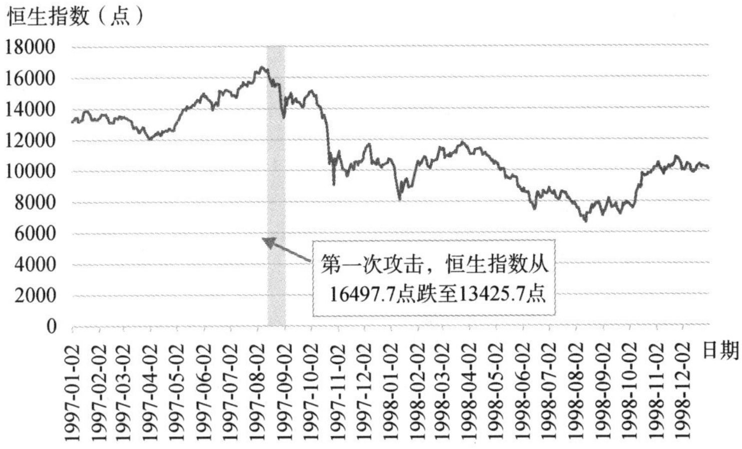

数据来源：Wind

图6－2　第一次攻击中恒生指数趋势

2. 第二次攻击：1997年10月21日至23日

1997年10月，国际投机者攻击香港金融市场。为了避免港元受到狙击，抬高投机成本，香港金融管理局（以下简称金管局）宣布，将不再采用6.25%的官方贴现率向借款过多的银行提供资金，而是要根据情况以惩罚性的利率来调整资金。这一决定导致银行同业市场利率一度飙升至300%。1997年10月21～23日，国际炒家们在伦敦外汇市场上抛出了价值近1000亿元的港币；美元兑港元的汇率在10月21日为7.7410；10月23日为7.7350，期间超过了7.75的警戒线（见图6－3）。

银行利率上升和市场流通港币减少，严重影响了股市，加之国际投机商的炒作，10月20日至29日，香港股市激烈动荡，大起大落。香港恒生指数在10月21日、10月22日连续两天大幅下挫9%，累计跌幅近1200点；10月23日报收于10426.3点，跌幅超过10%，短短四天暴跌3174点；10月28日报收于9059.90点（见图6－4）。香港股市的这次动荡，是1983年以来最严重的一次。在此间的8个交易日里，历史上10大升跌幅分别在其中4个交易日中出现，为20世纪70年代以来所罕见。

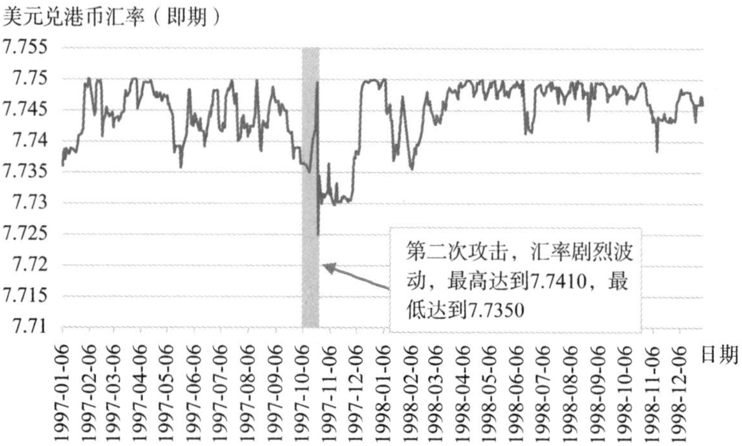

数据来源：Wind

图 6－3　第二次攻击中美元兑港币汇率走势

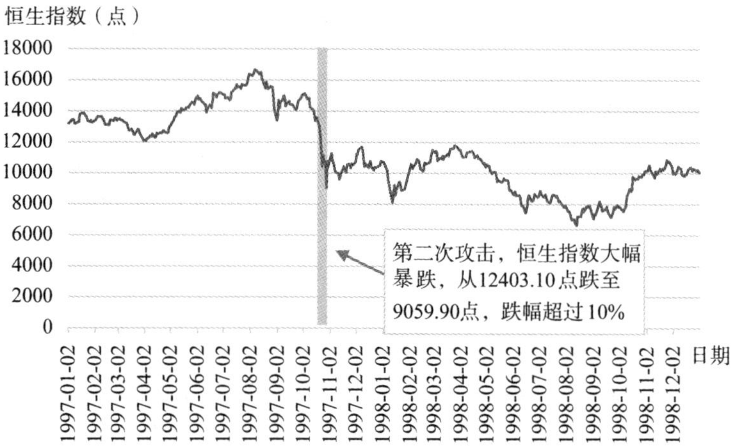

数据来源：Wind

图 6－4　第二次攻击中恒生指数趋势

3. 第三次攻击：1998 年 1 月 12 日至 16 日

1998 年 1 月 12 日，印度尼西亚政府公布预算案。国际市场认为印度尼西亚政府无意实施经济改革，以满足国际货币基金组织提供四百亿美元援助的条件，这使整个东南亚地区的经济前景进一步恶化。

在此期间，美元兑港币 1 月 12 日的汇率为 7. 7389，16 日为 7. 7480（见

图 6－5）。股市方面，恒生指数跌至 8121.10 点（见图 6－6）。但在港汇市场，没有迹象显示存在大规模炒卖活动，主要的港元沽盘来自一些本地的套利盘。此外，此次银行拆息没有被大幅拉高，银行隔夜拆息在 1 月 12 日最高只升至 16 厘，一个月拆息只升至 20 厘，影响程度较小，随后恒生指数于 1998 年 3 月反弹至 11926 点水平。其后，韩国与国际性债权银行达成债务重组协议，令港元所受的沽压舒缓。

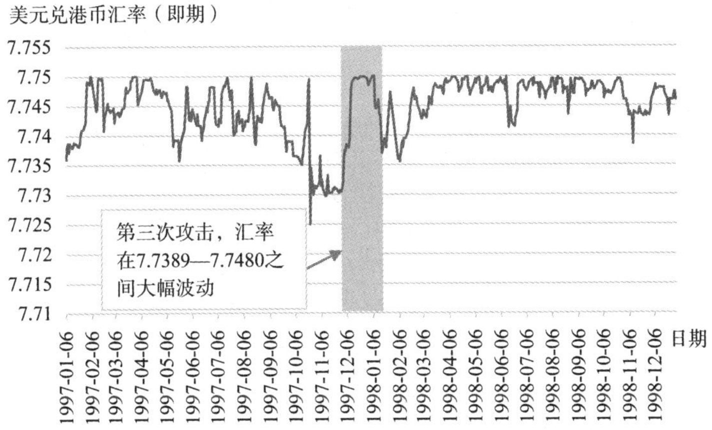

数据来源：Wind

图 6－5　第三次攻击中美元兑港币汇率走势

数据来源：Wind

图 6－6　第三次攻击中恒生指数趋势

4. 第四次攻击：1998 年 8 月 5 日至 9 月 7 日

1998 年 8 月，国际投机者在货币、外汇、股票和金融衍生品市场同时发动立体式进攻，冲击汇率制度使其崩溃，从金融动荡中牟取暴利。1998 年 8 月 5 日，在短短半天就抛出约 200 多亿港元，随后两日再分别出现 150 亿港元和 78 亿港元抛盘。金管局动用外汇储备直接入市买入港币，在维持汇率稳定同时，银行间的利率也没有像往常一样上升。1998 年 8 月 5 日美元兑港币的汇率为 7.7490，9 月 7 日为 7.7470（见图 6－7）。

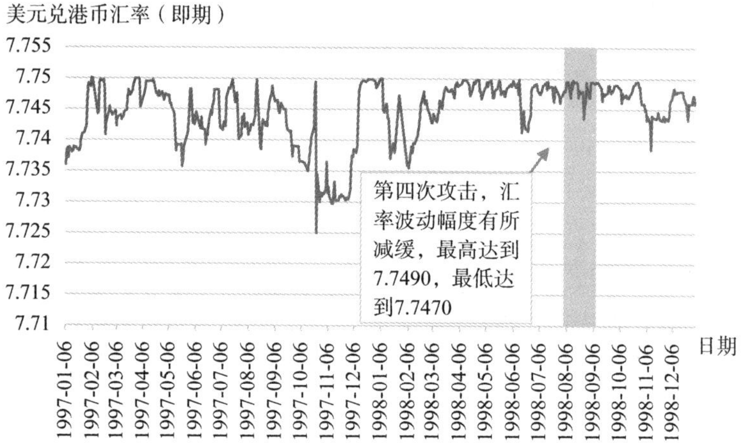

数据来源：Wind

图 6－7　第四次攻击中美元兑港币汇率走势

股市方面，1998 年 8 月 13 日，恒生指数急挫报收于 6660.42 点，创下 5 年来新低。8 月 14 日，香港特别行政区政府正式参与股市和期市交易。8 月 24 日，不少对冲基金因卢布贬值遭受损失，急于从香港市场套现。8 月 28 日，恒指期货合约结算日，由于俄罗斯局势进一步恶化，欧美股市下跌，国际投机者大肆抛售股票，当日股市交易量突破 790 亿元港币，比历史最高成交额还高出 70%。恒生指数最终微跌 93.23 点，站稳 7829 点。

1998 年 9 月 7 日，金管局颁布了外汇、证券交易和结算的新规定，使国际投机者的投机行为大受限制，当日恒生指数飙升 588 点，以 8076 点报收（见图 6－8）。加上日元升值、东南亚金融市场趋稳等一系列因素的影响，国际投机者的资金、换汇成本大幅上升，不得不败退离场。

数据来源：Wind

图 6－8　第四次攻击中恒生指数趋势

（二）香港特别行政区政府的主要应对措施

在面对第四次攻击时，香港特别行政区政府承受的压力程度明显不同。前三次攻击持续时间比较短，香港特别行政区政府承受的压力相对要轻一些，金管局通过升息、发布调节借贷指引等方式及时稳定了港币汇率，一定程度上遏制了国际投机资本的野心，攻击对香港金融市场的影响要小一些。然而，在 1998 年 8 月发生第四次攻击后，香港全面爆发了股汇风暴，港币利率急升，恒生指数暴跌，市场出现了剧烈波动。面对第四次危机，香港特别行政区政府承受了较大压力，大幅度提高利率，据悉，10 月 23 日香港银行同业的隔夜利率甚至一度暴涨至 280%。利率的暴涨，让国际投资者一时难以借到港币，暂时稳住了港币汇率。但是，推高利率也影响了资金的流动性，导致香港股市和楼市开始下跌，许多炒股、炒房的人破产，恐慌情绪开始蔓延，进而使股市和楼市进一步下跌，危机的雪球越滚越大，对香港金融市场造成了极大影响。

本案例重点对影响最大的第四次攻击中国际投机者的策略和香港特别行政区政府的应对措施进行详细分析。

1. 国际投机者的组合策略

经过前几次攻击失败后，国际投资者继续寻找香港金融体系漏洞，试图再次攫取获利机会。1998 年 8 月，新的机会到来，美国道琼斯指数呈现下跌趋势，而日元币值狂跌对人民币造成持续压力，港币联系汇率制度受到挑战；加之在亚洲货币持续贬值的大背景下，港币币值也承受潜在贬值压力，经济增长并不乐观，同时地产公司等蓝筹股业绩下滑构成利空信息。至此国际投资者再次迎来攻击的机会，1998 年 7 月，恒生指数回升至 8000 点位置，他们开始在外汇市场、股票市场、期货市场等建立组合仓位，大量卖空港币，大规模建立恒指空仓头寸，具体组合策略如表 6－1 所示。

表 6－1　国际投资者的组合策略

投资策略		内容
策略一	大量卖空港币	1998 年初国际投资者通过各种渠道借入了大量港元，预估在 500 亿港元，并将其在外汇市场抛售，将借来的港币兑换成美元
策略二	做空股票市场	国际投资者在香港股票市场大量卖出股票打压恒生指数，并利用股指期货的杠杆机制用少部分资金在股指期货上建立大量空仓，空头头寸估计在 35000 张左右

国际投资者的组合策略非常精妙，打出一手如意算盘：早期通过借入港币、港股与卖空股指期货构建持仓，计划在恰当的时机通过卖空港币与做空股市的投资策略攻击香港金融市场。一旦港币大幅贬值，投机者可以以极低的价格买入港币，归还借入的港币后还能大赚一笔，而一旦香港联系汇率不稳，香港恒生指数必然暴跌，投机者又可以在股指期货上赚得盆满钵满（如图 6－9 所示）。

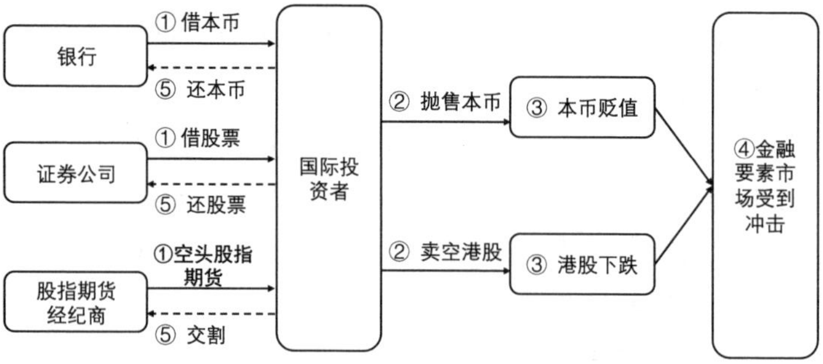

图 6－9　国际投资者的组合策略与盈利逻辑

此时，不管香港特别行政区政府如何选择，是否坚持联系汇率制，国际投资者都将给自己带来稳赚不赔的局面，并对香港的外汇、股票、债券等多个金融要素市场造成较大的负面冲击（如表6－2所示）。

表6－2　　国际投资者组合策略意图产生的结果

结果	内容
香港特别行政区政府放弃联系汇率制	港币将立即贬值，如果按贬值30%以上，国际投资者以美元兑港元重新低位买入港币，可马上获利30%，其收益累计达150亿美元
香港特别行政区政府坚守联系汇率制	传统上以外汇基金接盘港币，而买入港币不会立即回到银行体系内，这将使得银行体系港币大减、抽紧银行间市场银根、拆借利息急升，导致股票市场大幅下跌。这一局势下，国际投资者一方面可因恒指空仓大额获利，同时利率上升也会使得美元兑港币远期汇率升高，换回港币后预计可赚取5%左右的收益

有了以上的组合策略与盈利计划，1998年8月，国际投资者正式启动攻击，此次金融危机迎来决战。国际投资者先后抛售港币，买入港币远期合约，意图推高利率。通过借入股票进行抛售、持仓空头股指期货，持续加强卖空港股杠杆（如表6－3所示）。

表6－3　　第四次攻击以来国际投资者组合策略的具体操作

时间	国际投资者策略操作
1998年8月5日	国际投资者在外汇市场大量抛售港币，迫使港币汇率贬值
1998年8月6日	国际投资者再次抛售大量港币
1998年8月7日	国际投资者继续抛售港币，并卖空港股
1998年8月13日	国际投资者同时在恒指期货市场囤积大量看空仓位，恒生指数受汇率及上市公司业绩影响收于五年半以来的低位6554点。按照当时期指合约，恒生指数每下跌1点，每张看空仓合约可给国际投资者带来50美元的利润
1998年8月15日	国际投资者再次大举抛出300亿港币，直接冲击港币汇率
1998年8月21日	国际投资者在香港特别行政区政府入市后开始寻找券商卖出港股认购期权，券商为维持其持股数量平衡而在场内出售相关港股，再次造成了市场下跌压力。期指尾市狂泻200点，指数当日回软，以7527报收，跌215点

续表

时间	国际投资者策略操作
1998年8月26日	至此国际投资者已累计借入股票达到70亿元，来为期指8月合约在8月28日到期时打压交割结算价所用。 同时大量吸纳6个月期港币远期合约，希望进一步消耗香港特别行政区政府外汇储备推升利息
1998年8月27日	当天全球金融消息几乎全部是负面报道：美国道琼斯股指下跌217点、欧洲和拉美股市下跌约3%~8%等。国际投资者量子基金对外发布消息，宣称其胜券在握
1998年8月28日	国际投机者继续卖空港股进行打压
1998年9月	国际投资者没有着急退场，他们认为先前投入过多，香港特别行政区政府不可能有足够的力量继续支撑下去，于是动用了最后一张底牌——移仓之战。即决定于8月卖空的股指期货移仓至9月，8月下旬平仓8月合约，大量卖空9月合约。但此时香港特别行政区政府已经在8月平仓获利的基础上①，又继续将9月合约结算价抬升了650点，国际投资者移仓的成本大大增加

2. 香港特别行政区政府的还击策略

随着前期泰铢的急剧贬值，菲律宾与印度尼西亚先后宣布放弃固定汇率制，马来西亚放弃保卫主权货币林吉特，且新加坡与韩国股市大跌之后，香港和中央政府都深知，必须对国际投资者的策略采取应对措施。为了维护香港金融市场和社会运行的稳定，在分析和研究亚洲其他地区市场形势后，在中央政府强有力的支持下，香港特别行政区政府决定调用巨资迎战这些疯狂涌入的热钱。8月14日，香港特别行政区政府以官方身份正式参加战斗，金管局选择坚守联系汇率制，动用财政储备承接被抛售的港币，并用巨额外汇基金直接进入股票市场和期货市场，同时采取了一系列措施来应对可能出现的负面冲击。主要应对措施如表6-4所示。

① 8月以来香港特别行政区政府约动用相当于1200亿港元的外汇储备，将恒生指数上拉1169点。政府在期指市场平仓已获利约20亿港元，国际投资者损失估计约为12亿港元。

表 6－4　　香港特别行政区政府的应对措施

措施	内容
坚持联系汇率制	坚持港币挂钩美元的联系汇率制度，以维护汇率市场的本币币值稳定
外汇储备承接国际投资者抛售的港元	以政府的财政储备承接国际投资者抛售的港元，再把买回来的港元重新存入银行。由于财政储备不消耗银行体系资金，拆息就不会上升，可以缓解股市下跌风险
外汇基金入市，做多港股	在股票期现货市场，以外汇基金大量买入恒指成分股及期指来推高股票市场、令期指空头大幅亏损来逼退国际投资者

从主动出击以来的短短两周时间内，香港特别行政区政府为了保卫股市以及港币，先后投入了巨额的港元，集中收购了几家蓝筹股上市公司股票，并且成为多家蓝筹股公司的大股东。香港特别行政区政府所持有的股票，最后打包成基金出售，将其归还给了市场。金管局在 1998 年 8 月的公开市场操作共涵盖 36935 手恒指期货 8 月合约、1100 手恒指期权 8 月合约、10176 手恒指期货 9 月合约。截至当年 12 月，所有恒指衍生品合约已平仓出清，金管局在这一轮期现货市场公开操作的净收益达到 3.5 亿美元。

因此，实施联系汇率制度实质上是一种有效抵御外部风险、降低资产泡沫的经济手段。港币盯住美元，让香港在很大程度上能受惠于美国大致稳定的货币环境及其具有较高公信力的货币政策，降低外汇风险，有利于各类长期贸易和合同的缔结以及国际资本的积聚。

香港特别行政区政府应对第四次攻击的操作策略和香港特别行政区政府入场到退场期间恒生指数表现分别如表 6－5 和图 6－10 所示。

表 6－5　　香港特别行政区政府应对操作大事记

时间	香港特别行政区政府应对操作
1998 年 8 月 5 日	金管局调用政府财政储备承接了国际投机者抛售的港币，将汇市稳定在 7.75 港元兑 1 美元的水平
1998 年 8 月 6 日	金管局不仅全部承接市场抛压，还将购进的港币调回银行体系内，稳定同业拆息率，保证港币市场短期资金供求

续表

时间	香港特别行政区政府应对操作
1998年8月7日	金管局照例吸收国际投资者抛售的港币，港股维持在7000点以上大关
1998年8月14日	金管局主动出击，首次动用外汇基金干预股市和期货市场，大量收进蓝筹股票和期票，同时买入8月期指，并卖出9月期指，以增加投机者期指头寸的转仓费用；同时提高银行隔夜拆息率，尝试打造一个立体的金融防御系统。此举拉动恒指大幅上涨564点，收于7224点
1998年8月18日	继续用外汇基金承托主要蓝筹股，同时持续买入8月期指。香港特别行政区政府入市干预的举措使得部分8月期指合约空头平仓，并继续卖空9月期指。此举暂时缓解了港股下跌压力。恒生指数窄幅波动，大市终微跌14点，以7210点报收
1998年8月19日	金管局继续以外汇基金进入港股市场，指数攀升412点，以7622点报收
1998年8月20日	香港特别行政区政府降低干预力度，指数报收于7742点，升120点
1998年8月21日	香港特别行政区政府修正入市策略，进一步实施买入股票现货及8月期指、卖空9月期指的策略，进一步拉大国际投资者移仓费用
1998年8月24日	香港特别行政区政府再次动用大额港元入市干预。大手买盘将恒生指数重新拉回到7900点水平。当日恒生指数急升318点，收盘于7845点
1998年8月25日	恒生指数在金管局期现市场的公开操作下已自8月14日上涨了超过18%，达到7890.09点，恒指期货8月合约上浮到7955点，9月合约下跌至7850点，空头移仓成本高达1.33%
1998年8月27日	8月份期货结算前夕，香港特别行政区政府摆出决战姿态，当天注入约比以往多4～5倍的港元，提前将恒生指数推升了88点，为最后决战日做足准备
1998年8月28日（恒指期货8月合约交割日）	金管局继续买入权重股拉升，恒指成分股成交占比高达97.35%，成交量达到历史最高的790亿港元。港股最终顶住了国际投资者先前的抛售压力，在下午闭市时恒生指数为7800的高点，与金管局入市前相比增幅达17%，经此一役，香港特别行政区政府局势由被动转为主动

续表

时间	香港特别行政区政府应对操作
1998 年 8 月 29 日	香港期货交易所推出三项新措施： 提高合约按金：由 8 月 31 日开市起，对于持有一万张以上恒指期货合约的客户，征收 150% 的特别按金，即每张恒指期货合约按金由 8 万港元调整为 12 万港元； 降低持仓呈报阈值：将大量持仓呈报要求由 500 张合约降至 250 张合约必须呈报； 身份公开：呈报时亦须向期交所呈报大量仓位持有人的身份
1998 年 8 月 31 日	金管局退出股市干预，恒生指数下滑 544. 70 点，闭市报 7257. 04 点，市场交易额不足 28 日的 10%
1998 年 9 月	金管局颁布了关于外汇、证券交易与结算新规来限制投机行为，东南亚金融市场的稳定又提高了投机资金和换汇成本，国际投资者只得退场止损

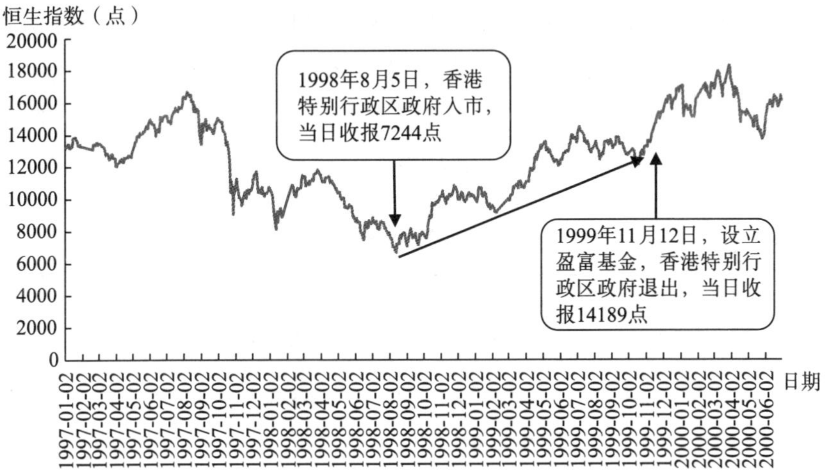

数据来源：Wind

图 6－10　香港特别行政区政府入场到退场期间的恒生指数

3. 香港特别行政区政府的基础制度改革措施

金管局在金融危机中以跨外汇、股票现货、股指期货等多个市场的系列干预性操作成功阻击了国际投资者的进攻。但短短数日之内动用了逾千亿元入市干预股市及期指，大众担心政府干预持续日久，将令外汇储备损耗过急，反而对港元稳定性构成不利影响。因此，香港特别行政区政府决定危机结束后改变策略，转为在制度上加强对股期二市的控制，考虑以修订法例的方式来加强香港维持金融市场秩序的能力，对香港多个金融市场提出了一系列活跃市场、改进监管的措施，以避免类似事件再次发生。9月5日，香港特别行政区政府公布了强化货币发行局制度的七项新措施，实施于外汇及银行间市场①；9月7日，公布了《加强证券及期货市场秩序和透明度的措施》（30条）②，实施于股票与期货市场。本案例主要针对应用于香港联交所、期交所、香港结算等跨期现货市场基础设施的17项改进建议进行具体分析。

（1）股票现货方面：联交所——收紧卖空管制。

国际投资者在1998年8月27日、28日大举卖空港股后并没有严格按照规定及时买入股票，免于流动性困局与进一步损失。因此，此轮加强监管的制度建设中，金管局对联交所的主要态度是不仅要加紧调查非法卖空活动，而且通过恢复限价抛空，以及修订更严厉的纪律处分，包括罚款、暂停交易，甚至取消会籍，确保只有足够流通量的股票才可抛空，降低借贷抛空引发的不能正常交割风险（如表6-6所示）。

表6-6　针对香港联交所的建议

序号	具体建议
1	联同香港证监会加强调查及跟进所有未能按时完成交收的沽盘
2	要求所有经纪及交易商申报过去两周有否涉及抛空活动
3	已成立专责小组，针对违规沽空或无法交收经纪，加强罚则，包括罚款、停止交易，甚至取消会籍
4	提醒会员认真执行他们在法例及联交所规则上的责任

① 针对外汇市场制定的七项措施主要包括允许银行暂时以固定汇率将港币兑为美元、撤销流动资金调节机制的拆入利率及拆入功能、以贴现窗取代流动性资金调节机制、取消重复使用外汇基金票据及债务的罚息制度、发行外汇基金债券及票据需要有资金流入支持、改进银行再贴现率的计算方式、贴现窗不接受非外汇基金票据等。

② https：//www. info. gov. hk/gia/general/199809/07/0907083. htm，最后访问日期：2022年8月。

续表

序号	具体建议
5	在9月7日恢复限价抛空措施
6	加强检查认可抛空股票的名单
7	提醒会员要确定及记录实际控制人的资料，并在有需要时马上向联交所和证监会提交有关资料
8	重新检讨备兑证的交易规则

联交所很快作出回应。限价卖空制度规定卖空交易不能以低于最佳卖盘价进行，该措施经香港证监会批准已于9月7日施行。在此之前，联交所于1994年1月推出股票卖空计划，初始采用的就是限价卖空制度，目的是防止炒家刻意打压股价，后因部分经纪要求，也是为了活跃交易，联交所于1996年取消了限价规定。联交所理事会成立专责小组，旨在研究如何堵塞借入资产卖空的漏洞，如考虑增加披露平仓及累积空仓的可行性，研究中央结算能否引入申报制度，当股票在不同户口间转移时，参与者须说明该转移是否属于股票借贷，以便监管机构洞悉借贷活动的动向。联交所还于9月4日向属下500多名经纪会员发出指示，提醒他们在替客户卖空时，要确保客户同时已提交来自借入资产人的确认文件，方可代其卖空；若经纪是为自己的投资进行卖空活动，须清楚知道自己有货交收，也是进一步确保会员只有足够流通量的股票方可抛空。

（2）股票期货方面：期交所——提高市场透明度，加强期指大额持仓管控。

自1998年5月开始，期指未平仓合约持续上升，8月更激增至超过10万张，香港特别行政区政府相信有人在期指和汇市进行双边操控，因此提出建议，希望期交所进一步提高市场透明度，包括特别按金和每天即时向市场公布经纪大额持仓情况，引入跨市场预警机制，对出现大额增加未平仓合约时可以进行提前干预与控制。预警机制即由跨市场趋势监察小组决定期市与现货市场成交比例，超过比例须停开新仓，即变相停市。此举旨在对期指市场进行持仓总量限制（如表6-7所示）。

表6－7　针对香港期交所的建议

序号	具体建议
1	严格执行经纪持仓量不超过资本的20%的水平
2	期交所每天即时向香港证监会提供大额持仓的客户资料
3	期交所向市场公布经纪大额持仓的情况
4	额外按金要求的标准，应由10000张未平仓合约降至5000张甚至更低水平
5	必须制订加快完成恒指电子交易系统的时间表
6	联同香港证监会尽快设立跨市场预警机制，当期货市场超过合理水平时，采取措施例如提高按金以调节市场活动，令市场尽快恢复合理水平

9月，香港期交所作出回应，进一步提高市场透明度，审慎处理按金水平。具体要求会员：当会员或客户持有恒指期货合约超过250手时须向期交所申报；这一持仓申报水平比此前的500手降低了一半。当某一会员在其自营账户或客户在其交易账户上持有多个或单个月份的恒指期货或期权合约时，若其等同期货（期权按delta系数转化为期货头寸）总持仓超过1万手，期交所将会对该会员或客户所持有的所有头寸征收等同于正常保证金水平1.5倍的特别保证金①。之后在1999年，香港期交所正式对全市场引入股指期货持仓限额制度（此前仅有1995年建立的股票期权限仓制度）。

（3）股票市场中央结算方面：香港结算——严格执行T+2交收制度。

1998年8月28日，香港特别行政区政府与国际投资者在股市激战创下的790亿股票成交量将于T+2日即9月1日交收，结果该日不能完成交收的股票值接近140亿元，香港特别行政区政府认为香港结算与所有会员都应为此负起责任。金管局认为香港结算在五个方面存在纵容投机空头的失责问题（如表6－8所示）。

① 已于1998年11月取消。

表 6-8　　香港结算改革前存在的问题

序号	具体问题
1	T+2 制度规定香港结算有权于 T+3 日立即代 T+2 日交收的卖空者在市场内补购，但其未执行操作
2	8 月 31 日香港结算提醒会员严格实施 T+2 制度的翌日仍容许会员违反 T+2 规则，于 T+3 日开展违规的事后借贷或自行补购，纵容了投机者
3	9 月 1 日晚公布的未完成交收数据透明度不足，到翌日下午才证实未完成交收金额为 146 亿港元
4	香港结算在 T+4 日才代违例者补购股票时，为了顾及补货者利益，委托订单以最佳价格买入、给予充分时间，没有达到惩戒空头的目的
5	香港结算表示只要违规交易者在补购后缴清费用便不判定为违规，导致了对违规投机空头的纵容

因此，政府要求香港结算马上修订交收规则，严格执行 T+2 交收制度，对未能在 T+2 日完成交收的卖方，香港结算在 T+3 日从市场代为买货平仓，同时对失责经纪实施有效惩罚，包括收取 T 日交易价或补购价中较高的一项，加收失责罚款，以及对多次违规者暂停交收。

香港结算随后于 1998 年 9 月 9 日和 9 月 18 日分别召开董事会，并作出回应，强行代经纪补购的日期由 T+4 再收紧至 T+3，使 T+2 交收制度得以严格执行。不过香港结算仍保留“通融”做法，即在发生不可预知和技术性的特定问题时，经纪可在 T+3 日自行完成交收，此外在涉及一些实物股票问题，如存入的股票因错误或遗漏而遭退回时，香港结算也会按个案情况，批准经纪在 T+3 日自行补购。

（三）相关启示

我国已深度融入全球经济分工中，成为国际经济运转不可或缺的力量，金融一体化和经济全球化成为经济发展必然趋势。同时，伴随着金融风险日趋复杂化和多样化，金融风险管理的重要性也越发凸显。为了更好地研判形势、把握变局，我们必须紧密关注国际、国内金融市场变化，客观评估我国目前所处宏观发展环境与问题，持续提升金融监管效能，不断优化交易机制，以及进一步加深对衍生工具相关影响的认识。“以史为鉴，可知兴替”，用历史映照现实，从历史中洞观未来，香港金融保卫战这一历史事件对我国金融体系有以下几点经验与启示：

第一，金融发展要坚持服务实体经济的根本宗旨，金融监管要与时俱进。经济是肌体，金融是血脉，金融发展必须与实体经济发展相匹配。透过亚洲金融危机，不难发现出现危机的国家或地区当时都经历了经济高速增长，但繁荣的背后也不断积累着高通胀和资产价格高企的风险。这些国家或地区缺乏创新发展的弊病也逐渐显现。由于缺乏真正的技术创新，本来以低端制造出口的单一模式因技术趋同而难以维持，出口竞争不断压低实体企业利润率，而高企的通胀也加大了用工成本，进一步蚕食了企业利润。与此同时，这些国家或地区自身金融监管水平却远远滞后于金融市场改革的步伐，导致国际投机资本利用监管套利，大举冲击当地金融市场。

第二，稳步推进资本项目开放，统筹协调相关领域改革。人民币资本项目开放是一项复杂性高、系统性强的大工程，长期以来社会各界对其十分关注，对项目推进节奏尚存分歧。从国际经验来看，资本项目开放往往涉及多领域的改革配套与风险防范，许多新兴市场和发展中国家在金融对外开放以后发生了国际支付危机或金融危机。许多拉美、亚洲等新兴经济体在自身经济发展模式不可持续、金融体系发育尚未健全以及金融监管能力较弱的情况下贸然开放资本项目，为后来的经济危机埋下重大隐患。同时，需要警惕过度对外举债，例如东南亚国家为了刺激经济扩张，在国内储蓄不足的情况下，不断对外举债，国际资本的大额流入推高了本国利率和汇率，从而又进一步吸引国际热钱流入，形成正反馈，催化成巨大金融泡沫，最终因外资撤离导致泡沫破裂，使得整个社会陷入债务危机中。

第三，与汇率市场改革相适应，稳步发展外汇风险管理工具。目前，中国经济融入全球化的程度越来越高，我国汇率市场化改革也迫在眉睫，其中外汇衍生品的发展也是当下重要任务之一。越来越多的境内实体企业开始跨国经营，它们对于外汇风险的管理需求与日俱增，外汇衍生品作为重要的外汇风险管理工具，其发展有利于推动中国经济高质量发展。同时，也应注意防范外汇衍生品的滥用，需要不断优化相关交易机制，做到产品设计与金融监管相配套，统筹好“稳”与“进”的关系，以此更好服务实体经济和资本市场高质量发展。

第四，维护A股国际话语权，守住国家金融安全的底线。从香港金融保卫战来看，香港特区政府充分利用股票期现货市场的联系有效打击了国际投机者的冲击。大力发展本土股指期货市场，有利于维护在岸市场国际话语权。大力发展本土股指期货市场，有利于维护在岸市场国际话语权。美国、中国香港等多个市场都已抢先上市中国概念衍生品，其中新加坡2006年9月上市的富时中国A50指数期货最具代表性，与我国A股指数相关性超过95%，市场交易最为活跃。根据FIA数据，富时中国A50指数期货成交量排名比较靠前，是目前最成功的异地上市股指期货产品。我国股指期货市场在国际竞争压力背景下起步，经过多年发展，基本实现了将流动性留在境内的目标。除了2022年7月刚上市的中证1000股指期货外，目前境内上证50、沪深300、中证500三个股指期货品种的日均交易及持仓金额基本都已超过富时中国A50指数期货，有效巩固了A股国际话语权。但是，仍然要保持高度警惕，巩固好本土优势，防止话语权的旁落，牢牢守住国家金融安全的底线。

二、2015年股市异常波动

2015年6~8月，我国股票市场经历了一轮“快涨急跌”式剧烈异常波动，舆论对该事件呈现出社会关注度高、媒体报道量大、持续时间长等特点。在对股市异常波动的原因探究中，学界、业界专家以及市场投资者围绕股指期货在异常波动中的作用展开热烈讨论，由此将股指期货推上舆论“头条”。由于2015年的股市异常波动是股指期货上市以来经历的第一次较为严峻的考验，探究该风险事件发生的原因以及股指期货在其中扮演的角色，为深入理解期货提供了宝贵的契机。

（一）股市异常波动中现货市场和期货市场的基本情况

1. 股票估值高企，后续资金衰竭

2014年7月，我国股票市场开始平稳上涨，其后加速上涨①，至2015年6月12日，上证综指和创业板指数市盈率分别上涨到22.98倍和151.13倍，比2014年7月初分别上涨152.81%和139.51%。在股票指数达到最高峰的同时，受到经济企稳预期和央行开始定向正回购、不续作MLF（中期借贷便利）等因素影响，市场对货币政策的预期出现观望，市场增量资金逐步衰竭，成交量逐步下滑。沪深两市成交金额于2015年5月26日首次突破2万亿元，并于5月28日达到历史最高的2.36万亿元，此后开始回落至2万亿元以下。当上证综指于6月12日达到此轮行情的最高点时，沪深两市的成交量仅为1.96万亿元，并在此后开始逐渐缩量，7月9日沪深两市成交量已不足1万亿元。总体来看，成交量先于现货指数达到最高峰，而在现货指数达到最高时，成交量已逐渐萎缩（如图6-11所示）。

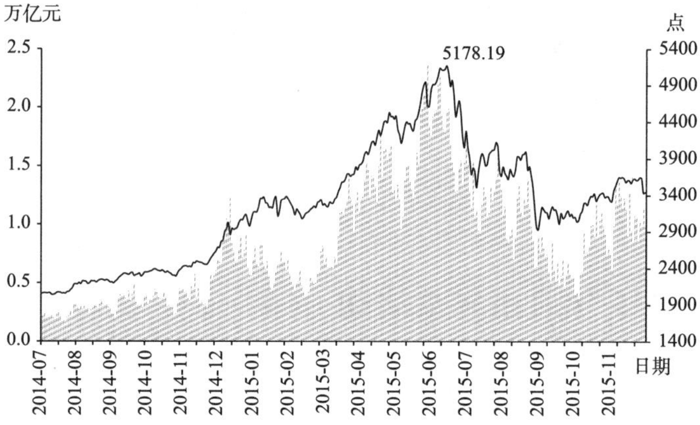

数据来源：Wind

图6-11　2014年7月至2015年11月上证综指走势及其成交量

① 从2014年7月1日至2015年6月12日，上证综指从2051点最高上涨至5178点，涨幅为152.46%；深证成指、创业板指数、沪深300指数、上证50指数、中证500指数分别累计上涨146.46%、177.62%、146.41%、126.00%、194.17%。

同时，市场上看空提醒声音渐多，多位知名财经人士自6月初开始纷纷提示股市暴涨的风险，国际上也传出看空中国股市的声音，有“债券之王”之称的比尔·格罗斯更是直言深证成指出现了“一生一遇的做空良机”。

2. 杠杆融资强平，期现市场承压

面对此轮股市急涨现象，为加强对场外配资活动的监管和风险控制，中国证监会在前期工作基础上，于2015年6月12日下发《关于加强证券公司信息系统外部接入管理的通知》，重申证券公司不得为场外配资活动提供便利。此举引发部分高杠杆资金集中出逃，引发踩踏。

现货市场上，2015年6月15日到7月9日，股票现货市场出现连续快速下跌，中小板、创业板跌幅相对较大。随着政府各项稳定市场措施出台，股市于7月9日开始触底反弹，之后维持区间波动，8月18日以后又迎来新一轮下跌，直到8月27日开始反弹①。至8月31日收盘，沪深300、上证50和中证500指数日内平均振幅分别达到4.93%、4.76%和5.23%（如图6-12所示），相对于2014年11月24日至2015年6月12日市场亢奋阶段②的日内振幅水平显著提高。

---

① 期间上证综指从最高5178点回落到2850点，最大跌幅达到45.0%。同期，深证成指由最高18211点下跌到9776点，最大跌幅达到46.3%；中小板指数由最高18437点下跌到10694点，最大跌幅达到42.0%；创业板指数由最高4038点下跌到1843点，最大跌幅达到54.4%；沪深300指数由最高5362.4点下跌到2952.0点，最大跌幅达到45.0%；上证50指数由最高3366.8点下跌到1874.2点，最大跌幅达到44.3%；中证500指数由最高11616.4点跌到6099.1点，最大跌幅达到47.5%。

② 根据对市场的研究，可将2015年股市异常波动的产生与发展分为三个阶段：第一阶段是2014年7月1日至2014年11月21日，平稳上涨阶段，在该阶段中：（1）改革红利与居民财富重新配置意愿对冲了实体经济的下行压力，为股市恢复性上涨提供了基础；（2）市场呈现温和上涨的态势，估值总体合理；（3）自然人和一般法人交易规模持续上升，各类机构参与逐步活跃，交易规模稳步增加。第二阶段是2014年11月24日至2015年6月12日，市场亢奋阶段，在该阶段中：（1）货币宽松、杠杆资金入市和主流媒体唱多营造了激进氛围；（2）市场出现快速上涨，估值泡沫日益明显；（3）自然人和一般法人交易规模继续快速增加，信托、基金成交明显活跃，证券公司、QFII、RQFII交易相对平稳。第三阶段是2015年6月12日至2015年7月31日，大跌承压阶段，该阶段的特征在本部分内容中有具体分析。

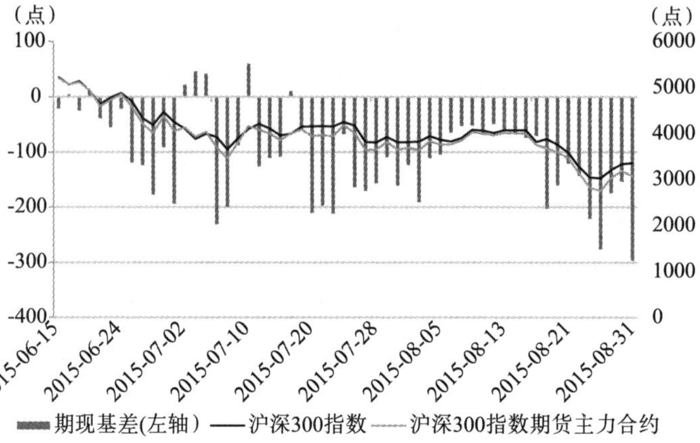

数据来源：Wind

图 6-12　2015 年 6~8 月期间沪深 300 指数期现货价格及基差走势

期货市场上，沪深 300、上证 50 和中证 500 股指期货主力合约价格也随现货市场出现大幅波动①。随着现货市场企稳，股指期货市场于 2015 年 7 月 9 日开始触底反弹，随后呈现区间振荡，8 月 18 日以后股指期货开始新一轮下跌，直至 8 月 27 日开始企稳。截至 8 月 31 日，沪深 300、上证 50 和中证 500 股指期货主力合约收盘价相对 6 月 15 日收盘价分别下跌 40.96%、37.10%和 46.91%。期间，沪深 300、上证 50 和中证 500 股指期货主力合约的平均日内振幅分别为 6.46%、5.94%和 8.11%。中证 500 股指期货出现了 8 个跌停和 4 个涨停。

3. 股指期货总体呈现较大负基差

股市大幅波动期间，股指期货总体呈现较大贴水的负基差现象。自 2015 年 6 月 15 日到 6 月底，沪深 300 股指期货主力合约平均基差率②为 -1.33%，最大负基差率为 -6.04%，基差水平开始出现明显放大现象。进入 7 月份，市场行情波动加剧，基差水平进一步放大，平均基差率下降为

① 沪深 300 股指期货主力合约价格从最高 5387 点回落到 2686 点，最大跌幅达到 50.1%；上证 50 股指期货主力合约由最高 3417 点下跌到 1781 点，最大跌幅达到 47.9%；中证 500 股指期货由最高 11585 点下跌到 5301 点，最大跌幅达到 54.2%。

② 基差率为基差除以期货价格，根据每日 15 点整股票现货市场收盘时期现货价格计算对应股指期货主力合约基差率。

-2.95%，最大负基差率为-5.43%。8月份基差水平进一步上升，平均基差率-3.40%，最大负基差率为-9.12%，负基差现象更加凸显。6月同期，上证50股指期货主力合约平均基差率为-0.33%，最大负基差率为-1.84%，7月份平均基差率下降到-2.12%，最大负基差率为-4.35%，8月份平均基差率进一步下降，达到-2.21%，最大负基差率为-5.81%。

中证500指数的期现货价格波动规律与沪深300、上证50指数较为类似，期现货价格总体上保持了较高的相关性，但由于受到中证500指数成分股现货规模较小、流动性有限以及套利机制受阻等因素影响，中证500相对于沪深300、上证50股指期货表现出更高的负基差水平，反映出投资者进行中证500期现货套利时面临着相对更高的成本与风险。根据统计，2015年6月15日到6月30日中证500股指期货平均基差率为-3.01%，最大负基差率为-9.22%，7月平均基差率下降到-4.70%，最大负基差率达到-10.84%，8月份平均基差率持续下降至-5.03%，最大负基差率达到-13.44%。

4. 股指期货成交量持续高位，持仓量大幅下降

在本阶段，除大幅下跌时采取限制措施外，股指期货成交量持续维持高位。沪深300、上证50和中证500股指期货日均成交量分别为197.25万手、38.42万手和21.37万手。其中，沪深300和上证50股指期货在6月29日成交318.56万手和94.61万手，中证500股指期货在7月3日成交53.99万手，创单日历史最高纪录。

股指期货总持仓规模大幅下降，成交持仓比显著提高。沪深300、上证50和中证500股指期货日均持仓量分别降为11.55万手、4.48万手和2.46万手，较市场亢奋阶段日均持仓水平分别同比下降47.74%、19.86%和29.71%。沪深300、上证50和中证500股指期货日均成交持仓比明显上升，为17.87、9.37和8.53，较市场亢奋阶段分别上涨了146.82%、61.00%和31.43%。6月15日以来三大股指期货合计日均持仓规模为18.49万手，但8月31日持仓量为11.85万手，相对5月26日历史最高持仓量35.61万手，大幅下降66.72%。股指期货持仓规模下降和成交持仓比提高，表明了市场出现信心减弱和资金逐渐离场的情况。

（二）2015 年股市异常波动的成因

2015 年股市异常波动共分为两个阶段：第一个阶段是 2014 年 8 月至 2015 年 6 月，上证综指上涨幅度超过 150%、创业板指数上涨超过 200% 的股市大幅上涨阶段。第二个阶段是上证综指从 6 月 12 日的最高点 5178 点下跌至 8 月 26 日的最低点 2850 点，下跌 45% 的股市大幅下跌阶段。这两个阶段的异常行情共同组成了 2015 年前后股市异常波动。

1. 股市大幅上涨的成因

首先，市场乐观预期与大量资金流入股市共同催生泡沫产生。一方面，党的十八届三中全会提出深化经济体制改革，给予市场较强的改革预期，市场期望通过国企改革、“一带一路”、“互联网 +” 等举措激发我国经济长期增长的内生动力。同时，该会议确定了以“提高直接融资比重”为目标的资本市场改革，以降低企业融资成本，通过股市的财富效应来增加居民购买力、振兴实体经济。另一方面，从短期看，我国宏观经济增速放缓、利率市场化进程推进，共同导致社会融资成本处于高位，房地产和地方政府融资平台等巨额资金需求部门被要求降杠杆，资金大量进入资本市场，资产泡沫开始显现。有研究①发现，2015 年牛市中，市场在 8 个月时间里上涨超过 110%，远远高于 2005 年牛市相应时长内不到 60% 的幅度。与此对应的，则是两融余额从不足 4000 亿元增长到 2.2 万亿元。考虑到还有来自无准确统计的其他配资渠道的增量资金，本轮牛市预期与流动性推动特点非常明显。

其次，高杠杆场外配资进一步助推股价大幅上涨。高涨的市场情绪成为股票市场加杠杆的动力，在市场上涨推动融资业务暴增的同时，也刺激了场外配资大量涌入股市，与场内配资共同形成“杠杆上的牛市”②。据国

---

① 清华大学国家金融研究院，吴晓灵等：《完善制度设计 提升市场信心 建设长期健康 稳定发展的资本市场》。

② 2015 年股市异常波动前后存在六种杠杆资金：（1）结构化信托及配资运作模式；（2）民间配资公司及互联网金融配置产品；（3）基金子公司结构化资管产品；（4）证券公司结构化资管产品；（5）分级基金产品；（6）证券公司其他创新型融资类业务。

内券商测算，截至 6 月 30 日，杠杆资金存量估算为 4 万亿元左右，其中场外配资约 1 万亿元，伞形信托规模 7000 亿元，融资融券余额 2.13 万亿元。由于对场外配资监管不完善，且所涉产品杠杆较大，在股价上涨期间，投资者可以获得更多流动性，进一步刺激股价上涨，不断放大市场泡沫。杠杆牛市最大的特征之一是股价上升速度快，据测算，2015 年 2 ~ 5 月，52 个交易日涨幅达 45%，平均日涨幅达 0.88%。

最后，部分媒体助推了牛市的舆论氛围。在股市连续上涨走向牛市的过程中，部分媒体“唱多”A 股，不断激发投资者的股票投资热情，广大散户受到赚钱效应的影响而“跑步入场”，只关注高收益而未有风险意识。在移动互联网时代，信息传播速度极快，当上证综指达到 4000 点时，更是有媒体发文章称“4000 点才是 A 股牛市的开端”，这些报道使得投资者越发失去理性，进一步放大了股市的泡沫。

2. 股市大幅下跌的成因

第一，市场对经济增长的过高期望与短期内经济表现未达预期目标之间的矛盾，改变了牛市一致预期。经济的转型和改革是一个长周期的慢过程，2015 年的牛市并非完全由基本面驱动，因而股市缺乏坚实的上涨基础。在传统产业面临发展空间受限的情况下，资金开始过度透支对经济与改革前景的预期，股价普遍出现脱离财务基本面的现象，A 股估值偏高，这很容易改变市场投资者对改革和转型的乐观预期，导致股市泡沫破裂。

第二，过度且无序的杠杆交易催生股市泡沫，强制去杠杆触发了流动性枯竭和踩踏行为，最终导致了股市大幅下跌。2015 年 6 月 13 日监管机构要求清理场外配资，引发市场恐慌，市场在 6 月 23 日、24 日加速下跌，导致大面积的杠杆资金被动强行平仓，市场恐慌情绪升级，资金出逃导致踩踏发生，市场陷入“股价大幅下跌→杠杆资金账户被平仓→卖出压力增大→股价进一步下跌→更多杠杆资金账户被平仓→股价继续下跌……”的恶性循环中，造成杠杆资金（包括场外配资、场内融资，甚至银行的优先级资金和大股东的股权质押贷款）相继平仓，市场中因跌停而丧失流动性的股票数量急剧增加，多次出现千股跌停现象。到当年 7 月初，近半数的主板上市公司和超过 60% 的中小板、创业板上市公司选择停牌，股票市场流动性严重匮乏。

第三，A股市场散户化的投资者结构与交易机制设计缺陷对股市大幅下跌起到了推动作用。首先，A股市场投资者结构散户化问题突出[①]，投资理念偏短期。一旦市场恐慌情绪蔓延，踩踏效应发生后，趋势性急跌难以避免。其次，股票市场交易制度设计缺陷也起到了推波助澜的作用。A股市场实行的涨跌停板制度使得投资者在某一个点位上由于价格预期的高度一致而失去买盘（卖盘），市场流动性降低。在股市异常波动中，清理场外配资产生的大量卖盘将某一部分股票价格推向跌停板，市场悲观预期进一步加剧，在对冲工具有限的情况下，上市公司出于自身利益的考虑选择停牌，而未停牌的股票又封死在跌停板上，流动性尽失。

（三）股指期货在异常波动中扮演的角色

2015年股市异常波动期间，出现了部分认为股指期货是股市异常波动"元凶"的声音，但根据异动期间股指期货市场的客观表现，以及众多权威学者严谨的科学研究结论可认为：没有证据显示股指期货导致或加剧了股市异常波动，不应将其妖魔化。更重要的是，在股市异常波动期间，股指期货市场本身风险总体可控，到期合约平稳交割，风险管理基本功能得到发挥，一定程度上稳定了现货市场。

1. 股指期货不是股市异动的诱因

首先，2015年股市异动的过程符合股市泡沫发展的一般规律。第一，每轮股市泡沫开始之前都会经历一波价格的大幅上涨，直至股票市场估值显著偏高，在基本面因素无法支撑过高的股价、市场预期改变后，股价将经历急跌，2015年异动也不例外。在2008年我国还未上市股指期货时，A股市场也经历了一次泡沫产生与破灭的过程。与2015年异动相比，由于缺

---

① 我国证券市场投资者结构与发达国家的重要区别在于国内以散户投资者居多，绝大多数的交易由散户完成。根据上交所2014年统计年鉴披露：从持股市值占比来看，专业机构投资者持股市值占比为14.58%，而自然人投资者占比21.78%，产业资本持股市值占比高达63.64%；从交易金额占比来看，自然人投资者占比82.24%，而专业机构占比仅为15.30%，其中投资基金占比6.18%，其他机构合计占比9.12%。

少股指期货这个风险管理工具，投资者在 2008 年股价下跌中要降低风险只能卖出股票，导致股价下跌的持续时间、下跌幅度等均超过了 2015 年。第二，在股价大幅下跌过程中，前期估值越高的行业（指数）下跌幅度越大，估值相对合理的行业（指数）则下跌幅度也较小。2015 年异动中，由于小盘股估值过高导致中证 500 指数期货下跌和折价，而非股指期货导致小盘股暴跌。因此不能把股市暴跌的原因归结为股指期货的做空机制。

其次，股指期货是资本市场的基础性风险管理工具，其做空机制和市场中的投机者既不是股市异动的直接原因，也不是导致股价下跌的主要力量。第一，投机者的存在使期货市场给出了多空观点和价格信号，在提高市场流动性的同时有助于改善价格信息效率。第二，据多方研究证实[①]，2015 年的股指期货市场中投机做多的力量远远大于投机做空的力量，把股票市场下跌的原因归结于投机力量是不符合逻辑的。

最后，股指期货衍生并服务于股票现货，股指期货合约标的为股票现货指数，股指期货不决定也不改变股票现货的走势。股指期货自上市以来，期现货价格总体呈现较高的相关性，始终在 99% 以上，期现货价格未出现长期系统性偏离，期货定价始终服从基础现货市场。在 2015 年股市异常波动期间，期现货均出现较大跌幅，其中沪深 300、上证 50 和中证 500 指数分别下跌 36.91%、33.03% 和 46.97%，与之对应的股指期货主力合约跌幅分别为 44.68%、41.04% 和 52.95%。虽然在此期间期货市场价格持续低于现货市场，但这并不构成论证期货市场下跌造成现货市场下跌的充分理由。期现货收益率相关性系数始终维持在 85% 以上的较高水平，期货总体上紧跟现货，没有出现背离行情的情况，更没有引导现货价格走势。

2. 股指期货市场发挥了风险管理的基本功能

股指期货市场承接大量现货避险卖压，起到了一定的稳定现货市场作用。股指期货具有风险管理、价格发现、资产配置等经济功能，是资本市场最重要的避险工具之一，可以为现货市场投资者提供在不抛售现货情况

---

① 主要参考材料包括中国金融四十人论坛的管涛等《完善股指期货 保持股市健康发展》、北京联办财经研究院的高西庆等《股指期货与股市异常波动的关联性研究》等研究。

下进行风险管理的有效手段。2015 年股市异常波动期间，部分投资者利用股指期货进行风险对冲，从而不必抛售股票，一定程度上减轻了股价下跌压力。市场机构普遍反映，在个股大量停牌和跌停、股票市场流动性严重不足的情况下，股指期货提供了极端行情下的避险手段。根据国内期货公司测算，以 2015 年 6 月 26 日为例，当日 3 个股指期货合约收盘后卖空持仓共 28 万手，假设 60% 的持仓是套保单、以覆盖 50% 的现货头寸和 10% 的保证金比例计算，当日卖单持仓保证金超过 193 亿元，覆盖现货股票估计超过 3860 亿元。正是因为有了股指期货套保对冲，现货市场有将近 4000 亿元市值的股票不用减持抛售。

3. 负基差不能片面归咎于股指期货

2015 年 6 月，境内期现货价格均出现大幅下跌，股指期货呈现大幅贴水，尤其是中证 500 股指期货主力合约贴水较深。造成这种现象的原因主要有三方面：第一，股指期货承接现货抛压。如前文所述，由于现货市场投资者恐慌情绪加剧，期货市场承接大量现货避险卖压。中证 500 股指期货由于承担了沪深 300 指数成分股之外 2300 多只中小市值股票的避险需求①，出现了单一避险工具过度承压导致的深度贴水现象。第二，大面积股票停牌导致指数失真。股市下跌引发股票大面积停牌，如在 2015 年 7 月 7 日当天，中证 500 指数成分股中共有 126 只股票停牌不能交易，导致现货指数失真，从而拉大了期现货价差。第三，融券业务受阻增大期现套利成本。股票现货市场的卖空机制——融券业务不发达，造成套利者无法高效进行期现套利，卖出现货并买入期货的反向套利成本太高，难以减小期货贴水幅度。在 2015 年 7 月以后，各主要券商进一步加大融券业务管理力度，甚至暂停了融券业务，进一步抬升期现货市场反向套利成本。综合上述情况，股指期货交易和负基差更多反映了持有股票的投资者在股票现货市场流动性消失、无法卖出现货情况下的正常风险对冲行为。

① 截至 2015 年 6 月 15 日，中证 500 指数成分股包括沪市股票 246 只、深市主板股票 105 只、中小板股票 132 只、创业板股票 17 只。

（四）相关启示

2015 年的股市异常波动是我国资本市场和金融期货市场建设发展过程中一场突如其来的大考，经过一系列强有力的调控措施后，股票市场基本得以稳定、期货市场未出现大的风险事件。但正所谓“前事不忘，后事之师”，这次股市异常波动中暴露出的风险和隐患、问题和不足值得我们在推进资本市场改革和金融衍生品市场建设过程中一再深思、不断总结。

1. 资本市场整体改革发展方面

一是加强对杠杆资金及工具的监管，建立协同监管体系、系统性风险监测和危机应对机制。一方面，加强清理不合法的场外配资，完善场内融资融券体系，将所有杠杆交易都纳入监管，确保流入股市的杠杆资金总量可控；另一方面，强化“一行两会”协同监管统筹，实现部门间合作和数据分享，形成统一的监管理念和行为部署，在复杂的国际政治经济形势下加快建立系统性风险监测和危机应对机制。二是优化投资者结构，完善市场制度。不断吸引中长期资金入市，提高机构投资者占比，引导理性的价值投资行为。完善证券市场基本机制，如建立更加完善的退市制度、拓展投资者受侵害权益的救济追索渠道等。三是合理发展融券业务，促进股市多空平衡和内在稳定。积极促进融券业务合理发展，扩大融券范围、降低融券成本、便利融券操作，维护股市自身内在的多空均衡，避免形成单边压倒性走势。

2. 股指期货等金融衍生品市场发展方面

（1）坚定发展股指期货的决心。

首先，资本市场的稳定发展离不开股指期货市场。国内外市场发展经验表明，股指期货作为一种风险管理工具，是对股票现货市场的有效补充。我国目前股票现货市场卖空机制不健全，股指期货为各类避险策略的构建提供了宝贵的条件。在股市平稳发展阶段，股指期货可以有效降低股票市场波动性，提高市场定价效率。在异常波动时期，股指期货充分发挥其“泄洪渠”“逃生舱”作用，承接来自现货市场的卖压，从而稳定现货市场。

其次，发展境内期货市场，防止定价权旁落，维护国家金融安全。以富时中国A50指数期货为代表的离岸股指期货市场发展迅速，在股市异常波动时期，其成交量和持仓量迅速增加，成为境外乃至境内部分投资者对冲A股下跌风险的重要途径之一。离岸股指期货远离监管，若其影响力过大，可能导致我国A股定价权旁落，历史上日本、中国台湾地区都有前车之鉴。注重发展境内金融衍生品市场，使更多的交易发生在本国境内，有助于维护国家金融安全。

（2）扎实促进股指期货高质量发展。

第一，加快健全股指期货期权产品体系，满足投资者避险以及市场策略多样化需求。目前我国金融衍生品供给、交易机制与股票市场发展存在较大不匹配，离充分服务资本市场改革发展大局和实体经济高质量发展还有差距。2015年，正是因为大量的中小市值股票没有合适的期货产品规避风险，只能利用中证500股指期货这一个避险工具，从而一定程度上导致中证500股指期货严重贴水。从战略高度打造更具国际竞争力的本土期货市场，不仅是满足企业多元化风险管理需求、服务实体经济高质量发展的必由之路，也是扩大全球经济金融活动“朋友圈”、增强全球要素资源配置与风险治理能力的重要抓手。要坚持系统观念、树立“期现一体化”思维，协调期现市场发展节奏、步伐和速度，尽快推出中小板和双创指数期货等，研究绿色发展等主题产品，更好服务国家重大战略落实落地带来的风险管理需求，不断深化金融供给侧结构性改革。

第二，优化金融衍生品市场的风险管控体系。需从期现货市场同根同源的一体化思维出发，建立股指期货市场交易缓冲机制，进一步优化风险管控措施。一是“算”好风险，平衡好风险控制与市场效率，使创新步伐与监管能力和投资者认知水平相协调，又与我国资本市场的阶段性特征相适应、相匹配。二是“管”好风险，通过科学设计产品、严格一线监管、完善风控制度等手段，着力提升风险防范化解能力尤其是加强对各类新型交易方式的监管制度供给，守住不发生系统性风险底线。三是“调”好风险，深化风险认识和国情市情理解，结合实践持续健全完善逆周期调节机制，不断提高风险管理的前瞻性和有效性。

第三，进一步提升市场常态化管理水平。在2015年股市异常波动期间，股指期货市场实施了提高交易保证金标准、提高交易手续费、限制开仓交易量和加强交易账户管理四个方面的临时性管控措施。以上措施虽然在短期内抑制了过度交易，但在时效性的把握上还有改进之处，且一定程度上影响了股指期货的套期保值功能发挥、损害投资者信心，同时导致境外A股指数期货的需求上升，客观上使得离岸市场发展壮大，威胁我国金融安全。股指期货市场应继续加强管理水平、坚持深化改革，把握好“稳”与“进”的辩证关系，在近年来实施四次交易安排调整、基本恢复常态化管理的基础上继续优化交易机制，进一步提升运行质量，促进经济功能充分发挥。

三、“原油宝”事件

2020年4月下旬，美国WTI原油期货的5月合约跌到了前所未有的负价，中国银行（以下简称中行）的“原油宝”产品因为挂钩该期货合约而使投资者和银行蒙受巨大损失，在当时引起了市场机构和社会各界人士的广泛关注和激烈争论。

（一）事件始末

1. 事件概述

2018年，中行开发了挂钩境内外原油期货合约的交易产品，并向境内个人投资者出售。其中挂钩WTI原油期货合约的“原油宝”产品按期次发布合约，最后交易日为挂钩合约到期日的前一天；平时的交易时间是北京时间早上8点至次日凌晨4点，最后交易日交易时间是北京时间早上8点到晚上10点。WTI原油期货2020年5月合约的最后交易日为美国东部时间4月21日，即北京时间的21日中午到22日中午。据此，挂钩该合约的“原油宝”产品的最后交易日是北京时间4月20日，为方便移仓，这一天的交易提前到晚上10点结束。

受新冠疫情爆发和供需波动等多方面因素影响，国际原油价格自2020年3月开始经历多轮下跌，上市WTI原油期货的CME Group在4月中上旬发布公告，声称其技术系统可支持相关期货和期权品种执行负价格。

北京时间4月20日晚上10点，“原油宝”结束当天的交易，中行使用TAS指令进行移仓操作，就是将手中的全部头寸以WTI原油期货的当日结算价卖出，而这个结算价要到北京时间21日凌晨2：30才会产生。就在这段时间内，WTI原油期货5月合约价格急剧下挫，特别是从21日0点之后疯狂下跌，最低达到凌晨2点左右的－40.32美元/桶。最后官方的当日结算价为－37.63美元/桶，原油期货品种自上市以来第一次出现负价格。此时客户手中仍持有大量未平仓的“原油宝”仓位，这些产品形成大量在境外市场上的原油期货多头头寸。按照上述结算价强制平仓后，“原油宝”产品的多头头寸持有者产生巨额亏损。

值得注意的是，北京时间4月20日晚上10点到21日凌晨2：30的这段时间，客户虽然能看到挂钩期货行情下跌，但是束手无策、无法卖出，只能目睹财富迅速蒸发。中行在22日回应①，部分“原油宝”多头持有者亏损所有本金后，还对中行形成欠款，“银行有权向人民银行申请将欠款记录纳入其征信”，引发投资者不安和不满情绪，市场和社会广泛关注。同日，中行公告暂停“原油宝”新开仓交易，并于5月5日公告和解协议，表示负价损失由中行承担，事后保证金多扣的钱退回，并且对20%以下的保证金给予差异化补偿。5月11日，中行公布“原油宝”线上和解协议。

2. 事件发生后境外市场情况

出现负价的次日（美国东部时间4月21日，北京时间4月21日晚间至22日），即WTI原油期货5月合约的到期日，合约收窄跌幅，最终收于正值，结算价报10.01美元/桶，较前日涨幅达到126.6%。与此同时，WTI原油期货6月合约当日一度下跌近70%，最低跌至6.50美元/桶，创盘中历史新低；伦敦Brent原油期货6月合约在22日盘中也出现暴跌，一度跌至1999年6月以来的最低水平。但油价随后连续出现反弹，周五均收涨。

① 中行APP在回应投资者关于“原油宝账户保证金不足是否影响个人征信”咨询时答复“我行将于4月21日为多头客户进行轧差交割；为空头客户进行移仓处理。如保证金不足，（1）如有持仓，请在24小时内补充至100%；（2）如无持仓，将视为欠款，银行有权向人民银行申请将欠款记录纳入其征信。”

此后，原油价格不断出现下行态势并连续几日下跌。考虑到期货合约价格仍有跌至零甚至负数的可能，美国石油基金很快从所有6月合约中退出，并转至2021年的合约。同时，标准普尔全球公司也发出通知，将全部6月WTI原油期货合约转至7月。这种仓皇出逃引发的恐慌，导致期货价格再次大幅下跌。整体来看，由于新冠疫情的爆发蒸发了原油及相关产品的各种需求，至5月底6月初，当年的石油价格已下降了大约80%。

4月30日，CME Group作出回应，称“原油期货价格反映了实物原油基本面，在4月早些时候，WTI原油价格跌入负值之前，我们就提前通知了监管方以及市场，以便客户可以在剧烈波动的价格中管理风险，同时确保期货价格和现货价格的趋同。”

5月8日，CME Group再次发布公告，称将允许部分品种（如全球天然气期货合约）以负价格交易。

“原油宝”事件发生前后相关事件纪略如表6-9所示。

表6-9　“原油宝”事件发生前后相关事件纪略

日期（北京时间）	主体	事件
2018年	中行	正式推出账户原油业务，即“原油宝”产品
2020年2~4月		新冠疫情在全球爆发，原油需求大幅下降
2020年3月	OPEC+	采取增产降价计划，原油价格急剧下跌
2020年4月8日	CME Group	发布公告，称对相关软件进行重新编程，以便处理能源相关金融工具可能出现的负价格问题
2020年4月15日	CME清算所	公告其交易和清算系统支持期货、期权的零或负执行价格
2020年4月15~16日	工商银行、建设银行等	挂钩境外原油期货产品的纸原油产品完成平仓或移仓换月
2020年4月20日	中行	“原油宝”产品的最后交易日，22点停止交易
2020年4月20日晚间至21日凌晨	CME Group	WTI 5月合约价格快速下跌，21日跌入负值，当日结算价为-37.63美元/桶，多头头寸完成强制平仓
2020年4月21日	中行	公告确认WTI原油期货5月合约的当日结算价

续表

日期（北京时间）	主体	事件
2020年4月22日	CME Group	WTI原油期货5月合约到期
2020年4月22日	中行	暂停“原油宝”新开仓交易，发布公告称原持有多头的客户保证金账户清零，并对中行形成负债
2020年4月22日	CME Group	WTI 5月合约到期日，价格上涨，收于正值；6月合约大幅下跌
2020年4月30日	CME Group	回应称原油期货价格反映了实物原油基本面，CME Group已在较早时候提前通知风险
2020年5月5~11日	中行	公告和解方案

（二）WTI原油期货与“原油宝”产品

1. WTI原油期货

WTI原油期货于1983年3月在纽约商业交易所（NYMEX）[①] 上市，是全球目前最具流动性、交投最活跃的原油期货之一，其价格也是国际原油市场基准价格之一。

WTI原油期货交易代码为CL，标的为美国德克萨斯州西部地区的中质原油（WTI），合约规模为1000桶/手，以美元/桶报价，最小价格波幅0.01美元。交易时间为美国东部时间周日至周五下午6点至次日下午5点（北京时间早上6点至次日凌晨5点）。每周的周六下午至周日下午休市一天，每日短暂休市60分钟（美国东部时间下午5点到6点）。

参与者可以采用结算价交易（TAS）。TAS交易于美国东部时间下午2：30（北京时间凌晨2：30）结束[②]，当日结算价以美国东部时间14：28：00—14：30：00之间（北京时间次日凌晨2：28：00－2：30：00）的2分钟内成交价加权平均计算。中行“原油宝”产品的最后交易日平仓操作即采用该指令。

① NYMEX在2008年被CME Group收购。

② TAS交易适用于当月（最后一个交易日除外）、第2至第7个月期货合约的交易，在合约月份之前一个月的26日之前的第5个营业日终止。不参与TAS交易的合约继续交易。

WTI原油期货以实物交割。美国大概有85%的原油通过管道运输，其余15%通过油船、火车、油罐车运输。WTI原油主要产自美国的内陆德克萨斯州、北达科他州和路易斯安那州，绝大多数通过陆地铁路运输到交割地——美国中南部俄克拉荷马州的库欣地区，再通过管道运输到炼油厂。整体运输相对闭环，普通用户很难参与实物交割。因此，WTI原油期货会在交割月到来前结束交易，并预留三个工作日以上时间以供实物交割，由交易所向双方收取交割保证金，如果交割失败或违约，交易所将收取罚息甚至罚款。为了匹配月份，WTI原油期货在合约月份的前一个月就结束交易，开始准备交割。

出于以上考虑，WTI原油期货合约到期日设置为"交割月份前一个月的25日之前的第3个营业日；若该月25日不是营业日，则交易须在25日前一个营业日之前的第3个营业日终止。若原上市合约到期日被宣布为公共假日，则到期日为前一个营业日。"据此，此次跌至负价的5月合约到期日为美国东部时间4月21日。

2. 中行"原油宝"

（1）"原油宝"介绍及其特征。

根据中行官网发布的业务介绍，"原油宝"是"面向个人客户发行的挂钩境内外原油期货合约的交易产品，按照报价参考对象不同，包括美国原油产品和英国原油产品。"其中美国原油对应的基准标的为WTI原油期货合约，英国原油对应的基准标的为Brent原油期货合约。

"原油宝"的交易机制是中行作为做市商提供报价并进行风险管理，个人客户在中行开立相应综合保证金账户、签订协议并存入足额保证金，可以做多或做空。原油宝产品不具有杠杆效应，中行在综合考虑全球相关原油市场价格走势、国内人民币汇率走势、市场流动性等因素的基础上向客户提供交易报价，并可根据市场情况对交易报价进行调整。

事件发生后，中行在2020年4月22日发布《中国银行关于原油宝业务情况的说明》，再次重申，"原油宝"产品客户自主进行交易决策，个人客户办理"原油宝"需提交100%保证金，不允许杠杆交易。原油宝产品挂钩境外原油期货，合约到期时依照客户事先指定的方式，进行移仓或到期轧差处理；合约结算价由中行参考交易所公布的相应期货合约当日结算价公布。

“原油宝”的特征可以归纳如下：

合约基本要素。此款“原油宝”产品面向境内个人客户发售，以人民币购买、结算并计算盈亏，客户可双向持有多头或空头合约，合约挂钩境外交易所上市的原油期货产品，按月挂出。

与原油期货不同，“原油宝”产品将交易起点数量分拆成 1 桶（交易数量变动还可细至 0.1 桶），进而使得原本不具备购买原油期货能力的大量个人投资者可以参与到“原油宝”交易中来。

合约到期及结算。“原油宝”合约到期日不同于挂钩期货合约的到期日，而是期货合约到期日的前一天。客户可以提前终止合约：“在日常交易时段，客户直接平仓则意味着合约终止。若客户在产品最后交易日北京时间晚上 10 点依然持仓，则银行依据客户指定的方式进行平仓或移仓操作。”

值得注意的是，早在 2015 年，中国工商银行（以下简称工行）即推出类似产品，中国建设银行（以下简称建行）也推出相关挂钩 WTI 原油期货的产品。但工行和建行约定的合约最后交易日为挂钩期货合约交易截止日之前的一周或更早时间。因此，在此次油价暴跌至负价格交易过程中，由于提前采取换月或平仓处理，上述两家银行并未蒙受如中行一样的巨额损失。

保证金收取。个人客户办理“原油宝”需提交 100% 保证金，不允许杠杆交易。这种设计消除了场内期货交易中的杠杆因素。因此，从表面看，原油宝“本来可以是一款最合适让普通人来参与，了解、学习衍生交易知识的品种，交易风险也相对可控”①。

交易时间。WTI 原油期货的交易时间是美国东部时间下午 6 点到第二天下午 5 点（也就是北京时间的早上 6 点到第二天早上 5 点），每天休息一小时，一周休息一天（周六下午到周日下午）。“原油宝”的平日交易时间为北京时间早上 8 点至次日凌晨 4 点，即美国东部时间的前一日晚上 8 点至当日下午 4 点；最后交易日是挂钩期货到期的前一天，这一天的交易时间是北京时间的早上 8 点到晚上 10 点，提前结束交易方便移仓换月。此项设计导

① 刘燕：《横看成岭侧成峰——关于原油宝的一种法律叙事》，北京大学法学院。

致“原油宝”的交易时间比 WTI 原油期货要明显缩短，因此两者交易时间不完全匹配。“原油宝”未完全覆盖挂钩产品的交易时间，成为事件发生后多方诟病的重点之一。

客户规模。据统计，事件发生前，中行“原油宝”客户约有 6 万余户，其中投资额在 1 万元以下的投资者、1 万 ~ 5 万元的投资者、5 万元以上的投资者各约 2 万户。

（2）“原油宝”的交易机制。

“原油宝”的交易可以分成内盘与外盘两个部分（如图 6 – 13 所示）：

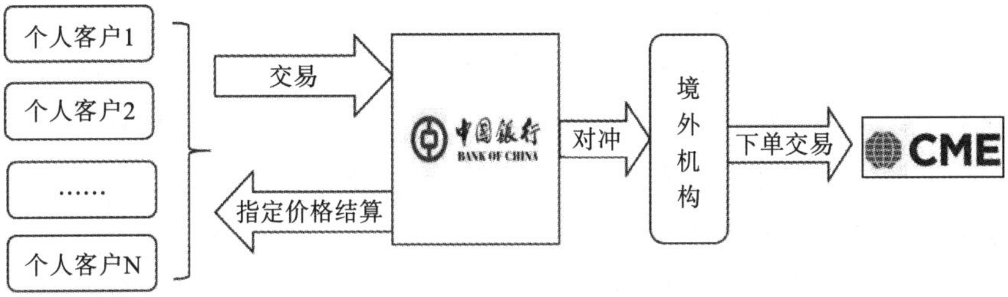

图 6 – 13　中行“原油宝”交易机制

内盘是中行与境内投资者之间进行的一项柜台交易，银行与客户之间处于交易对手方的地位，客户向银行支付本金（100% 保证金），银行按照挂钩期货合约的结算价计算客户盈亏。一般情况下，在期货合约到期之前，客户可以选择提前平仓，自负盈亏，即到期轧差；也可以选择平掉当月合约后，将仓位移到下个月或更远的月份，即到期移仓；还可以选择持有至到期参与交割。在“原油宝”交易中，中行对客户设置了更为简便的操作：首先是去掉了到期交割的选择，其次将平仓和移仓都简化地处理成用挂钩产品，也就是 WTI 原油期货合约的当日结算价来统一计价、计算盈亏，并由中行统一操作。

外盘是中行为了对冲风险而在境外进行的衍生品交易操作。操作方式可以是直接将客户的头寸一一拿到 CME Group 去对冲，或者将头寸轧差后对冲净敞口；操作途径可以是通过中银国际期货[①]，或者通过其他境外经纪商。从这个角度看，“原油宝”的客户与银行之间是一笔纯粹的境内交易，

① 中行的子公司，CME 的结算会员。

是投资者与银行之间进行的柜台衍生品交易。

总结起来，与挂钩产品 WTI 原油期货相比，“原油宝”的设计和交易有五个明显特征：更小的交易单位、无杠杆的足额保证金交易、简化的交易操作、更短的交易时间、以散户为主的投资者结构。

（3）“原油宝”的性质。

“原油宝”不是期货。

从特征分析来看，“原油宝”没有期货实盘交易，仅仅只是产品价格对标了海外原油市场上的期货产品，其与原油期货本身存在较大区别：一是“原油宝”是在银行设计并进行交易的挂钩期货的产品，而原油期货作为真正的期货产品，是在交易所内上市交易的标准化合约；二是“原油宝”产品收取 100% 的保证金，不允许杠杆交易，而期货市场采取保证金交易，杠杆交易是期货交易的主要特征之一，非杠杆交易特性是“原油宝”不被看作是期货产品的重要原因。

因此“原油宝”不具备期货的特征，它可以归纳为一种创新场外衍生品，或者叫做“衍生品的衍生品”。

（4）中行的作用。

中行在“原油宝”交易中的角色和定位较为明确。

首先，银行不是交易所。交易所提供标准化的场内即期货或期权合约，并为买卖双方提供交易便利。显然，中行不具备上述职能，“原油宝”只是设计成买卖小份额（1 桶起点，0.1 桶变动）原油的形式，并不是新的期货或期权合约。

其次，银行并未变相从事期货交易。期货交易的一个主要特征是杠杆交易，这种杠杆特征是场内、场外衍生品交易的共同特征，也是衍生品交易被视为高风险业务从而需要专门监管的原因。以此衡量，“原油宝”恰恰缺乏杠杆交易的属性。

最后，银行不是在代客进行境外期货交易。“原油宝”的投资者因 WTI 期货合约结算价深度负值而遭遇亏损，不是因为其在 CME Group 持有相关头寸所致，而是因为和中行签订的合同中约定获得用外盘期货产品的结算价计算的收益，而不幸这个结算价跌成了负值。

（三）相关焦点问题

“原油宝”事件爆发后，市场关注的焦点主要在造成此次事件的原因。比如“原油宝”合约设计是否存在缺陷、中行投资者适当性管理是否有不当之处、风险提示与控制等环节是否完善成熟、相关损失如何分担等。同时，各方也比较关注金融市场上个人投资者对自身的风险识别与承受能力的认知，以及极端市场环境中“黑天鹅”事件（如商品出现负价格）的应对等。本部分重点关注 WTI 原油期货出现负价格是否合理，以及 CME Group 是否应该支持上市产品以负价格运行等问题。

1. 原油期货出现负价格的原因

国内舆论中部分观点对此次原油期货出现负价格表示不理解。比如有人认为，“任何资产交换所允许的负价格与人类工作贡献的基本价值相违背，即一般而言，商品是由人类活动贡献的劳动创造出来的，劳动创造不应该有负的价值”①。

实际上，此次原油期货出现负价格，是在原油供需极度失衡的基础上，期货合约交易在特殊时期流动性极度缺失而导致的特殊问题。其经济含义在于，对于买方而言，在需求强烈萎缩、仓储运输等成本大幅提升的情况下，原油的实际使用价值已低于运输和仓储成本。此时的原油期货价格不仅仅代表了原油的价值，而应该表示为：

原油期货价格 = 原油价值 − 仓储成本 − 运输成本 − 其他成本

以上述公式计算的价格完全有可能落入负值区间。

概括来讲，原油现货价格下挫、换约成本提高、仓储空间不足以及投机因素等都是助推、诱发原油期货出现负价格的原因。当然，交易所临时修改系统也为期货价格跌至负值提供了技术可能。②

第一，供需一致性预期是期货出现负价格的客观根本原因。原油价格战

① 袁先智：《美国交易所允许清算价格为负是对人类文明的挑战》，2020 年 4 月 28 日。

② 相关原因分析见尹小为《关于美国 WTI 原油期货负价格事件的情况分析》（2020 年 4 月 21 日）、《关于美国 WTI 原油期货负价格事件的情况分析的补充报告》（2020 年 4 月 24 日），中国金融期货交易所研究部。

与疫情影响放大原油供需矛盾，原油现货价格大幅下跌，导致期货出现负价格。原油需求方面，自2020年3月开始，新冠疫情在全球迅速蔓延，世界经济活动几乎停摆，大量工业产业停工。原油作为全球工业的“血液”，需求大幅降低。供给方面，OPEC采取极端报复性增产降价计划。两起黑天鹅事件叠加，导致原油供应显著过剩，现货价格快速下跌并持续震荡下行。

第二，市场对近远期经济的预期不同，导致移仓成本提高。当时，市场对全球5月的经济走势以及原油需求难以好转的悲观情绪持续加重，但对6月之后的经济形势相对有乐观期望，认为新冠疫情将有所缓和，经济将进入恢复期，原油需求也将迎来反弹。因此，在4月中旬WTI原油期货5月合约价格快速下跌的同时，6月合约仍维持在20美元/桶左右。逐步扩大的跨月价差使多头交易者面临越来越高的移仓换月成本。为规避损失，多头持有者持续观望，较少选择提前换约，市场上增加了选择卖出平仓或持有至交割的合约数量。

第三，实物交割面临高昂成本，大量多头选择平仓。由于供给过剩，原油存储空间已逼近极限，储存成本极高。充分考虑OPEC减产的情况下①，全球原油等储存空间也将会在2~3个月内被用尽。不同于ICE的Brent原油期货允许交易者选择现金方式交割②，WTI原油期货以实物交割并且由买方寻找仓储地点，合约进入交割后，买方就需要为原油持续支付高昂的仓储费用。因此，本来不打算进行实物交割的大量投机多头也将不计成本地以低价卖出，而少量有实物交割需求的交易者也不得不选择将5月合约平仓，进而增加卖方力量，促进价格下跌。

第四，投资者投机情绪助推，空头特意打压。根据市场统计，在临近截止交易日时，WTI原油期货5月合约持仓规模较大，市场估计约为10万手，远超之前一般水平。据分析，以上持仓中有相当部分是个人投资者在

① 根据国际能源署的预计，即使供应端减少1000万桶/天，预计二季度全球石油库存仍将增加1500万桶/天。

② 根据ICE官方网站介绍，ICE的Brent原油期货合约是可交割合同，即可通过期货转现货进行实物交割，也可以选择按最后交易日之后一天的布伦特指数价格进行现金结算。如果需要现金交割，则必须在交易停止后的一个小时之内通知交易所，在交易停止后的两个工作日内通过清算所LCH进行清算。

前期价格大幅下跌后进场，意图以多头持仓抄底获取投机收益。但如前所述，个人投资者更难承受高昂的展期与交割成本，临近到期只能选择平仓，并可能被部分投机交易者引为逼仓对象，通过进一步做空价格加剧市场平仓卖出压力。

第五，CME Group 临时调整交易与结算系统，支持负价交易。CME Group 早在 4 月初就加强了 IT 系统建设和交易机制修订以应对类似事件发生。4 月 15 日，CME 清算所表示，最近的市场事件可能导致 NYMEX 某些能源期货（或期权）合约以负或零价格交易结算（或行权），如果这种情况发生，CME Group 的交易和清算系统将继续正常运行，即技术系统支持期货、期权的零或负执行价格；21 日，CME Group 正式公告将于 22 日上线负行权价的期权，并调整了定价模型①；22 日，宣布上调多只农产品及能源产品保证金要求。CME Group 对其系统的调整、合约条款的修订，为期货价格跌至负值提供了技术实现可能。

2. 关于交易所允许产品负价交易的两种观点

如果认为 CME Group 允许产品以负价格进行交易是不合理的，交易所对“原油宝”事件负有（部分）责任的话，主要原因可以归纳为：

第一，期货价格跌至负值突破了常识和交易规则，纵容空头无限逼仓多头，所以交易所不应该允许商品期货在负数区间交易。此观点与上述反对任何商品以负价格进行交易的思想是一致的。

第二，即使因为疫情、供需、成本等原因，期货价格可能跌到负值，CME Group 也不能随意修改标准化合约的规则，让已经挂牌的合约在正常交易过程中，甚至临近交割时，突破零线跌成负值，这导致已经持有头寸的客户面临较大风险。也就是说，此次允许负油价的调整不应在 5 月合约上直接实施。

第三，即使支持正在挂牌的合约以负价交易是合乎情理的，交易所也应当做好提前的风险提示和宣导，但实际上 CME Group 没有对中小投资者做好保护措施，使这些对市场交易规则不了解的投资者遭受重大损失。原油市场多头中有大量并非真正需要原油的中小投资者，他们不具备原油储

① 调整后的模型假设中，标的资产价格可以为负。

存和消费能力，在逼仓的情况下只能选择平仓，接受巨额亏损。

另外，从交易所的立场来看，允许相关期货价格以负价格运行，是顺应商品现货市场形势变化的必要举措。原因在于：

第一，CME Group 作为交易所，只要提前进行沟通和公告，明确提醒了相关会员、机构可能受到影响的产品种类，并且没有对客户造成需追溯的损失，则完全有权利在规定期限内调整交易规则。

第二，从实际情况看，CME Group 调整系统后，市场并没有马上出现负价，因此 WTI 原油期货大跌也不能单纯归因于技术支持。相反，这种做法可以让交易更公平，是顺应市场变化，让价格更有效反映市场供需真实情况，更好发挥期货市场应有的价格发现功能。

第三，如果不允许负价交易，在极端市场结构下，可能造成市场供需的失衡，甚至可能引起整个交易系统出现崩盘，这对全球市场带来的影响会更大。而且，期货合约交易本身具有杠杆属性，其他商品期货价格之前已曾跌破零值①。

对此，CME Group 的态度较为强硬，其董事长兼首席执行官 Duffy 在事件发生后表示，“期货合约一直允许负向交易，CME Group 并不试图吸引那些可能不知道规则的散户投资者，他们不是目标客户。CME Group 在市场上寻找专业的参与者，他们需要确保自己了解规则，而这取决于他们的期货经纪商，以确保每个参与者都知道这些规则。”

（四）相关启示

期货市场在运行过程中，发挥价格发现、风险管理和资源配置功能，保障着企业生产经营、国民经济发展以及资本市场的平稳运行，同时不可否认的是，期货市场上的交易风险也真实存在。“原油宝”事件并非个案，这些发生在期货市场上的，以及与期货市场相关的故事——更确切地说是“事故”，值得从不同角度深刻反思相关教训。

---

① 在 WTI 原油期货跌破负值之前，美国原油市场的局部地区已经出现负价格，第一个价格低于零的原油品种是怀俄明州沥青酸油（Wyoming Asphalt Sour），主要用于生产沥青。3 月中下旬，摩科瑞集团（Mercuria Energy Group）对其报价 -19 美分/桶。

1. 中介机构的风险应对能力和适当性管理不足

“原油宝”事件暴露出银行在开展业务时的诸多不足。比如作为大型金融机构没有在风险升级、流动性可能极度匮乏的情况下临时应变，也没有在 CME Group 发出公告调试系统、在油价暴跌时及时通知客户，说明银行缺少敏锐的风险感知和捕捉能力，相对于美国石油基金等机构，银行对风险的应对也有所滞后。

此外，如果中介机构对期货交易原理更为熟知，则可能提前警觉合约到期时市场流动性不足的问题，也可能会在协议中设计更为灵活的平仓时间，以尽最大可能覆盖挂钩产品的交易时间；或者在制度框架下赋予交易员谨慎而灵活的平仓权利以及时止损；或者履行更严格的最低水平保证金制度，在客户保证金仅余或低于 20% 时即通知补足或及时平仓，防止价格波动带来更大损失。

2. 投资者对期货原理和风险的认知不足

“原油宝”事件中，由于对油价逻辑和原油期货产品了解不够，一些国内投资者在原油价格逐步下跌时产生了抄底的情绪，而银行“原油宝”等产品为这些投资者提供了最直接的工具。然而在进一步的价格下跌过程中，投资者遭受巨大损失。境外期货市场交易风险较大，境内投资者普遍缺乏相应知识和经验，应认真评估自身的风险承担能力，谨慎参与。这次事件中，很多投资者可能根本不了解原油和期货，认为价格跌得多，就会涨起来，应该抄底了，投资交易过于感性，抱有侥幸心理，总体反映出境内个人投资者投机心理重、风险意识淡薄。

或许一些投资者了解原油和期货的基本概念，但可能并不具备专业的投资能力，不理解合约到期清算的运作机制，也不理解负价格的原理，或者根本没有关心交易所的制度变化。各交易所的交易规则不尽相同，投资者应认真学习了解掌握，随时关注交易所的各类通知和信息并引起足够重视；在协议签订之前，投资者也必须认真阅读产品合同和说明书内容，思考其中的条款内涵，评估自身承受能力，切莫盲目自信或过度依赖中介机构。

四、2022年“伦敦镍”事件

2022年2月，俄乌冲突升级，地缘政治对全球经济及金融市场影响加大，大宗商品价格全面上涨。伦敦金属交易所（LME）镍期货产品价格出现剧烈波动，LME紧急采取多项措施以应对市场风险。在此期间，我国境内某企业被报道险遭逼仓。该事件凸显出复杂环境下金融安全问题的严峻性，对于我国扎实发展本土期货市场，稳固大宗商品定价权具有重要的启示意义。

（一）相关背景

1. 镍生产技术变革对镍期货带来挑战

镍是一种重要的工业金属，广泛运用于钢铁、机械、建筑、化学等领域以及飞机、雷达、舰艇等军工制造业，是传统不锈钢制造中不可缺少的金属元素。随着新能源时代的到来，镍的重要性进一步突显。

全球镍矿资源主要有两种：一是硫化镍矿，含镍量高，但资源储量较少，占全球镍矿的30%，多集中在俄罗斯等欧洲地区；二是红土镍矿，含镍量低，但资源储量丰富，占全球镍矿近70%，主要集中在印度尼西亚及菲律宾等亚太地区。与之分别对应两种冶炼生产工艺：一是针对硫化镍矿的电解镍法（又称精炼镍），产品为镍板和镍豆等，下游应用范围广。二是针对红土镍矿的火冶镍法，产品为镍铁以及镍铁混合物，下游应用范围窄，主要用于不锈钢生产。由于电解镍生产工艺技术成熟较早，因此早期镍产品以含镍量较高的精炼镍板、镍豆为主，镍期货市场也以精炼镍为交割标的。

21世纪初，我国经济高速发展，不锈钢产业快速增长，对镍的需求与日俱增①。由于我国硫化镍矿资源稀缺，在当时以硫化矿冶炼工艺为主的情况下，电解镍高度依赖进口，价格明显受制于开采成本和国外产业巨头的

① 当时，镍主要用于不锈钢生产（60%～70%），少量用于合金。

垄断。2007 年前后，镍价格上涨至 50000 美元/吨，严重限制我国不锈钢企业正常生产。依靠技术进步，国内企业逐步掌握红土镍矿冶炼工艺技术，可以充分利用红土镍矿资源储量丰富的特点，使用镍铁替代电解镍生产不锈钢，极大缓解了国内电解镍进口压力，镍价因此一路下行，2015 年一度降至 8000 美元/吨。

2017 年以来，新能源汽车行业快速发展，带动上游锂电池行业规模增长，推动镍价明显回升，2018 年 5 月升至 15000 美元/吨。按照当时的技术条件，锂电池的生产原料硫酸镍只能依靠高冰镍或镍板熔化来获得。2021 年，我国镍生产企业实现技术突破，可通过红土镍矿冶炼工艺生产高冰镍，为新能源汽车行业提供源源不断的原材料供应。

生产技术的进步驱使镍供给端的产品结构发生变化①，需求端的适用范围更加广泛，这种转变使得镍价格波动加剧，产业链相关企业产生了新的价格风险管理需求。与此同时，传统的镍期货合约以精炼镍为交割标的，镍铁、高冰镍等不能参与交割，造成了部分现货产品与套期保值工具的不匹配；镍生铁主要用于生产不锈钢，其价格与新能源用镍的价格已脱钩，镍期货也无法满足新能源汽车产业对镍金属的套期保值需求。可以看出，全球镍产业的巨大变化对镍的定价机制和期货合约设计提出了新的挑战。

2. LME 镍期货合约

LME 成立于 1877 年，2012 年 6 月被港交所收购，是工业金属的全球交易中心，交易品种有铜、铝、铅、锌、镍、锡和铝合金等。经过百余年发展，LME 已成为世界上最大、最具影响力的有色金属交易所，其基础金属期货及期权合约交易量最多时占全球基础金属期货交易的 80%。

相较于境内外其他交易所，LME 的镍合约类型较为丰富，包括日度、周度和月度合约；合约的生命周期也较长，最长可达 63 个月，交割品要求含镍量不低于 99.8%（如表 6－10 所示）。

① 目前，全球电解镍产量占比逐年下降，镍生铁产量占比随之上升。例如 2021 年，全球电解镍产量占比近 33%，镍生铁（主要是中国和印度尼西亚生产，其余是传统镍铁和镍盐）产量占比近 50%。

表 6－10　LME 镍期货合约（2022 年 10 月）

交易品种	镍（NI）
交割品级	符合 B39－79（2008）标准的规定、纯度至少为 99.8% 的镍
交易单位	6 吨/手
交割日期	三个月以内的合约：每日可交割 3 个月至 6 个月合约：每周三交割 7 个月至 63 个月合约：每个月第三个周三交割
报价单位	美元/吨
可结算货币种类	美元、日元、英镑、欧元
交易场所	圈内（Ring）、电子盘（LMEselect）与电话下单市场（Inter－office）
最小变动价位	圈内交易：5 美元/吨（调期时 0.01 美元/吨） 电子盘交易：5 美元/吨（调期时 0.01 美元/吨） 电话下单市场交易：0.01 美元/吨
最后交易日	在交割日前一日第一圈①结束前
交割方式	实物交割
保证金	变动保证金

根据 LME 相关规则，参与 LME 镍期货交易的客户不能直接与其他客户达成交易，只能通过具有会员资格的经纪商来完成；结算方式为到期日结算，不同于国内期货市场的当日无负债结算。

3. 俄乌冲突影响 LME 镍库存

2020 年以来，受全球新冠疫情蔓延以及新能源产业逐渐成为新的需求增长点等因素影响，金属镍供需结构失衡，现货库存波动加大，呈现出先升后降的趋势。2020 年初，LME 镍库存先是快速上升，此后维持在 26 万吨左右的高位水平。2021 年 5 月以来，新能源产业带动新增需求，LME 镍库存一路向下，2022 年 1 月降至 10 万吨左右低位水平（如图 6－14 所示）。

① The Ring，LME 金属交易每 5 分钟为一圈。

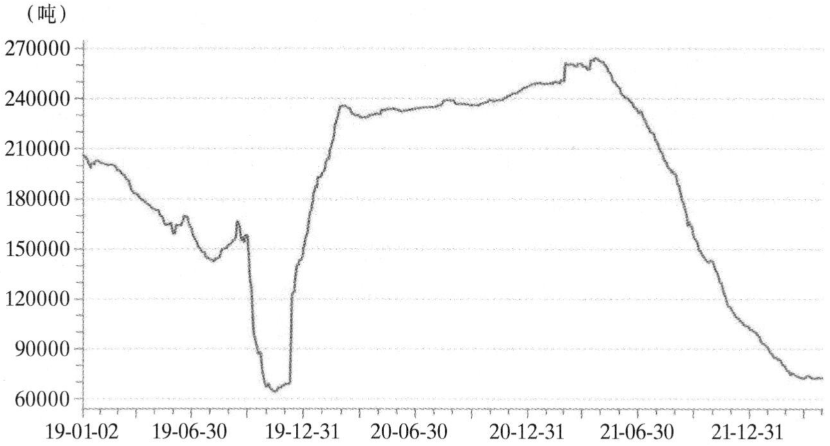

数据来源：Wind

图 6－14　2019 年以来 LME 镍库存变动情况

俄罗斯是全球第三大镍生产国，也是镍出口大国[①]。2022 年初，俄乌局势升级，俄罗斯受到欧美国家多轮制裁，包括限制货物出口以及在相关结算系统中剔除部分俄罗斯银行等，对全球镍贸易及库存产生了较大影响：一是贸易制裁导致海运通道不顺畅，周转速度下降；二是金融制裁降低了现货进出口贸易跨国支付效率，贸易通道受阻；三是 LME 虽未取消俄镍交割品牌交割资质，但要求会员务必满足制裁相关合规要求，致使俄镍交割品牌及仓单有效性受到质疑。上述因素共同导致大量俄镍在短期内无法进入市场，进一步降低了全球镍库存水平[②]。

（二）事件过程

1. 镍价剧烈波动

前述背景导致市场担忧情绪上升，镍价上涨预期进一步加剧，最终引发了镍期货合约价格的剧烈波动。

2022 年 3 月 4 日，LME 宣布镍期货合约保证金从 2000 美元/吨提高

① 据统计，2021 年俄罗斯镍矿产出占全球镍矿产出比例约 9.3%，精炼镍产量占全球的比例超过 23%。

② 2022 年 3 月，LME 的镍库存已降至 7 万吨水平。

12.5%至2250美元/吨，并于3月8日交易结束后生效。3月7日，镍期货合约价格以29770美元/吨开盘，不久后一路拉升，猛涨至55000美元/吨，超过2007年51800美元/吨历史高点，涨幅高达90%，日终收涨50300美元/吨，涨幅达74%，创下单日历史最大涨幅。3月8日开盘后，镍期货合约价格继续飙升，从49980美元/吨上冲到100000美元/吨，盘中一度达到101365美元/吨，创下历史新高，随后骤然跌落到75000~85000美元/吨区间震荡，两日合计涨幅超过240%（如图6-15所示）。

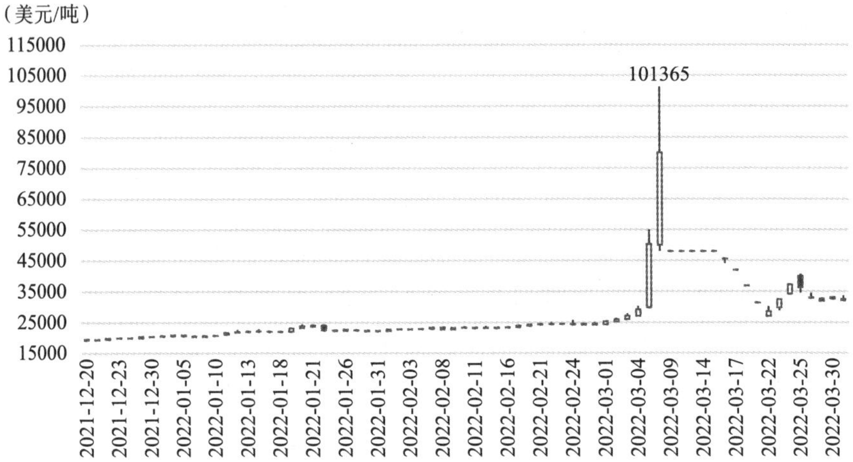

数据来源：Wind

图6-15　2022年1~3月LME镍期货合约价格走势

2. 境内企业被指遭“逼空”

据报道，我国境内某不锈钢生产企业为了进行套期保值，于2021年开始建立LME镍期货空头头寸，并在此次镍价剧烈波动期间持有大量镍合约空单。由于LME的镍交割品要求含镍量不低于99.8%，而该企业生产的镍铁和高冰镍的含镍量均达不到交割标准，无法作为交割标的。如果计划进行交割，企业需要通过购买相应数量的现货来应对，但在俄乌冲突背景下，大量俄镍在短期内无法进入市场，导致交割风险进一步增加，为国际资本开展“逼空”创造了条件。①

3 月 9 日，媒体报道，该企业拟用自产镍产品置换国内金属镍板，以调配充足的现货进行交割。另据市场消息称，该企业已从相关银团获得一揽子贷款以应对 LME 空头头寸的保证金追缴。

3 月 14 日，该企业发布声明称，已与由期货银行债权人组成的银团达成了一项静默协议。内容包括：在静默期内，企业和银团将积极协商落实备用、有担保的流动性授信，主要用于企业的镍持仓保证金及结算需求；各参团期货银行同意不对企业的持仓进行平仓，或对已有持仓要求增加保证金；企业将随着异常市场条件的消除，以合理有序的方式减少其现有持仓②。LME 在其 64 号通知中特别指出，“市场的一个大客户目前已公布了与一个银团支持有关的细节，这表明市场无序的状况可能得到缓解”。可见，LME 认为该静默协议对于缓解 LME 镍期货市场的无序状况、满足恢复交易条件能够起到一定作用。至此，逼仓危机得到有效化解。

3. LME 采取监管措施

为应对镍价异动带来的市场风险，LME 从 3 月 7 日开始向全体会员和交易者连续发布数份通知，采取一系列措施为市场降温，主要包括：

设置现货溢价限制。3 月 7 日，LME 发布第 51 号通知：一是对包含镍在内的 9 种金属或合金实施溢价限制，即会员、客户不得以高于前一日相应现货官方价（Cash Official Price）1% 的价格下达相关金属明日/次日价差套利指令。二是对于在 3 月 9 日或之后进入交割日的镍空头头寸，如果无法履行交割义务，或无法以不超过镍前一日现货官方价 1% 的溢价水平借入镍金属的，LME 可通过隔夜转仓将其交割递延。

暂停交易和取消交易。3 月 8 日，LME 发布第 52 号通知：自 3 月 8 日 8:15（伦敦时间）起，暂停 LME 所有交易场所的镍合约交易，并不早于 3

① https：//baijiahao. baidu. com/s? id = 1726866068950468923&wfr = spider&for = pc，最后访问时间：2022 年 9 月 22 日。

② https：//www. tssgroup. com. cn/% e9% 87% 8d% e8% a6% 81% e5% a3% b0% e6% 98% 8e – important – statement/，最后访问时间：2022 年 9 月 22 日。

月 11 日（周五）前恢复交易①。暂停交易之后，LME 发布第 53 号通知，宣布取消所有伦敦时间 3 月 8 日凌晨 0 点之后电话交易和 LME Select 电子交易系统②执行的镍合约交易。

移仓。3 月 9 日，LME 发布第 56 号通知称，尽管镍交易仍处于停牌状态，但 LME 了解到许多会员希望进行镍合约头寸转让，这些头寸转移可以降低系统内部风险，LME 认为允许转让是合适的。不过，LME 和伦敦清算所（LCH）有权在绝对谨慎的情况下禁止特定的镍头寸转让。3 月 11 日，LME 发布第 61 号通知，明确了移仓的适用范围、费用免除、价格、应提交的证明、应遵守的程序和规则等。使用 LME smart 交易系统交易的会员之间及单个会员的客户之间，使用 LME mercury 交易系统的会员之间及同一会员的不同账户之间可以移仓。

设置单日涨跌幅限制。此前 LME 交易无价格涨跌幅限制。镍合约在 3 月 7 日的价格涨幅高达近 80%，而在 LME 宣布暂停交易的 3 月 8 日当天，LME 镍合约的价格涨幅更是最高超过了 100%。事件发生后，LME 引入设置每日涨跌幅限制。在 3 月 8 日发布的第 55 号通知中，LME 宣布后续可能将为镍期货等合约设置 10% 左右的单日涨跌幅限制，计划将涨跌停板制度纳入其规则体系，以防止未来价格异动再次发生。随后，在 3 月 14 日发布的第 64 号通知中，LME 正式为包括镍期货合约在内的各类金属交易设置单日涨跌幅限制，其他基本金属合约的每日最大涨跌幅度将为三月合约前一个交易日收盘价的 15%；而镍合约每日涨跌幅则不高于 5%，并将根据市场情况继续审查和调整。

延期交割。延期交割是交易所决定对临近交割日的合约采取的推迟交

---

① 之后，根据 3 月 14 日 LME 第 64 号公告，镍合约于伦敦时间 3 月 16 日 8 点起恢复交易。

② LME 分为三个子市场：一是只有一级会员才能参与的圈内（The Ring）市场，交易较活跃的合约主要是现货合约、三个月期货合约等。LME 在成立后很长一段时间内，大部分交易基本在场内进行，当时只有 Ring Trading，收市后交易自行停止。二是电子交易市场（LME Select）。这个平台早期主要是经纪公司之间通过电脑网络进行交易及互相对冲头寸，一般不针对客户开放。但随着市场逐渐透明化，部分大客户也开始使用 LME Select 进行交易。三是办公室间市场（Inter - office，又称电话交易市场），这个市场 24 小时都可进行交易，合约以期货、互换、期权等为主，交易规模占 LME 总交易量的六至七成。

割日期的措施。根据3月8日发布的第52号通知，LME将延期交割所有本来应该于2022年3月9日交付的镍合约，直到恢复交割后的第一个结算工作日再重新开始交割。另外，在3月14日发布的第64号公告中，LME明确将3月16日前签订且原定于3月16日至22日期间交割的镍合约的交割日期统一延迟到3月23日。该措施旨在确保市场无需在重启之后短期内开展交割，以维护市场稳定。

修改持仓限额和增加持仓报告。LME的规则未明确规定持仓限额和报告制度，只是在规则第2部分第12.1.4条中原则性规定LME在认为有必要的情况下可以要求提供会员或任何关联公司的金属业务等信息。在此次事件中，LME临时修改了持仓限额和增加持仓报告要求。LME于3月14日发布第64号通知，明确了对于镍合约的持仓报告和持仓限额要求。在责任报告水平上，修改镍合约的持仓规模，从6000手减至3000手（包括场外头寸）。若会员或客户的头寸高于该规模或高于LME根据其绝对决定权认为的某一合适的头寸，则需要提供理由。在持仓报告上，一是会员要向LME提供场内和场外总的镍头寸信息并进行定期报告；二是在另行通知前，会员应在每个营业日20点前（直至进一步通知）披露所有超过100手的镍合约的场外头寸。此外，当LME向会员提出要求时，会员应督促客户向LME提供持仓的理由，报告的仓位必须来自于头寸持有者，且会员和客户的持有仓位要分别报告。

4. 后续行情走势

通过采取一系列应对措施，LME于3月16日重启交易。镍合约电子盘开盘即以45590美元/吨的价格跌停，随后盘中触及最低43995美元/吨，跌幅超过8%，跌穿了3月15日公布的5%涨跌幅限制。LME在开盘20分钟后宣布因跌停区间或存在问题，再次暂停镍合约交易；随后表示由于系统错误，LME select电子平台允许了少量交易在低于每日价格限制（±5%）的情况下成交，LME决定在LME select上以最低每日价格限制执行的所有镍合约交易保持不变，但少数在低于该价格限制的镍合约交易将被取消。晚间，LME宣布将镍合约交易日涨跌幅上限提高至8%，并将跌停价45590美元/吨作为3月17日涨跌停限制的参考基准。

继3月16日跌停后，3月17~21日三个交易日，镍合约连续跌停，LME也逐步将镍合约的涨跌幅限制由5%调整扩大至8%、12%及15%。3月22日，镍合约跌幅收窄，下跌9.23%，报收28485美元/吨。3月23~24日，镍合约价格开始出现反转，连续两日涨停。此后一个月内，LME镍合约价格在31000~34000美元/吨区间呈现平缓下跌趋势。截至4月29日，镍价报收31990美元/吨。

5. 市场反应

由于LME镍价明显背离基本面，部分产业力量公开质疑LME的镍价被人为扭曲，伤害了实体经济。例如，3月10日，欧洲钢铁协会表示，近期LME镍价的飙升既不能用供求关系来解释，也不能用最近对俄罗斯实施的制裁来解释，呼吁LME和英国金融行为监管局（FCA）采取必要行动，以确定某些市场参与者行为是否构成市场滥用或导致市场无序。中国有色金属工业协会有关负责人在3月11日接受采访时表示，镍价本次暴涨严重背离基本面，失去了对现货价格的指导意义，偏离了服务实体经济的初衷，对全球镍及上下游相关产业造成了严重伤害。

6. 监管调查

4月4日，FCA与英国央行审慎监管局（PRA）发布联合声明，计划对LME和LCH展开审查以评估这两所机构在治理、市场监督与风险管理方面的改进措施。一是FCA计划审查LME，而PRA计划审查作为中央对手方清算机构的LCH。PRA和FCA将通过各自的监管程序，进一步与市场中占据重要地位的公司进行接触，以评估其在此期间风险管理和治理的有效性。二是着重讨论透明度在LME和相关市场中的作用。

LME表示，欢迎有关机构对其就镍市场事件所采取的应对措施进行审查，并表示将建立独立的镍市场交易审查，委托独立机构对镍市场事件进行调查。主要包括以下内容：一是对镍市场的交易和头寸活动（包括相关时期的场外交易）进行全面的法律审查；二是对市场参与者已经提出的市场改革建议进行评估；三是评估应长期执行哪些波动率控制机制；四是考虑更严格的仓位管理制度。

（三）同期境内镍期货市场情况

1. 市场表现

受国际市场影响，3 月 7 ~9 日，上期所部分镍期货合约连续 3 个交易日出现单边市，收盘分别上涨 12%、15% 和 17%①，三个交易日累计大涨 43%。3 月 9 日主力合约 NI2204 收盘 267700 元/吨，创下记录高位。

2. 上期所采取应对措施

针对镍合约价格剧烈波动，上期所根据业务规则及时采取了暂停交易、调整手续费和调节保证金比例等措施，以保障市场稳定和投资者利益。3 月 7 日，上期所发布风险警示公告，提醒各有关单位做好市场风险控制工作，理性投资，维护市场平稳运行。3 月 8 日，上期所通知决定，自 3 月 9 日夜盘起，镍期货 NI2204 等合约日内平今仓交易手续费调整为 60 元/手。随后，再次针对期货市场镍价格的剧烈波动进行风险警示。3 月 9 日，上期所通知决定，暂停包括 NI2204 在内的 7 个出现连续 3 个涨停板单边市的沪镍合约交易一天，同时上述合约涨跌停板幅度保持为 17%、保证金比例保持为 19%；另外 5 个合约继续交易。

3 月 10 日，上述 NI2204 等镍合约继续暂停交易一天。交割月合约 NI2203 保持交易，高开 292510 元/吨记录高位，收盘 221000 元/吨，当日跌幅 13.12%。3 月 11 日，主力合约 NI2204 恢复交易，当日一字跌停，跌幅 17%，收于 222190 元/吨。3 月 14 日，NI2204 合约大幅低开后上涨，震荡延续。3 月 15 日，上期所再次发布风险警示公告，提醒各有关单位做好风险防范工作，理性投资，维护市场平稳运行。

3 月 24 日，主力合约 NI2204 涨停，涨幅 17%；3 月 25 日持续上涨，涨幅近 12%。截至 3 月 28 日，NI2204 合约跟随外盘，价格掉头向下，报收

① 根据上期所 2022 年 1 月 24 日发布的《关于调整镍、锡和不锈钢交易保证金比例和涨跌停板幅度的通知》，将镍期货合约涨跌停板幅度由 8% 调整为 12%。另外，根据上期所《风险控制管理办法》第十二、十三条规定，如某一期货合约 D1 日出现单边市，D2 交易日涨跌停幅度在 D1 交易日涨跌停幅度基础上增加 3 个百分点；如 D2 交易日出现同方向单边市，则 D3 交易日涨跌停板幅在 D1 交易日涨跌停幅度基础上增加 5 个百分点。

224480 元/吨，跌幅 14.7%（如图 6－16 所示）。

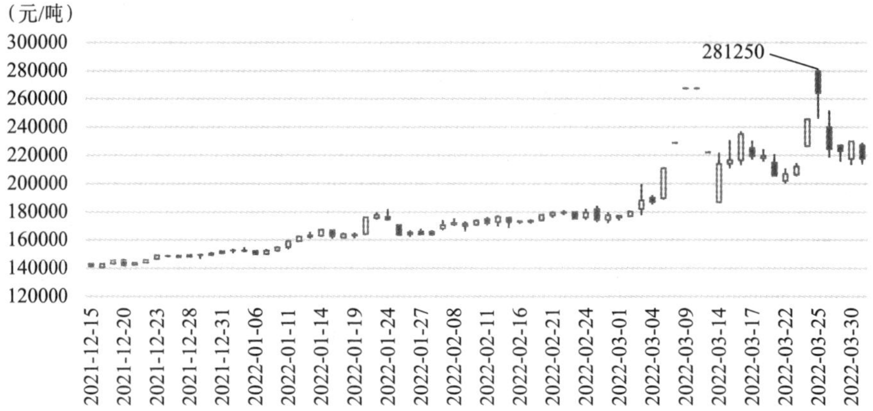

数据来源：Wind

图 6－16　2021 年 12 月至 2022 年 3 月上期所镍期货合约价格走势

（四）期货市场的逼仓

前文述及，境内某企业被报道在此次事件中险遭逼仓。逼仓是怎样形成的？如何导致交易中的一方获得暴利，另一方严重亏损？

期货市场的逼仓可以分为“多逼空”和“空逼多”两种方式。

1. “多逼空”

“多逼空”一般出现在可交割现货量不足的情况下。在一些品种的期货交易中，当市场操纵者预期可供交割的现货商品不足时，作为市场中的买方，凭借资金优势在期货市场建立足够的多头持仓以拉高期货价格，同时大量收购和囤积可用于交割的实物，既拥有大量的现货头寸，又拥有大量的期货多头头寸，于是期现货市场的价格同时升高。这样，在合约临近交割时，缺少足够现货的空方因为交不出现货，要么以高价买回期货合约认赔平仓出局（一般此时期货价格会偏离现货价格较远），要么以高价买入现货进行实物交割，甚至因无法交出实物而受到违约罚款，这样多头头寸持有者即可从中牟取暴利。

无独有偶，在 LME 进行套期保值，因持有空头仓位较重，遭遇“多逼空”的我国企业还有株洲冶炼厂（以下简称株冶）。1997 年，在国际期货市场上已从事两年多交易的株冶交易人员，越权在 LME 进行交易，大量卖空锌期货合约。当时株冶锌的年产量仅为 30 万吨，而其在 LME 卖出 45 万吨锌期货合约，空头头寸远远超过现货量，从而被境外对冲基金盯住并进行逼仓。事发后，株冶通过种种办法组织货源以应对巨量交割，无奈抛售头寸太大，最后只好以高价买入部分合约平仓了结。株冶在最后集中平仓的三天内亏损额达 1.76 亿美元，按照当时的汇率折合人民币 14.59 亿元，从而导致了业界无人不晓的株冶“套保变投机”的期货风险事件。

2. “空逼多”

“空逼多”的情况与“多逼空”恰好相反。市场操纵者利用资金或实物优势，在期货市场上大量卖出某种期货合约，使其拥有的空头持仓大大超过多方能够承接实物的能力，导致期货市场价格急剧下跌，迫使投机多头以低价位卖出持有的合约认赔出局，或出于资金实力不能接货而受到违约罚款，从而让空头交易者从中牟取利益。

1995 年“海南棕榈油 M506”事件是一则典型的“空逼多”案例。当时国内外棕榈油需求持续旺盛，价格不断上涨。1995 年一季度，海南棕榈油期货①价格一直位于 9300 元/吨以上横盘。尽管此时国内外棕榈油市场行情已经发生了较大变化，价格逐渐形成回落趋势，但在 M506 合约上，多头仍想凭资金实力拉抬期价，而此时一批以进口商为主的空头力量组织大量进口货源迅速注册仓单。1995 年 3 月后，多空激烈争夺导致 M506 合约的成交量和持仓量急剧放大，引起了监管部门高度关注，并采取强制措施，抑制过度投机。截至 1995 年 4 月，期价已由 9500 元/吨高位以连续跌停的方式跌到 7500 元/吨以下。这时，海南中商期货交易所又全面放开棕榈油合约上的涨跌停板限制，给了空方可乘之机，使其利用手中的获利筹码继续打低期价。对于多头而言，在前期价格暴跌之中已经亏损严重，此时已无还手之力，最终只能以惨败收场。此后的棕榈油期货合约虽有交易，但日益惨淡，直到 1996 年该品种已逐渐消亡。

---

① 在当时的海南中商期货交易所挂牌。

逼仓并非在任何市场条件下都会发生，如“多逼空”的先决条件就是现货的库存量较低。无论期货价格是否反映真实的供需关系，到期要交割的现货库存如果足够，准备充足的空头会如期交割，便不存在被逼仓的可能。

空头集中和基本面支持也是“多逼空”不可或缺的因素。如果空头相对分散，在到期交割前，分散的空单会被不同的空头以多样化的方式对销掉，或者拿出实物进行交割，或者提前平仓。当市场上期货持仓量下降，上述先决条件就会被化解，逼仓就较难发生。基本面也是“逼空”成败的决定性因素。如果标的物的价格因现货预期供给充足或者出现明显下跌趋势，期货的高价则被基本面趋势证伪，空头购入现货进行交割或者买入期货进行平仓的成本都下降了，不会遭受太大损失，“逼空”就会失败。

（五）相关启示

“伦敦镍”事件再次体现了防范市场风险、杜绝风险管理市场本身成为风险源的重要性。LME 在此次事件中所采取的应对措施，同样对发展境内期货市场具有启示和借鉴价值。

1. 深刻理解产业需求，提高企业风险管理能力

目前，国内企业成功运用期货产品进行风险管理的事例越来越多，但期货交易本身具有风险，企业跨境进行套期保值遭遇逼仓事件也常见诸报端。因此相关企业在参与期货市场时，要时刻警惕交易中的相关风险：一是交叉套保的错配风险。如空头持有大量的期货仓位，但其自身并不具备足够的交割品或者产品规格和品级与交易所要求不匹配，无法直接用于交割，容易为惯于寻找逼仓获利机会的交易者提供有利机会。二是追加保证金的流动性风险。期货市场的一大特点是零和博弈，且影响大宗商品期货市场的因素较为复杂，一旦市场风吹草动就容易引起价格的剧烈波动。例如在“伦敦镍”事件中，3 月 7 日、3 月 8 日两日合约价格合计涨幅超过 240%，市场价格短期剧烈波动会导致持仓保证金大幅增加，合约持有者和相关交易商可能因此面临较大的流动性风险。三是交易执行不当引起损失的风险。相关企业“出海”进行期货交易时，对于与衍生品交易相关的政治、经济、市场库存、交易对手方相关信息考虑不全，以及对地缘政治变化在内的“黑天鹅”事件提前预判不足等容易发生交易亏损。从历史上看，“株冶”“中航油”“国储铜”等期货交易巨亏事件的发生，都与涉事主体提前预判不足、内控不严、相关交易人员违反交易方案有关。

为避免国内企业参与期货交易时发生重大风险，交易所和监管部门等必须要深刻理解实体企业的避险需求与现实难处，引导市场参与者与建设者同向发力，不断提高市场参与者风险意识与风险管理能力，维护企业自身的经济利益。一是加强对实体企业的辅导。正确引导实体企业等市场主体全面理解期货市场的功能及风险，加强专业团队建设，推广内控风控等应用模式与成熟经验，坚守套期保值的业务定位，努力实现期现货“两条腿”平衡走路。二是提高企业“出海”进行风险管理的要求。积极推动有关部门加强制度建设、资质管理和业务指导，对参与境外衍生品市场交易的大型企业在专业人才队伍、套保方案制定、风险防控机制、执行流程管理等方面做出严格要求，既满足企业合理避险需求，又防范重大风险事件重演。三是加强相关中介机构能力建设。企业运用海外衍生品市场管理风险，离不开专业中介机构的辅助，要进一步推动建设国际一流投行、鼓励机构在合规前提下增强产品、业务、服务创新能力，为实体经济主体管理风险提供高效的解决方案。

2. 不断优化市场机制建设，加快发展本土期货市场

“伦敦镍”事件是地缘政治危机在金融市场的投射。俄乌冲突爆发后，西方国家对俄实施全方位经济金融制裁，俄镍现货贸易存在较大不确定性，变相缩小了 LME 镍期货的可交割品规模，国际资本盯住空头顺势拉升，诱发伦镍暴涨，同期全球商品和金融市场也出现了剧烈波动。经济金融的背后是政治，面对百年未有之大变局，国家经济金融安全内涵和影响因素已发生深刻变化，在过去全球化加速进程中，金融安全更加关注国际资本大进大出带来的资产泡沫及其破灭冲击，主导力量往往是商业性、投机性的。而近年来，在全球化遭遇逆风倒流背景下，更需要关注经济金融“脱钩”“断裂”风险，政治性和系统性因素显得更为重要。可以预见，俄乌冲突将对全球化前景形成巨大影响，国际政治环境势必将更加复杂严峻，全球

“黑天鹅”或将呈现“灰犀牛”化趋势，金融已然成为战略博弈的主要战场之一，必须在金融稳定与安全方面做好充分准备，留够空间后手。

尽管我国商品期货交易量已连续多年位居全球第一，但持仓规模和国际定价影响力还有待提升，金融期货市场的发展也比较滞后。“伦敦镍”事件充分印证了加快补短板、强弱项、打造更具国际竞争力的本土期货市场的重要性和紧迫性。以此为鉴，境内期货市场建设需要特别注意：一是坚持稳字当头，严守安全底线。加强对外资、高频交易等重点客户的监控，以零容忍态度严厉打击市场违法违规行为。在坚持期货市场集中统一监管基础上提高跨市场、跨系统监管协同效能。加强对复杂国际环境下市场运行风险、跨市场联动风险的预研预判，努力走在市场曲线前面。进一步提升风险管控、品种业务创新等方面的技术承载力和包容度，强化技术支撑和科技赋能。二是不断夯实制度基础，提高风险化解能力。把尊重市场基本内涵、借鉴国际最佳实践与我国期货市场发展紧密结合，既胸怀开放心态，又坚持战略定力，在认真总结、合理坚持境内期货市场特色制度经验基础上继续完善市场机制，努力形成制度话语权。同时，不断优化产品体系，特别是丰富金融期货产品数量，进一步推动中长期资金入市，优化配套业务体系、完善涨跌停板、保证金机制等风控安排，顺畅期现货交易机制衔接，强化期限协同风险化解能力。三是统筹开放与安全，推进高水平对外开放。既要统筹期现货对外开放节奏步伐，有序引导已参与现货市场的境外投资者同步参与对应期货市场交易，加快推动商品期货特定品种对外开放，又要稳步推进金融期货市场对外开放水平，用好用足国际金融资产交易平台相关政策，全力服务有关业务需求，形成有益补充。

3. 全面把握资本特性，守护国家金融安全

此次“伦敦镍”事件同样折射出维护国家金融安全的重要性。据有关媒体报道，本轮镍价快速上涨中，多头持有者主要是大众汽车、嘉能可（Glencore）及一些对冲基金等资本力量。[①] 实际上，近年来产业资本金融化

---

① https：//finance. sina. com. cn/money/future/fmnews/2022 - 03 - 30/doc - imcwiwss8964188. shtml? finpagefr = p_115，最后访问时间：2022 年 9 月 22 日。

以及金融资本产业渗透全面加速，尤其是2008年全球金融危机后，国际资本急速渗透境外交易所仓储体系，掌控产业链能量增强。有资料显示，2015年，Steinweg、Pacorini（隶属嘉能可）、Henry Bath（摩根大通旗下）和MITS（高盛旗下）等机构运营着505家LME注册仓库，占比高达76%。这些机构实力强、资金多、信息灵，兼当基本面交易者和“塑造者”，曾先后有现货企业起诉其操纵基本金属价格。这提醒大家，国际资本凭借其巨大优势纵横于产业领域和金融层面，往往“产业种花、金融摘果”。与早期纯粹的产业资本相比，金融资本特别是披着产业外衣的国际金融资本潜在影响力更大，更容易透过交易连续进行、信息高度集中、预期快速更迭的金融市场放大冲击影响。

2021年中央经济工作会议强调，要正确认识和把握资本的特性和行为规律，为资本设置“红绿灯”，依法加强对资本的有效监管，防止资本野蛮生长。这要求境内市场对资本当然也包括国际资本要有全面认识、通盘考虑和一体治理。一方面，要坚持做好资本进出境、产业投资负面清单等环节的前置管理，对其进入关系国计民生重要领域、重要项目的国际资本实施合理规制。另一方面，要高度重视金融市场风险监控与防范应对，避免境内市场沦为国际资本“提款机”。期货市场关系到国家经济金融安全，交易所作为国家重要金融基础设施，具有显著的政治属性、国家属性和社会公共属性，既要算市场秩序维护的经济账细节账，也要算交易活动背后的政治账宏观账，必须不断优化监控体系、检测机制，完善市场风险评估、处置和事后评估安排，必须以“零容忍”态度管好交易环节关口，将“看得清、管得住”落到实处。

第七章
敬陈管见：启示与展望

期货市场作为我国多层次资本市场的重要组成部分，肩负着服务国家战略和实体经济的重要使命。随着资本市场双向开放稳步推进，我国期货市场的功能作用、国际定价能力和市场影响力将显著提升。期货市场的发展、期货行业的壮大是一项重要且复杂的系统性工程，涉及参与者、监管者等诸多主体，包括法治环境、产品创新、机构培育、舆论氛围等多个维度。囿于篇幅，本章结合重点关注的内容将上述问题进行归类，从交易所、市场参与者以及制度环境三个角度进行思考，探寻我国期货市场的未来前进道路。

目前，期货产品序列的进一步丰富、交易所业务的多元化拓展、中介机构的做大做强、中长期资金的逐步入市、市场投教与宣传的深化等，都已成为境内期货市场发展过程中需要面对的重要任务。伴随我国实体经济的发展壮大、金融市场改革开放的持续深入、期货市场法制环境建设的逐渐完善，这些任务必将通过提升交易所综合服务能力、创建良好的市场发展生态、优化监管制度环境等渠道得以顺利完成。

一、提升交易所综合服务能力

期货交易所是期货合约的制定者，是期货市场上重要的组织者和建设者。期货市场服务实体经济、服务现货市场风险管理需求，一条重要的实现途径便是不断推出符合市场需要的新产品和新业务。世界知名交易所均提出明确的战略布局和前景规划，我国交易所也需要根据所处环境和发展目标制定明晰可行的战略规划，从而提升运行效率，增强竞争力、吸引力和服务国家战略、服务实体经济的综合能力。

（一）丰富期货品种体系

期货是有效的风险管理工具，不同种类的期货产品适用于管理不同现货市场的风险。如果期货市场上的品种较少，某一现货领域缺少对应的期货品种，或者期货产品的使用约束较多，导致实际应用不方便，就会在微观上造成交易者的风险管理需求难以满足，在宏观上抑制期货市场战略功能发挥。例如，2700 年前的齐鲁商战中，并没有丝绸期货可供鲁国选择；在铁矿石期货合约上市之前，钢铁冶炼企业无法利用期货对冲其原材料成本波动；小盘股投资者无法在市场上找到一个对应的股指期货产品来管理投资风险，或者只能通过已上市但与自身持有小盘股票关联度较低的股指期货的产品来进行部分对冲，而将剩余现货头寸敞露于风险之中等。这种“无工具可用”的风险需要引起监管部门和交易所高度重视，从丰富产品和便捷使用等多维度提升期货市场的服务能力。

改革开放 40 多年，我国的经济发展已经取得举世瞩目的成就。为适应我国工业、农业、金融业等行业的高水平发展需要，充分满足境内外交易者精细化和多元化风险管理需求，作为金融领域的有机组成部分，我国期货市场需要紧跟市场需求，加速补充产品供给。从目前实践来看，品种不丰富正是境内期货市场尤其是金融期货市场的短板，没得用、用不了、不好用相互交织。风险管理产品的供给不足，客观上成为企业和机构对期货的参与度不高、运用效果不佳的主要原因。产品创新不够，使交易所难以精准契合各类参与者的风险管理需求、更好地服务现货市场发展需要。而交易者对期货市场的参与不够、服务风险管理的实效不明显，又会使大众对期货交易理解不深不全，在理念上反过来制约市场发展，进一步导致产品供给渠道不畅。这种巧妇难为无米之炊所产生的“产品供应不足—风险管理效果不佳—引导舆论不力”等问题，形成一个恶性循环，环环相扣。解决这一问题，可以首先从丰富产品供给的角度发力，寻求破局。

境内期货市场产品供应不足的问题，总体可以归纳为两种：一是期货品种大类尚存缺口；二是已有产品的风格单一、创新不够。针对上述问题，期货市场建设者要充分认识并把握期货市场的功能定位，坚持以服务实体经济和国家战略为主旨，既要加快补全产品体系、弥补空白，也要不断丰富、细化、创新已有期货产品，提升产品的服务功能。

1. 补全大类缺口

在传统的期货分类①中，我国目前已经构建起相对完整的商品期货市场产品体系，农产品、金属和能化期货期权均已上市交易；但金融期货市场上仅有利率和权益两类产品，上市品种尚未涉足外汇领域，品种大类存在缺口。同时，在传统品类之外的创新品种上，我国市场也缺少明确布局。

外汇期货是国际市场最早推出的金融期货品种，目前境外大量涉外企业已运用外汇期货管理其进出口业务相关的交易风险。从境内实际情况来看，企业锁定相关风险需求突出，但使用外汇类衍生金融工具的积极性还不高，这主要是由于当前汇率衍生工具不够丰富，难以满足企业多样化的

---

① 本书采用传统分类方法，将除了天气类、排放权类等创新品种之外的期货分为能源、金属、农产品、权益、利率和货币（汇率）六个类别。

避险需求。与场外市场相比，外汇期货是标准化合约，对中小企业没有规模歧视，对企业的信用度不做过高要求，交易金额的大小也不会影响企业的交易成本和所接受的服务质量。外汇期货的价格由市场决定，具有公开性、连续性和权威性等特点，信息透明度较高，便于监管，可以较好地防范系统性金融风险，是对银行提供的场外外汇避险产品的有效补充，两者在功能上相辅相成。因此，需要从满足企业汇率避险需求和金融服务实体经济的角度出发，加快场内外汇衍生品市场建设，尽快推出人民币兑美元期货等场内衍生品工具，丰富居民和企业的外汇投资工具，降低其避险成本，减轻涉外企业风险管理压力。

交易所在推出外汇期货过程中，需要广泛开展对实体企业和金融机构的调研，分析外汇期货的实际需求。只有全面掌握企业和机构真实所需，才能研究更贴合实际的产品和机制，将来上市的外汇期货产品才真正可堪大用。同时，由于外汇现货和衍生品两个市场涉及跨部门监管问题，交易所在推出外汇期货时，也要凝聚多方共识，加快形成强大合力，与相关部门和机构展开持续的沟通协调，结合宣传工作通过多种渠道向决策层和货币当局建言献策，减少产品上市困难。

除了外汇期货之外，境内市场还缺少绿色产品等创新期货品种上市。以 ESG 指数衍生品为例，境外成熟市场上，ESG 投资理念的形成以及国际标准应用历史较长，现货产品供给丰富，ESG 指数体系较为完备，相关基金增长较快。受此驱动，境外场内 ESG 指数衍生品也得到快速发展，截至 2022 年 6 月，全球已有 9 家交易所推出共 46 只 ESG 指数期货和期权产品，2021 年全年成交量超过 480 万手。我国 ESG 投资与绿色环保相关政策紧密相连，具有一定的监管推动特征，市场关注度及投资需求近年来虽然快速增长，但是纯 ESG 指数和基金产品数量还相对较少；衍生品市场上，场内 ESG 指数衍生品领域尚属空白。

随着可持续发展理念的进一步深入以及我国碳中和等可持续发展目标的确立，境内交易所可以充分借鉴境外发展经验，并结合国情，在 ESG 相关产品的开发中把握机遇、积极作为，探索 ESG 指数期货、期权等相关新产品的研发和储备工作，并在将来上市该类产品后，多措并举积极培育产品流动性，满足各类主体绿色投资风险管理需求，为推动资本市场服务国家战略和实体经济高质量发展贡献力量。

2. 丰富细化现有品种

与一般商品服务消费者一样，期货产品在满足交易者最初级的基础需要之后，还要不断创新升级来满足不断变化、复杂多样的需求。目前我国的商品期货较为丰富，已经和现货市场形成了比较对等的局面，但金融期货期权品种仅有15个，产品体系不完整，个性化合约供应不足。金融期货种类和数量不仅远远落后于欧美等成熟市场，也落后于印度、巴西、俄罗斯等新兴市场，距离充分服务改革开放发展大局和实体经济高质量发展还有较大差距。因此，交易所需要以市场为本，问计于市场、急市场之急、纾市场之困，努力推出有助于服务国家战略、服务实体经济、服务市场新型需求的产品。

解决上述问题，第一是要推陈出新，丰富现有品种体系。我国期货市场尚处于发展阶段，新产品的选择范围很大，可以把握"具有经济价值、不易被操控、符合社会公共利益"的原则，结合市场意见筛选拟上市产品。比如以中小公司股票为投资标的的投资机构，因其标的价格波动性较大，因而对以中小成分股指数为标的的股指期货具有强烈需求。但由于对应合约的缺失，该类投资者只能选择已上市的宽基指数期货（如中证500股指期货）进行非完全套保操作，对于投资者仍存在较大的风险敞口，对于合约本身也容易造成长期贴水，形成不利的舆论影响。因此，金融期货市场需要适时推出符合市场需求的中小板块如创业板、科创板指数期货等。商品期货市场也需要在丰富产品体系方面努力，以市场需求为导向，以服务实体经济发展为目标，有节奏地推出新的商品期货品种。

第二是要不断精耕细作、促进合约设计的多元化。在这方面，可以借鉴全球交易所新型多元化产品的设计经验，打造全方位、多层次、丰富度极大提升的期货产品市场。现阶段，世界各国针对期货产品设计的创新已经较多，比如CME Group推出了超级国债期货、微型E－Mini标普500股指期货、E－Mini罗素1000和2000期货、E－Mini标普500 ESG指数期货等新型产品；港交所上市多个MSCI亚洲及新兴市场指数期货产品；Eurex上市 MSCI、ESG 指数挂钩产品。相对来说，境内市场上无论是商品期货还是金融期货，在创新合约形式、多元化风格等方面都还远远不够。在已有品种上，除了鲜见迷你合约之外，挂钩境外指数等国际化产品也尚未推出，适时开展对相关创新合约的研究和上市推进工作，可以进一步满足交易者精细化风险管理需求。

（二）拓展多元化业务

新型业务拓展也是交易所发展中的重要环节。与交易机制优化等注重存量的业务变革相比，探索全覆盖、多元化业务既可以丰富交易所的收入来源，改善仅靠产品交易创收的单一模式，也可以向市场提供更高效、更便捷、更周全的新型服务，整体提高服务水平，因此意义更为深远、格局更为宏大。世界知名交易所（集团）都在积极地寻求业务转型创新，有的重点发展数据信息服务，有的专攻技术革新。境内期货交易所在交易结算机制、保证金制度、做市商制度、交易编码改革、大宗交易、国债期货期转现业务等做精做细存量业务方面均已实现一定突破，同时也在不断地推进优化交易所微环境，通过业务延展、服务创新来进一步拓宽发展道路。关于期货交易所应该拓展哪些业务以及如何拓展业务，目前已有较多研究，本节仅对提供场外集中清算服务以及深化升级数据信息业务进行讨论。

1. 探索提供场外集中清算服务

对于期货交易所和监管部门而言，服务实体经济一方面需要继续丰富场内期货品种，对场内市场进行适当、适度监管，解决部分期货、期权品种的流动性不足等难以满足实体企业风险管理需求的问题；另一方面，需要适时参与搭建高信誉集中化交易和清算平台，进一步完善场外衍生品的市场监管制度，推进场外市场的健康稳定发展。

2008 年全球金融危机将场外衍生品市场推上风口浪尖，彼时部分场外金融衍生品价格暴跌、流动性枯竭，但反观场内市场，其交易正常、有序运转。两个市场出现差异的主要原因在于场内市场的集中清算制度极大降低了风险。集中清算服务指由某一清算机构充当中央对手方，成为原交易双方的交易对手的清算机制，以此提供集中的对手方信用风险防控与违约管理服务。

危机后，为了合理引导场外金融衍生品市场规范发展，2010 年，G20 会议将场外衍生品市场集中清算明确为监管目标之一，要求所有标准化场外衍生品在适合时均应在相关交易所或电子交易平台上交易，并通过中央对手方清算。集中清算要求场外市场参与者按照盯市原则缴纳保证金，在担保品的托管、风险隔离、违约处置等方面均设置与场内产品清算同等级别的安全标准，实际上是将场内市场的制度优势在场外市场的土壤中进行了移植，取得“1 + 1 > 2”的效果。与欧美等成熟市场相比，我国场外衍生品市场上参与中央对手方结算的产品数量和种类仍十分有限，并且存在交易确认时间相对滞后等问题，抑制了交易对手方进行集中清算的动力，不利于场外衍生品市场的平稳发展。

期货交易所具有较强的公信力和资金、人才、技术实力，在交易、风控、清结算等传统业务流程上具备丰富的经验，可以利用自身优势，在场外衍生品市场建设中发挥更大作用。一方面，交易所可探索对标准化程度较高的场外衍生品提供集中清算服务，推动场外衍生品中央对手方建设。根据 2021 年 12 月金融稳定理事会发布的最新报告，已有 75% 的国家（地区）实现对标准化的场外衍生品实行强制集中清算的要求，监管重心转向非集中清算场外衍生品。另一方面，我国期货交易所可积极探索对非集中清算场外衍生品交易的双边保证金提供必要的保证金计算和担保品管理等配套服务，有效保护非集中清算守约方免受对手方违约冲击，保障整个场外市场的稳定性和功能发挥的持续性。

2. 深化升级数据信息技术服务

提供数据信息技术服务是交易所极具潜力的业务发展方向。一般意义上，期货交易所经营业务可分为产品上市、交易撮合、清算交割和数据业务四大板块。近些年，全球各大交易所的数据业务收入占比逐步提高，除了前述的 ICE 重点发展数据信息技术业务之外，信息数据收入[①]已经成为伦敦证券交易所（LSE）的第一大收入来源，占比上升到 40% 左右。

① 包括指数产品收入、行情数据收入和其他信息收入。

与普通商品的加工和生产类似，数据业务从低级到高级也可分为不同的层次：初级数据业务是将数据作为“原材料”进行授权，即交易所将行情数据提供给市场使用者，收取相应费用，产品附加值较低。中级数据业务是对数据进行集成加工，类似于将原材料生产成普通商品再提供给市场。比如交易所根据已有数据编制指数，将指数授权给市场使用（包括利用指数开发衍生品、发行 ETF 等）并收取相应费用。高级数据业务是对数据进行创新增值，利用专业分析技术帮助客户对数据背后的信息进行深度挖掘，为市场提供“数据 + 分析”的综合服务。该业务不仅提供原始数据和产品，同时还提供数据分析工具，帮助交易者提高基于数据的投资决策能力，使附加值大幅度提升。

近年来，境内各家交易所不断加大技术和信息数据等交易后业务的投入，并积累了一定专业经验。为了巩固和提升核心竞争力，交易所还需进一步对信息数据服务等新型业务进行前瞻性布局，并形成可持续的收入模式。

具体而言，可以根据数据业务的三个层次循序渐进、逐步推进：首先，打好第一层级业务基础，根据自身情况加以甄别，选择相关业务拓展的顺序和路径，比如做精做细现有信息数据服务，构建数据行情服务业务框架，为期货公司等提供数据传输授权等服务。

其次，遵循先简单后复杂的路径来拓展指数产品，向中级业务迈进。以金融期货为例，根据调研，一些基金公司和证券公司对于利用国债期货和股指期货来发行指数增强类产品的需求比较显著。因此，交易所可以先行编制国债期货和股指期货的相关指数，后续考虑与国内指数公司合作，共同开展指数的研发和编制等工作。

在上述业务基础上，交易所还可以前瞻布局数据分析，即高级业务。比如结合市场基本情况，加强与国内优秀信息服务商、具有大数据资源的数据公司等合作，储备行业数据资源，培养数据分析专业团队，对内提升期货市场运行分析能力，服务监管决策；对外提升定价、估值等市场化分析能力，服务更多市场参与者。

（三）金融科技推动监管创新

技术的革新和落地应用既影响交易风险的形态和传导路径，又深刻影响期货行业发展态势、交易所工作方式和业务创新模式。更重要的是，科技进步对交易所的风险监管和应对能力不断提出更高要求。如何提升风险预判和防范水平既是中介机构稳定经营和持续发展所面临的问题，也是交易所作为期货市场重要基础设施和市场自律管理组织不可忽视的问题。交易所必须持续不断地提高科技应用落地转化能力，提升科技监管应用水平，丰富科技与监管业务融合使用场景，使科技手段真正成为“监管工具箱”中的利器，最终实现对市场风险的有效甄别和有力应对。

交易所履行优化期货市场环境、保护交易者合法权益、维护市场平稳运行和合规交易等相关职责，离不开科技应用能力的持续提升。也正因此，目前“拥抱科技”已被全球多家交易所设定为重大发展战略，科技成果和技术在各项业务中的广泛应用也成为ICE、港交所等交易所取得快速发展的制胜法宝。科技化、智能化、自动化监管代表着期货行业未来的发展方向；将人工智能、云计算等领先技术的转化成果应用于证券期货市场监管，已成为各家交易所顺应行业潮流和技术变革突破的重点方向。

1. 金融科技助力监管效率提升

市场监管工作涉及范围大、领域广、人数多，一直以来都是交易所的核心业务之一。回顾期货自律管理工作的发展历程，在过去30余年中，交易所较长时间都是依赖人力整合处理大量碎片化信息、依靠人工发现异常行情、依据经验判断违法违规交易行为。这种模式在一定程度上降低了监管工作效率，增加了人为因素影响，提高了出现错误的风险。随着上市产品的增多、交易者数量的增加、行情波动的加大，仅依靠人工进行市场监督的效率越来越低下，风险排查工作也由于缺乏标准化流程而越来越碎片化。自《证券期货业科技发展“十四五”规划》实施以来，越来越多的金融科技成果转化落地，前沿技术在交易所业务尤其是监管工作中的应用场景和手段不断丰富，科技、数据与业务深度融合，在提升风险预警能力、防范市场重大风险、加深高频交易行为研究等工作中大显身手，为监管提供新的手段和视角。

首先，在提升风险预警能力方面，交易所可以自动生成分析逻辑，并通过监查系统以集成化、自动化、标准化的形式，对市场异动及违规行为进行排查，监管者从过去单纯的分析者转变为“阅读者 + 思考者”的角色。比如，客户一般通过操纵传统监管方式难以甄别的“马甲”账户进行虚假报撤、互成交等违法违规交易，目前通过科技手段构建关系图谱，可以有效解决过去对于疑似控制账户排查线索少、深入挖掘难度大的问题，进而快速掌握客户的基本特征和交易特征。

其次，交易所依靠经过多次测算的预警指标，可以实现对市场行情异动和违法违规交易行为监测的自动化。比如在防范市场重大风险方面，目前大数据等科技手段已经能够及时、准确地发现可能出现的异常交易行为。“在实名制开户、保证金监控、市场交易监控的基础上实施监管，进一步加强了对全市场客户的交易终端及相关信息的集中采集。若客户发生违法违规的交易行为，监管部门更容易掌握蛛丝马迹。”①

最后，金融科技在高频交易监管中也发挥了重要作用。进入 21 世纪以来，先进技术的出现为高频客户等速度型选手的交易提供了优势和便利，而对高频交易的监管特别是识别则成为各家交易所面临的难题之一。借助大数据分析和云计算等方式找出高频交易方式的特点和共性，并根据结果设置科学合理有效的甄别指标，进而分解分析客户的交易行为，可以有效判断出交易是否对行情价格造成影响、在市场中到底起到了何种作用，以此进一步展开富有针对性的监管。

2. 进一步拓展金融科技应用空间

2020 年，中央金融监管部门明确提出“按照金融科技的金融属性，把所有的金融活动纳入到统一的监管范围”和“强化监管顶层设计和整体布局，加快完善符合我国国情的金融科技监管框架”等要求。《证券期货业科技发展“十四五”规划》指出，交易所要不断提升数字化技术的运用，利用先进技术提升监管水平、提高监管效能、加强科技监管能力建设。这些

① 《技术引领 创新驱动 点亮科技监管未来》，载于《期货日报》，2022 年 2 月 9 日。

政策的颁布和实施，让人工智能、大数据、云计算、区块链等先进技术不断地与传统监管模式适应和融合，给我国交易所的监管能力提升提供了新的动力。

我国的期货产品交易规模在不断增大，交易者和交易行为复杂度还在不断提升，这对监管工作提出了全新的挑战，也将促进金融科技的快速发展和金融监管工作的不断革新。“未来监管的挑战在于，现阶段科技创新力度远超历史上的任何时期，新科技带来的新交易模式、新信用体系迭代迅速，金融监管也应随之调整。”① 在金融科技迅猛发展、新兴技术突飞猛进的背景下，期货市场在技术与业务深度融合应用等方面仍然有很长的路要走，金融科技在期货监管工作领域现有应用基础上，也有较大提升和发展空间。

首先，前沿技术和监管业务融合的落地场景需要不断丰富。业务场景的丰富程度对金融科技作用的发挥格外重要，好的技术和先进的手段必须有效落地，才能充分发挥其应有作用，否则就犹如空中楼阁。目前，前沿技术在期货市场中的落地场景和应用范围，主要还是聚焦于传统的监管业务范围，在监管程序化交易、高频交易等新型领域的应用深度和广度仍有待加强，涉及的业务场景和与业务的融合深度仍需提高。

其次，交易所还需要结合日常工作大力开发更多前沿技术的应用。现阶段，落地应用到交易所工作中的先进技术还比较单一，部分前沿技术如深度学习、区块链、隐私计算等，在交易所或者期货市场发展业务中的应用场景还不够多，有待大力拓展和开发。只有不断接受学习新的技术，并结合业务有效转化、为我所用，才能在真正意义上形成强大的科技监管体系。

最后，交易所需要注重科技监管人员水平的不断提升。科技监管水平的提高有赖于科技应用者整体能力的增强，交易所需要时刻保持科技监管领域人才队伍的稳定性和持续性，着力培养会业务、懂技术的复合型人才，会用、能用、善用科技监管转化成果，在提升工作效率、业务水平的同时，

① 《技术引领 创新驱动 点亮科技监管未来》，载于《期货日报》，2022 年 2 月 9 日。

将更多前沿技术运用到相关工作中来。下一步，交易所将继续提高金融科技运用能力，实现数字化、智能化转型，逐步构建起覆盖实体产业与金融、期货与现货、场内与场外、境内与境外全产业链的信息技术体系，为期货市场各项业务发展赋能。

二、创建良好的市场发展生态

以期货公司为代表的中介机构，以及机构投资者、产业客户、个人投资者等交易者，都是期货市场的重要参与者。中介机构联系着期货产品的供给方和需求方，是两者之间的桥梁，其功能定位和作用发挥直接影响到期货市场的整体运行质量和服务效果，努力提升中介机构的综合实力，是期货市场发展和应对境内外市场竞争的必然要求。交易者是期货产品最终的使用方，是风险管理的实际需求者，期货市场交易者对期货的认知程度和运用能力能否得到全面提升，决定着期货市场能否稳健有效地运行。

（一）提升中介机构的综合实力

历经多年发展，我国期货市场已经从经济体制改革的试验品成长为现代金融体系中不可或缺的一环，“摸着石头”走出了一条适合中国国情、具有中国特色的发展道路。期货公司作为交易所和众多交易者之间的纽带，在我国期货市场探索前行的过程中扮演了极为重要的角色，其自身也相伴期货市场的发展得到不断成长。近年来，我国期货公司发展更加规范有序，管理规模、盈利能力逐步提升①，通过输出专业服务，在帮助广大企业、机构和个人投资者稳定成本、锁定利润、增厚收益、实现风险的精细化管理等方面发挥了积极作用。

但无论与境外期货市场中介机构相比，还是与境内证券公司相比，我国期货公司都表现出体量较小、水平参差不齐的特点，主要面临两大发展

① 截至2021年底，我国期货公司的总资产为1.38万亿元，同比增长40.8%；客户权益为11847.34亿元，同比增长43.65%；2021年全年总营业收入为494.64亿元，同比增长40.34%。

难题：一是营业规模小、收入少、盈利能力低；二是业务结构单一、传统经纪业务同质化竞争严重。

从盈利能力来看，2013～2021年，全国期货公司的ROE年度平均值为6.26%，而同期的金融行业机构年度平均ROE为14.19%①。与其他金融机构相比，期货公司的ROE处于较低水平，在金融业中常年处于末位。从利润绝对额来看，相对差距更大。2021年，所有期货公司的总营业利润为107.43亿元，净利润为82.96亿元，而同年银行业、保险业、证券业的净利润分别是期货公司的206倍、29倍和21倍，2018年，这一比值更是达到惊人的563倍、133倍和57倍。显而易见，与其他金融机构相比，期货公司的盈利能力差距实在悬殊。

从收入构成来看②，手续费收入是期货公司利润最重要的组成部分③（见图7－1）。业务结构单一也导致了行业竞争手段的单一，隐含持续发展风险。近年来，期货行业同业竞争日益加剧，“佣金战”成为各大期货公司抢占市场份额的主要手段，导致经纪业务手续费率持续下降。当前处于期货市场规模增长时期，手续费率的下降尚未对期货公司经营构成较大威胁；如果未来发展到一定阶段，市场扩张速度放缓或停滞，期货公司或将面临较大的盈利能力下降风险。

创新业务尚不成熟、规模偏小、收入贡献微薄是期货公司业务结构单一的重要原因。2021年全年，期货公司资产管理业务收入12.14亿元，投资咨询业务收入1.76亿元，而经纪业务收入是这两者收入总和的22.7倍（见表7－1），足见创新业务收入占比偏低、贡献不足。究其原因，一是期货公司资管业务的成熟度与风控能力相对有限，资管配置型产品对普通客户缺乏投资吸引力；二是风险管理业务需要动用公司大量自有资金，中小型公司难以与头部公司及券商形成竞争。

---

① 其中银行业为14.67%，证券业为9.46%，保险业为13.73%，具有较强金融属性的房地产业为12.55%。

② 期货公司的收入主要来源于传统的期货经纪业务，包括交易和交割产生的手续费收入、交易所不定期的手续费返还或减收以及保证金利息收入。

③ 2021年全年，期货公司营业收入合计494.64亿元，其中经纪业务总收入314.98亿元，占比64%，这一比例在2020年是57%。其中，手续费收入基本上是经纪业务收入的全部来源。

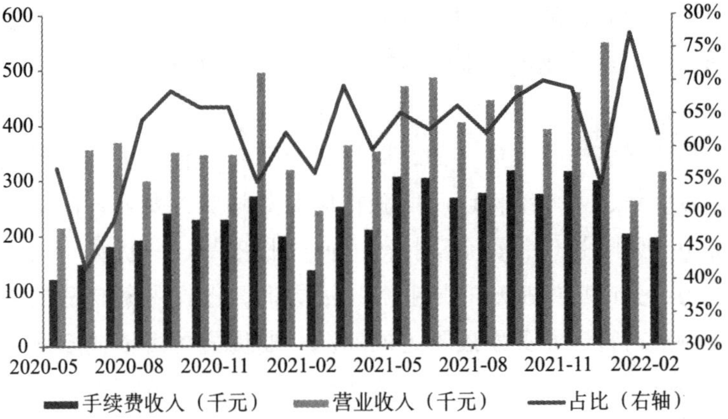

资料来源：中国期货业协会

图7-1　期货公司营业收入与手续费收入情况

表7-1　期货公司主要业务收入情况　单位：亿元

业务类型	2018年	2019年	2020年	2021年
经纪业务	125.17	129.00	192.30	314.98
投资咨询业务	1.58	1.42	1.26	1.76
资产管理业务	8.00	7.73	8.97	12.14

资料来源：中国期货业协会

从结果来看，业务结构单一、几乎仅靠收取手续费实现盈利，不但不利于期货公司成长为如同证券公司一样具有竞争力的金融中介机构，还会反过来增强期货公司高度集中的头部化特征：由于业务不够丰富，不同的期货公司难以根据各自禀赋走出差异化发展道路，弯道超车机会小，因此一些起步早、资源雄厚的公司发展较快，在资本金、客户权益以及创新业务等方面都占据优势，盈利能力排名也相对靠前，很容易形成市场权益、营业收入和利润等的集聚效应，导致小规模期货公司生存空间进一步压缩。

1. 加强业务创新，开辟利润新增长点

境外成熟市场期货中介机构的利润来源中，投资业务收入和服务收入的占比相对较高。借鉴这一经验，我国期货公司需要把拓宽业务经营范围作为首要突破口，在提升传统经纪业务服务质量、强化核心竞争力的基础上，大力加强业务创新，开辟新的利润增长点，通过转型升级增强客户体验，从而破解期货行业经纪业务占主导、单一经营模式导致同质化竞争的难题。

在个性化、多样化发展方面，期货公司需要结合自身发展定位、股东属性、区域优势、人才结构以及所获相应业务牌照等要素，清楚认识自身在客户资源、风险管理、资金支持等方面的长项与比较优势，根据自身能力在不同的细分市场中战略布局业务发展方向，选择一条合适的创新业务道路。面对资产管理业务发展不足的问题，期货公司可依托不同背景和优势积极与银行、保险、证券等机构拓展合作项目，创设新型合作模式。面对风险管理业务利润率不足的问题，期货风险管理子公司可以加强与现货企业合作，在帮助产业客户识别现货风险的过程中，利用其资源和行业优势取得现货流动性和物流仓储的支持。

2. 拓宽上市路径，增强融资能力

改变前述困境的第二个方案是探索拓宽期货公司的上市路径。虽然早在2015年，就已有鲁证期货和弘业期货在香港上市，但是直到2019年8月，南华期货才成为第一家在A股上市的期货公司。此后，期货公司上市之路仍然一波三折，截至2022年10月，只有南华、瑞达、永安和弘业四家A股上市期货公司①，数量仅占境内期货公司总数的2.7%。尽管行业内尚有多家后备军，但与银行、保险和证券三大类别机构相比，上市期货公司数量严重偏少，极大影响了发展潜力和行业声誉，不利于资本的有效积累。

中国证监会曾表示，要支持期货公司扩宽融资渠道和开展跨境经营，鼓励符合条件的头部期货公司上市融资，努力打造一批资本实力雄厚、具有国际竞争力、以风险管理和资产定价服务为核心业务的衍生品和大宗商品服务公司。期货公司上市可以使其融资方式更加多样化，信息披露要求可以让公司更加注重自身综合能力的强化以及风险防控，上市后受到公众更多关注也可以提升公司的知名度，进而增强综合竞争力。有鉴于此，监

① 至2022年10月，有迈科期货、渤海期货、海航期货、混沌天成、大越期货、先融期货、华龙期货、金元期货、长江期货、创元期货、海通期货、天风期货、福能期货13家期货公司在新三板挂牌。

管部门需要加强对更多资本金充足、具备风险控制能力的期货公司提供必要的辅导和帮助，为其创造更好上市条件，扶助更多期货公司上市。

3. 吸引优秀人才，储备潜在力量

如何吸引更多优秀人才是期货公司需要解决的第三个重点问题。人才是各行各业发展的基石。期货行业人才短缺、流失严重，这既是现象和结果，又是加剧前述各类问题的重要因素。根据中国期货业协会2021年的分析，未来5～10年，中国期货及衍生品人才需求约为25万～30万人，而当时注册期货从业人数仅3万余人，存量供需缺口巨大。期货市场的快速发展，使期货公司对各类人才的需求日益扩大，人才短缺问题逐步成为制约期货行业发展的最大瓶颈。

期货公司资管业务对投资经理的综合要求较高，但该业务整体规模难以快速有效增长，规模和利润水平远远落后于证券公司，对外部人才的吸引力不足。风险管理子公司的管理人才主要来源于母公司推荐或社会招聘，直接校招的人数较少，这是因为绝大部分高校缺乏就业前置计划，难以培养出应用型金融衍生品人才；即便是子公司通过社会招聘选入的人员也需经过一定周期的培养，才能具备独立开展风险管理业务的能力。此外，银行业、保险业、证券业等金融子行业在发展吸引力上已有很强的先发优势，无论是人力资本的回报还是金融资本的回报，都远高于期货行业，这就更加剧了金融人才、金融资本等要素的不断注入和集聚，形成了对期货行业的虹吸效应。

解决这一难题，需要多方面同时发力。从期货公司来说，首要任务是强化公司外部人才引进，比如着眼于实用性人才，主动从现货龙头企业、成熟金融机构等挖掘人才，满足背景多样化的需要，形成良性循环，提升人力资本积累层次，强化人才的行业自豪感、荣誉感，防止优秀员工流失。而这一机制的建立，又需要期货公司提高自身盈利能力、增加收入，因此，寻求利润增长点与加强优秀人才引入和培养等相关建议的落实，根本上需要形成一个闭环，每一个环节都不可忽视。从其他市场主体来说，交易所、行业协会需要和期货公司积极协同合作，实现人才培育和资源共享，可以主动补位，加深与高校的前瞻性合作，探索建立战略合作关系，通过设立人才培养基地、订单培养等模式帮助期货公司积极拓展招聘渠道，打造复合型的多层次人才结构。

（二）深化对中长期资金和实体企业的服务

近年来，机构投资者[①]参与我国期货市场整体上实现了量的有效增长和质的稳步提升。以金融期货市场为例，一方面，市场交易从以自然人占绝对优势向以机构投资者为主导的结构转变。机构投资者日均成交占比、持仓占比分别从2010年的2%、23%上升至2021年的57%、72%，机构主导地位日益稳固。另一方面，参与者结构向涵盖各类型机构的多元化结构转变。参与队伍从本土扩展至境外，机构类型日益丰富，目前实体企业、证券公司、商业银行、保险公司、公募基金、私募基金、信托公司、基本养老保险基金、企业年金、QFII、RQFII等10余类机构已相继入市。

提升机构投资者参与程度和参与水平，是期货功能发挥的关键环节和服务实体经济的重要抓手。其中，服务中长期资金更是证券市场和期货市场的重要任务。2018年的中央经济工作会议就强调资本市场要“引导更多中长期资金进入”，同年《关于规范金融机构资产管理业务的指导意见》（以下简称资管新规）及相关配套细则出台，推动了银行、基金及保险等资管机构去通道、去嵌套，回归资管本源，从而利好上述资金进入资本市场。

中长期资金并无确切的概念和范围划分依据，实践中一般是指理念成熟、风格稳健且追求长期收益的资金，有时也指代这类资金的管理机构。综合资管新规的定义并参考海外经验，我国的中长期资金一般包括以下三类：第一类是聚焦10年以上长期回报、由三大支柱和战略补充构成的养老金体系，包括基本养老金、企业补充养老金（企业年金与职业年金）、个人储蓄养老金（如养老目标基金）与全国社保基金。第二类是保险资金，包括家庭健康、收入保障账户、年金领取账户与受托管理。第三类主要是公募基金[②]。

---

① 包括散户投资者之外的各类机构和实体企业。

② 在海外，共同基金在养老储蓄中占有重要地位，个人退休账户的47%和固定缴费退休计划的59%投向共同基金，而这些基金中有58%投向股票权益资产。

有效运用期货产品进行投资管理，对中长期资金和期货市场发展具有非常重要的意义。一方面，中长期资金进入资本市场进行投资，一般以保值增值为目的，具有长期持有、稳健投资等特点，体量越大对投资安全性要求越高。由于更加追求稳定收益、规避剧烈波动，中长期资金更倾向于在其投资中加入降低风险的资产组合。期货流动性好、交易成本低以及现金节约等优势正好契合中长期资金的需要，也因此深得中长期资金青睐，成为良好的保值增值工具。另一方面，相较于散户而言，成熟的机构投资者不易受到非理性因素影响，他们的参与有利于形成良好稳健的期货交易环境。在这种情况下，更多地引入中长期资金，为其提供更优质服务，使其更加便捷地运用期货产品对冲投资风险，同时提升整个期货市场的理性投资氛围，不失为一举两得之策。

提高实体企业对期货的参与度，在服务实体经济高质量发展的视野下意义非凡。期货产生的本源和初衷即是服务实体经济发展、降低企业在经营活动中面临的各类风险和波动，期货价格发现、风险管理和资源配置功能也源于此。只有更多的企业使用期货产品，更方便地达到管理经营风险的目的，才能说期货市场发挥了应有的功能。新冠疫情爆发以来，商品价格剧烈波动，期货市场的对冲功能越来越多地被企业认识和运用。专业机构帮助各类产业企业利用期货工具，为产业链上下游提供了风险规避、价格发现、平滑收益、库存管理等一系列服务。不少上市公司和龙头企业在期货公司的协助下，完善了自身的风险管理体系，显著增强了市场竞争力。

目前期货市场对中长期资金和实体企业的服务还存在三方面不足，这些不足内部存在一定的递进关系：一是机构在进入期货市场时存在一定障碍，部分机构或产品“用不了”“不让用”导致市场参与度不足；二是已经进入期货市场的机构在运用产品方面还有一些具体限制，“用不畅”“不好用”导致对产品的使用便捷度不足；三是可以使用期货产品的机构的使用场景、策略还比较单一，“用不熟”“不会用”导致运用灵活度不足。这些问题综合作用，使得我国期货市场上的中长期资金持仓量和交易量占比总体依旧偏低，稳健的投资风格和理性的交易氛围还没有完全构建起来。从这个角度来说，放松中长期资金进入市场的束缚，逐步改善投资环境，是推进期货市场更顺畅运行的重要步骤。

1. 扩大机构对期货市场的参与面

第一个问题是参与度不足。机构对期货市场的参与是否充分深入，很大程度上取决于期货产品的供应是否丰富充足。品种供应不足、产品体系不健全，必然导致一些潜在的交易者无法或不愿进入市场。目前，我国商品期货种类相对齐全，已能较好地吸引众多企业机构进入市场实现风险管理目标；但金融期货产品体系尚不健全，成为潜在交易者未能入市的重要原因。在产品供给之外，参与者能否顺利进入也是影响功能发挥的基础因素。如果产品不被允许使用或不能顺畅使用，就好比酒家酿出美酒，客人却畏于山高路远，好酒无法卖出或卖不出好价钱，好产品没有发挥出应有作用来。

基于控制风险的考虑，相关监管部门在各类机构刚开始参与期货市场时，一般会制定较为严格的要求。这是在特定国情市情下监管审慎的体现，但客观上导致相关主体因制度束缚而参与不便；即使参与后，也无法像境外机构参与当地期货市场那样灵活便捷，这无疑使我国期货产品本身就相对匮乏的境况雪上加霜，成为期货市场发挥功能的障碍。

以企业年金参与金融期货市场的发展历程为例。2011 年，人力资源和社会保障部（以下简称人社部）等部门联合发布的《企业年金基金管理办法》规定了企业年金的投资范围①，由于当时尚未上市股指期货，因此该办法并未将股指期货等金融期货产品纳入企业年金的可投资范围②。2013 年，人社部发布《关于扩大企业年金基金投资范围的通知》，允许企业年金参与股指期货，但只限于卖出合约进行套期保值，不得买入；同时，未将国债期货纳入企业年金的投资范围。这导致企业年金和职业年金长期不能参与国债期货市场。据对年金投资管理人的调研得知，他们投资业绩的评价区间较短，为了防止投资收益出现大幅波动，企业年金和职业年金更倾向于

① 投资范围包括银行存款、国债、中央银行票据、债券回购、万能保险产品、投资连结保险产品、证券投资基金、股票，以及信用等级在投资级以上的金融债、企业（公司）债、可转换债（含分离交易可转换债）、短期融资券和中期票据等金融产品。

② 职业年金均参照企业年金相关规则执行。

投资债券等固定收益资产，在管理现货端风险时，对国债期货等利率类对冲工具需求较多，限于制度要求，大多数管理机构只能在现货端风险暴露中进行投资。另外，在2020年之前，作为参与国债现货市场规模最大的两类机构，商业银行和保险公司也不能参与国债期货市场，限制了现货交易风险管理的空间，也不利于国债期货充分发挥市场功能。可见，市场真实需求与管理制度之间存在一定程度的不匹配，成为导致金融期货市场上中长期资金等套期保值型参与者和多头力量不足的原因之一。

一些实体企业参与度不高主要源于其对期货市场认识不足。相比于上市公司和大型企业，价格波动对中小型实体企业的影响更为显著，因此中小型企业才是最需要期货市场的潜在需求者。但由于资金、内控制度、专业金融人才配置等方面实力相对薄弱，其参与期货市场的门槛和难度偏高，在探索运用衍生工具时踌躇不前或者难以达到预期目标。同时，这类实体企业客户规模小、分布散、开发难度较大、利润贡献也偏低，当前机制下的期货市场对这一类客户的服务和支持程度仍然不足，尚未完全达到预期目标，也是阻碍其深度参与的重要因素。

有效引入中长期资金和实体企业进入期货市场，第一要务是上市更多更好的产品。商场里的商品足够多了，质量上乘、值得信赖，有需要的消费者就自然会被吸引。发展期货市场也是同样的道理，有丰富的期货产品匹配资金管理者和实体企业的实际需求，就自然会增加机构入市的动力。

此外，相关规则制度的修订更新也是监管部门的重点任务。2020年12月，人社部正式发布《关于调整年金基金投资范围的通知》，将国债期货纳入投资范围，交易所也配套推动相关业务平稳落地，企业年金已顺利开展国债期货相关交易。2020年初，经国务院同意，中国证监会、财政部、人民银行和中国银保监会联合发布公告，允许符合试点条件的商业银行和具备投资管理能力的保险机构，按照依法合规、风险可控、商业可持续的原则，分批推进参与国债期货市场。放松准入管制可以让更多机构拥有自由选择权，自主决定是否运用期货产品。此外，主管部门支持企业套期保值操作，进一步优化套期会计准则，使其更加贴近企业实务，也是推进企业更好运用风险管理工具的必由之路。下一步，相关监管部门还需对各类机构准入、运用期货产品的相关规则进行全面梳理和更新完善，在风险可控的前提下，尽量放开已经不符合目前市场情况和机构需求的严格限制。

2. 增强机构使用期货的便利性

第二个问题是便利性不足。递进一层分析，与私募基金、QFII、RQFII等相比，中长期资金管理机构参与期货市场还面临运用现有产品不够便利的困难。尽管目前大部分中长期资金都可以进入期货市场，但由于存在不同的监管规则，相关期货产品的运用限制导致部分策略无法有效实施，期货市场功能也大打折扣。

以公募基金参与股指期货市场为例，境外市场上，以共同基金、保险公司、养老金为代表的资产管理机构已经成为股指期货市场的主要参与力量；但在境内，由于市场流动性、监管规则限制等方面的原因，公募基金参与股指期货市场的程度相对较低。

2010年，中国证监会发布《证券投资基金参与股指期货交易指引》（以下简称《公募参与指引》）与《证券公司参与股指期货交易指引》；2011年，《合格境外机构投资者参与股指期货交易指引》[①] 出台。自此，公募基金、证券公司、QFII、RQFII参与股指期货交易获得明确制度依据，市场风险管理工具得到进一步丰富。公募基金可根据其管理需要，运用金融衍生品进行风险对冲或投资管理，达到保值增值目的。

实际运作中，公募基金参与股指期货受到一定规则限制：《公募参与指引》规定，任何交易日日终，一般开放式基金持有买入股指期货合约价值不得超过资产净值的10%；持有卖出合约价值不得超过基金持有的股票总市值的20%；在任何交易日内交易（不包括平仓）的成交金额不得超过上一交易日基金资产净值的20%。大量基金公司反映，这些限制过于严格，难以满足其投资管理需求：一方面，多头替代策略可以帮助基金公司使用较少资金达到精确复制指数、便利化管理的目的，在期货贴水时还可获得额外收益，但多头持仓的比例限制阻碍了该策略的充分运用，不利于基金降本增效。另一方面，空头持仓量的比例限制，既不能满足部分基金对冲

① RQFII参与股指期货交易监管参照QFII执行。

持有现货组合风险的需求，又导致基金在面临非预期的资金净流出时，无法通过持有相应比例的空头合约进行流动性管理。

与境外共同基金和境内其他相关机构相比，公募基金面临的限制都明显偏严。从外部来看，欧美市场更注重监管基金的杠杆交易，我国台湾地区则更多对基金持有、交易衍生品的比例赋予较高的上限。相对而言，境外监管比较宽松，灵活度更高，基金参与具有更大空间和弹性。从内部来看，2013 年，中国证监会公布修订后的《证券公司参与股指期货、国债期货交易指引》，在增加证券公司参与国债期货交易监管规范的同时，取消或降低了原指引中相关持仓与交易限制①，促进了券商对股指期货的灵活使用。QFII、RQFII 面临的监管也更为宽松，未设置类似公募基金的投资额度和交易额度限制，因而 QFII、RQFII 参与股指期货的灵活度更高，实际参与更为充分，现已成为股指期货市场上重要的多头持仓者，并表现出持仓量大、换手率低、投资策略灵活丰富等特点。与此同时，风险管理有效性的提高也在一定程度上提升了 QFII、RQFII 参与我国 A 股市场的积极性。

事实上，除了公募基金之外，规则制度方面的约束是各类机构参与期货市场时普遍面临的问题，在一定程度上仅有“多少之别”，而无“有无之分”，这些约束增加了机构对冲自身风险的成本和难度，降低了策略运用的充分性。因此，修订完善相关机构参与期货市场的制度迫在眉睫、意义重大。除了进一步放开实质性管制，允许商业银行和保险真正有效地参与国债期货交易之外，还需要借鉴证券公司、QFII、RQFII 等机构的监管规定，

---

① 2010 年《证券公司参与股指期货交易指引》要求：一、“证券公司证券自营业务参与股指期货交易的，应当按买入股指期货合约价值总额的 30% 计算风险资本准备。”二、“证券公司集合资产管理业务（不含限额特定资产管理业务）参与股指期货交易，集合资产管理计划在任一时点，持有的卖出股指期货合约价值总额不超过集合资产管理计划持有的权益类证券总市值的 20%，持有的买入股指期货合约价值总额不超过集合资产管理计划资产净值的 10%。”2013 年《证券公司参与股指期货、国债期货交易指引》要求：一、“证券公司以自有资金参与股指期货、国债期货交易的，应当对已进行风险对冲的股指期货、国债期货分别按投资规模的 5% 计算风险资本准备（5% 为基准标准，不同类别公司按规定实施不同的风险资本准备计算比例，下同）；对未进行风险对冲的股指期货、国债期货分别按投资规模的 20% 计算风险资本准备。”二、“证券公司以受托管理资金参与股指期货、国债期货交易的，应当在资产管理合同中明确约定参与股指期货、国债期货交易的目的、比例限制、估值方法、信息披露、风险控制、责任承担等事项。”

放松对公募基金的限制，在控制杠杆率、做好风险控制的前提下，进一步放松乃至取消持仓与交易规模限制等，从而便利公募基金建仓，更好地发挥期货产品在降低成本、增强效益方面的功能。另外，以市场为本，从更多方面推动支持中长期资金更便捷、更低成本地利用好期货市场进行保值增值，也是保障中长期资金投资安全、促进资本市场特别是期货市场持续健康发展的重要举措。比如，金融期货交易所需要不断创新交易结算机制、更新内部操作制度、降低交易成本、恢复股指期货交易常态化管理、改革套保审批与监管等，这些都是促进机构参与期货交易更加便捷、调动中长期资金参与积极性的可行措施。

3. 提升期货运用策略的丰富度

第三个问题是策略场景丰富度不足。当前境内中长期资金和实体企业参与期货不够深入，也与部分机构运营理念不成熟、内部流程不健全、人才储备不足等因素密切相关。

我国的期货市场起步较晚，大部分机构和企业对期货交易策略了解有限，对监管规则不够熟悉。例如株冶和中德啤酒厂的管理者，要么对期货的功能不了解，不清楚这一风险管理工具的有效运用场景；要么企业内部的风险控制流程存在漏洞，不具备高效运用期货的基础条件。当前的中长期资金管理机构，人才储备以股票、债券等现货市场专业为主，在衍生品领域未能配备足够的业务人员，甚至存在一些从业人员不熟悉衍生品工具应用与规则的现象，这都是制约期货运用的负面因素。与此同时，机构自身运营理念不成熟、内部风险控制不健全，也可能成为其有效运用期货工具的掣肘。这些情况直接导致我国部分实体企业和资管机构的期货运用策略不丰富、不先进、不科学，甚至在交易活动中诱发不必要的风险事件。

交易者要在合理控制期货投资风险的同时获得预期的收益，首先要严格按照预定方案确定操作目标、方向和原则，明确流程、认真执行、谨慎变更，要采取合理的投资策略和技巧，根据企业和机构的财力来决定参与规模，还要针对市场变化灵活应变，做好风控管理。对于中长期资金的管理机构来说，更需要提升管理层和相关团队的管理能力，提高运用期货产品的灵活性和专业水平。

解决以上问题，有赖于结合境内市场发展实践，促进各方协作、加强行业培训。关于培训内容，可以邀请部分使用期货产品取得良好风险管理效果和投资收益的机构，分享介绍投资策略并共同讨论，推动投资理念的丰富和成熟。同时，由监管部门对机构内部风控、自律管理要求进行解读，帮助机构充分了解规则，降低运作风险。关于培训对象，既要对市场现有的从业人员进行培训，也要联合高校，对即将进入金融市场的在校学生进行期货知识的普及与专业培养，使其尽早了解证券期货市场，提升行业后备力量的业务素质。关于培训形式，既可以组建由海外专家、市场机构人士、交易所相关人员组成的团队，以研讨会等形式定期交流；也可以举办企业案例分享会，定期或不定期进行成功模式、经验的宣传介绍；还可以通过合作课题等方式，加强交易所、监管部门、市场机构与高校相关研究团队的交流，不断提升各类机构使用期货产品的整体能力。

（三）强化市场投教，优化产品认知

期货市场的发展健康与否，不仅取决于直接使用的参与者，也与其他利益相关者以及社会公众的认知息息相关。如果大家对这些产品的认识不充分、不客观、不公正，就可能产生“酒香也怕巷子深”的情况，甚至为期货市场带来非议，影响发展节奏。纵观期货发展历史，“认知定命运”的特点非常突出：期货市场是专业的风险管理市场，服务实体经济不像提供“真金白银”的融资市场那样直接，社会公众特别是中小投资者对期货产品的特性、功能作用形成客观、系统认识都需要一个过程。以散户为主体的交易者结构，是我国资本市场最基本的市情，散户群体基数庞大，且投资情绪易受市场走势影响，经常把监管政策或者相关金融产品当作是市场异动的罪魁祸首。因此，舆情管理和市场宣传推广任务比较艰巨，必须花更大力气、更加灵活地开展工作。

1. 加强宣传，深化市场主体避险意识

中小客户如个人投资者或小型机构，不一定以套期保值为主要目的参与期货市场，其中一部分通过短期持有期货头寸获取收益，成为期货市场上投机力量的重要来源。在强调营造稳健投资氛围、降低投机比例、重点

服务中长期资金的同时，不能一概而论地否定投机力量的市场功能。他们作为交易对手方在盘活市场交易、提升定价准确性、提供市场流动性等方面发挥着重要的作用。期货的价格发现功能能够更好地实现，与投机者这“一池活水”的积极参与也有紧密关联。事实上，正是因为及时、连续不断的不同方向的买卖需求进入市场进行交易，才产生了高效、公允的期货价格。

但也必须看到，我国期货市场整体起步较晚，市场大众对期货的理解认识存在不到位的情况，可能产生或放大风险影响。从“株冶”事件和“原油宝”事件中都可以看出，我国企业或个人投资者一次次成为国际期货市场风险事件的主角，充分体现了境内期货市场应该重点关注的几点教训：其一，部分市场交易者，尤其是中小型实体企业，在参与期货市场时往往很难将风险管理理念贯彻到底，容易把期货当成盈利工具而忽略了风险管理的实质，抱着套期保值的心态入市，结果错误地做成了投机，有可能造成不必要的损失甚至引发风险事件。其二，部分交易者对投资风险的认知不足、风险意识淡薄，不管是期货交易者还是股票现货投资者，在参与交易时都抱有一定侥幸心理。比如“原油宝”的投资者，对国际油价的涨跌逻辑和原油期货产品运行机理了解显然是不够的，在原油价格逐步下跌时甚至有“抄底”的情绪，一定程度上混同了期货与现货，才导致出现亏损的结局。

从这些方面来看，期货市场必须加强宣传力度，深化市场主体的避险意识。对于中小客户的培育，需要做好两项工作：一个是注重培训，使其明白期货运行原理，乐于运用、敢于运用；另一个是加强宣传，使其知晓期货风险，善于运用、活于运用。

改变中小客户风险意识不强、对期货理解不足的困境，需要监管部门、交易所、市场机构以及研究团体形成合力，通过宣导正确的价值投资理念，健全客户的风险控制意识和风控预案，让个人投资者学习了解产品的具体情况，认真评估自身的风险承担能力，防止盲目入市和过度投机，谨慎参与，避免策略执行变形，逐步提升市场的专业化程度。从培育主体来看，交易所和期货公司等可以积极扩大对企业和中小客户的培训，协助参与前期制度搭建和套保方案制定，在套期保值过程管理、持仓风险评估及套期保值结束后的效果评估和反馈等流程上提供更加全面的服务，满足中小企业和交易者在风险管理和资产管理方面的全链条需求。从方式来讲，需要通过通俗易懂、翔实有趣的宣传和系统的投教活动，协助各方提升对期货市场的认知，促进企业提高期货的使用能力，引导市场形成正确的投资理念、掌握先进的运用技术。

2. 注重引导，改善市场发展舆情环境

市场舆论、公众认知在无形中影响着期货市场的发展进程，良好的舆情环境会助力市场健康前行，对期货不理解、不认同则可能阻碍发展步伐。期货特别是金融期货受到质疑似乎是国际惯例，历史上不同国家或地区的金融期货市场在金融危机当中也曾遭受或多或少的责难。例如股指期货一度成为美国 87 股灾的替罪羊，日本股指期货也曾迫于“有罪论”压力而身披枷锁等。虽然实践最终表明“期货造成现货市场下跌”的论断是无稽之谈，期货也得以身还清白，但市场发展脚步一旦被打乱，则会付出惨痛代价，需要较长时间才能经历曲折回归正道。由此可见，深化社会各界对期货特别是金融期货的认知、构建良好的市场发展舆论环境是个久久为功的长期过程，任务艰巨且极其重要，需要引起足够重视。

在我国股指期货上市之前，交易所、期货公司、专家对于股指期货的评价、推广和研究都集中在股市的宏观长期功能方面。上市后，由于股指期货未经历完整周期特别是极端行情，产品及制度机制的特性在不同市场运行状态下没有得到全面检视，市场普遍对现货决定期货有一定共识，但对期货反映现货市场运行、服务现货市场发展的认识不足，风险教育不够，交易所也缺少第一手的资料提前向社会做好广泛宣传。2015 年前后，正是以微信公众号为代表的自媒体平台迅猛发展之际，以吸引流量为生存目标的各类网络平台，往往惯于通过极端化的内容挑动读者情绪，从而提升点击率。相对而言，读者群体也因为公众号等自媒体的出现更加区块化、板结化，群体之间缺乏沟通交流，导致舆情迅速发酵。在这样的大背景下，有关股指期货的各种似是而非的认识和观点，被自媒体平台生产和传播，进而引发舆情。某些在自身专业领域具有一定知名度和影响力的专家学者，也对金融衍生品存在不同的认识。股市出现异常波动期间，这些专家学者通过各种渠道密集发声，一定程度上影响了舆论走向，进一步造成舆情升级。

这些情况使得市场急跌时社会各界对期货价格的实际运行表现产生一定认识偏差，缺乏相应心理准备，出现了一些情绪化、非理性的声音。例如，一些人从盘面走势观察到股指期货存在先涨先跌、多涨多跌、振幅较大的现象，就简单地将其理解为股指期货引涨引跌、助涨助跌，尤其是片面地认为股指期货推动了现货下跌，是市场大幅波动的“元凶”。股指期货后续面临较严监管限制，整个决策制定过程中很难说没有受到市场和社会上不正确言论的压力影响。

受此启发，期货市场的新闻舆论工作要非常重视正面宣传，消除市场误解和偏见，引导市场大众更正面、更客观、更清晰地认识期货、了解期货。具体而言，期货市场的宣传工作客观上要兼顾专业性与大众性的统一，要突破创新，讲好期货故事，重视广大读者对专业报道的理解和接受程度，也要把握好宣传工作的度和量；舆论引导和推广需要积累经验、摸索渠道、把控好节奏，形成明确的指导思想。交易所需要充当主要角色，通过与高校、机构和社会各界的合作，将投资者教育前置嵌入国民教育体系，努力推动金融教育取得积极成果和社会效应，从而不断提升期货市场的影响力和认可度，共同努力消除大众对期货的误解，优化舆情生态，拓宽发展空间。

三、优化期货市场的监管制度环境

营造良好的发展环境，对有效推进期货市场成长尤为重要：科学而稳定的监管制度与法治化管理，可使境内外参与者形成对未来发展前景的明确、稳定预期，有助于期货市场平稳有序运行。对期货市场国际化的不断探索是增强包括交易所、中介机构在内的所有参与者整体竞争力的有效途径，可使我国期货市场通过对外开放持续扩大业务规模、促进产品创新、提升商品定价权。监管环境对创新和竞争的鼓励支持，以及对现有严格限制的适度放松，则可以从根本上提振整个行业勇于创新、乐于创新、善于创新的精神，营造出朝气蓬勃、欣欣向荣的发展氛围。

（一）加强期货市场法治化建设

在《期货和衍生品法》颁布之前，境内期货行业形成以《期货交易管理条例》为核心，《期货交易所管理办法》《期货公司管理办法》《期货从业人员管理办法》等部门规章、规范性文件和司法解释为主体，交易所、期货业协会自律规则为重要补充的法规制度体系，一定程度上保障了期货市场的平稳发展。《期货和衍生品法》的颁布生效标志着期货市场法治化迈出重要一步，意味着境内期货和衍生品行业拥有了根本大法，为保障期货市场各方合法权益、规范交易行为提供了最基本准则。下一步，还需在具体操作层面加强执行和落实，根据立法原则和规定要求进一步对其他相关规章制度进行修订，完善各类市场主体监管规则，优化参与者运用期货产品路径，从而更加充分发挥出法律层级提升带来的积极效应，提高期货市场功能发挥的便捷程度和总体水平。

1. 期货立法解决诸多问题

《期货和衍生品法》以服务实体经济为主线，对期货和衍生品交易、结算与交割、参与者、交易场所、服务机构、监督管理、跨境协作等都做出了详尽的制度安排，对完善我国金融市场建设具有极其重要的意义。从定位来说，《期货和衍生品法》明确国家支持期货市场健康发展，立法确立期货市场发挥发现价格、管理风险、配置资源的三大功能，首次在期货市场两个基本功能的基础上增加资源配置这一重要功能，肯定了期货市场服务实体经济和调整供需关系的重要作用。

该法优化了现行期货品种上市批准制度，原则规定品种上市基本条件，确认了品种上市的注册制度，品种中止、恢复和终止由期货交易场所决定并向国务院期货监督管理机构备案。通过优化期货品种的上市程序，交易所能够以市场为导向，推出更多符合现货市场风险管理需求的期货品种，增强服务实体经济的能力。

另外，《期货和衍生品法》明确了法律域外适用效力，明确了跨境监管机制，有助于推进我国期货市场的国际化进程，并为对外开放过程中处置跨境市场风险提供了强有力的法律支持。除此之外，该法还拓展了期货公司业务范围，为增强期货公司经营能力和风险管理能力、更好服务实体经济预留了法律空间。

2. 需要继续完成的工作

此前，期货市场的重要参与主体如交易所、期货公司等在发展过程中面临不少困难，比如交易所上市产品的流程冗繁、耗时较长，期货公司业务单一、同质化竞争严重等。《期货和衍生品法》对产品上市、期货公司业务创新等进行了规定，大大拓展了市场创新的发展空间。在法律并未细化的具体落地措施方面，需要市场主体在实际操作中，以法律原则和精神为导向进行拓展创新，既充分发挥主观能动性，又高度重视规范参与者行为、加强交易者保护和市场监管力度等重点问题，降低自身风险，充分发挥市场主导作用，按照法律原则落实相关措施。

不断完善和优化相关具体制度也是我国期货市场法治化的重要内容。基本大法制定完成生效后，需要在吸收我国期货市场相关制度精华的基础上，合理借鉴西方国家实践经验，结合具体国情市情找到最佳平衡点，继续探索具有鲜明中国特色且实效显著的法治化道路。具体来说，监管部门需要全面梳理证券、基金等市场机构现阶段能否有效参与期货市场、能否便捷地运用期货产品，并对相关指引等进行科学评估和修订。交易所、监控中心、行业协会等自律管理组织内部也有较多的操作规则和细则，长期以来在较低的层级上规范着期货市场的运行。下一步，上述组织需要以行业立法为契机，对诸如保证金管理、套期保值管理、客户编码管理等制度进行全面梳理，缺失的规则及时查漏补缺，不合时宜的可以废止或者修订完善，构建出自上而下、整体贯通、便于期货市场更好发展的法制环境。

保持法制体系的稳定性有利于维护法律权威。一些境外机构在选择是否参与境内交易时，也会考虑被投资市场的法律环境，特别是法规制度是否稳定清楚。比如，QFII 等境外机构就较多地关注已生效的具体指引在将来是否有修订计划，或者目前参照某指引执行的税收操作是否具有法律效力、将来是否还会继续参照执行等。由此可见，期货行业法律规则的稳定与否，是境外投资者进行跨境投资决策的考虑因素之一，对我国期货市场能否大步迈出对外开放的步伐具有重大影响，因此，相关主体需要在维持期货市场法制体系稳定性方面继续努力。

（二）推进定价中心建设和期货市场国际化

当前国际大宗商品的定价机制普遍采用期货定价的方式，商品现货价格主要参考权威期货市场对应品种的期货价格，因此世界主要经济体都高度重视期货市场建设，并将其作为争夺国际商品定价权和风险管理中心地位的博弈舞台。

经过多年的积累，英国建立了伦敦的金融中心和有色金属定价中心地位。第二次世界大战以后，美国正是接替了英国的经济地位，才奠定了华尔街金融中心和定价中心的地位。作为全球商品生产、加工、贸易和消费大国，我国的国际经济地位已有很大提升，现货市场发展取得举世瞩目的成就，许多大宗商品和金融资产的交易量都已在全球排名中遥遥领先。但是，我国境外绝大多数期货品种的交易价格并没有在国际上形成相应的影响力，需求优势尚未充分转换形成产业链定价优势，因此在国际贸易中被动成为国际市场价格的接受者。在全球市场格局中，我国有责任也有义务加快国际商品定价中心和金融风险管理中心建设，积极为全球提供公开透明、具有国际公信力的期货价格，以此作为参与全球经济治理、推动建立国际贸易新秩序的有效方式。

把握大宗商品定价权，建设金融市场风险管理中心，构建富有吸引力、影响力和国际竞争力的期货市场，当务之急是扩大期货市场双向开放，努力推进期货市场的国际化建设。相较于实体经济日益融入全球经济一体化以及资本市场的总体开放形势，我国境内期货市场对外开放进程有所滞后。前述多个风险案例已经按响了催促境内期货市场走向国际化的铃声，因此，扩大市场开放，提高期货市场国际化水平，切实增强产业链和供应链的安全性、稳定性、竞争力，形成与我国经济规模相适应的价格影响力势在必行。在下一步工作中，必须把期货市场对外开放纳入资本市场对外开放的大局中统筹考虑。

1. 机遇和挑战并存

我国期货市场在持续探索形成对外开放新格局、进一步提高期货价格的全球代表性方面，已经取得了一定成就，积累了相关经验。

例如，多年来，我国一方面以国际化程度较高的原油、铁矿石、大豆等期货品种为试点，引入境外交易者参与国内期货交易，带动其尽快熟悉适应国内期货市场业务模式和规则制度，让更多的境外交易者参与到“中国价格”的形成中来；另一方面尝试通过业务合作、海外设置交割库与市场服务布局、互联互通等多种方式，有序推进国内期货交易所走向国际市场，不断积累经验，提高国际服务能力和综合竞争力。在境内机构国际化方面，我国期货公司不断通过新设或收购方式形成对外投资。2014 年，中国证监会发布《关于进一步推进期货经营机构创新发展的意见》（以下简称意见）之前，已有永安期货、南华期货、广发期货等多家期货公司先后获得批准赴香港设立分支机构。意见发布后，陆续又有银河、南华及广发等数家期货公司通过海外并购等方式赴海外设立分支机构①。期货公司在境外设立子公司，有利于快速扩大公司品牌的知名度，迅速实现期货业务的内外结合，还可以使期货公司更敏感地捕捉市场信息，为交易者提供更好的投资服务。

期货市场对外开放工作的机遇与挑战并存。

机遇方面，一是市场开放具有一定实践基础。《期货和衍生品法》出台之前，《期货交易管理条例》和《境外交易者和境外经纪机构从事境内特定品种期货交易管理暂行办法》（以下简称《暂行办法》）已允许境外交易者参与境内特定品种的期货交易。2018 年 3 月，上海原油期货上市交易，开启了我国期货市场国际化的先河。此后，铁矿石、PTA、20 号胶、低硫燃料油、国际铜、棕榈油等多个期货品种相继对外开放，引入境外交易者，走向国际化。上市以来，特定品种运行平稳，国际化程度不断提升，可以在

① 其中，中国国际期货以收购的方式率先进入香港市场；广发期货成为首家以新设子公司方式进入香港的内地期货公司，开辟了期货对外开放新途径；南华期货于 2010 年在香港成立全资子公司，主要开展期货经纪业务、杠杆式外汇交易、证券投资咨询业务等领域的业务。广发期货于 2013 年 7 月成立英国子公司，成为伦敦金属交易所（LME）首家中资背景的会员。

亚洲交易时间对国际市场产生日益明显的影响。当前，我国期货市场的所有商品期货（期权）和股指期货（期权），均已向QFII、RQFII开放。2020年1月1日起，相关规则取消外资入股期货公司的投资比例限制，境外股东的引入为我国期货公司发展带来新的理念和经营方式，与市场开放形成协同效应，提升了市场竞争力。近年来，也曾有摩根大通、高盛、苏格兰皇家银行、法国兴业银行、瑞银等国际投行参股境内期货公司，先后尝试国际化运行。同时，境内外交易所联合设立中欧所，中方交易所持股巴基斯坦证券交易所等，也成为我国期货市场探索“走出去”的新型路径。除此之外，目前境内期货交易所还通过期货产品合作开发、加入国际性期货期权行业协会、签署谅解备忘录实现信息共享、研讨交流等方式与境外开展交流。

二是潜在市场需求广阔。根据同花顺金融数据终端统计，截至2021年6月末，境外投资者参与我国金融衍生品交易的总头寸为85亿美元，但证券投资总计达到了21090亿美元，可见境外投资者对境内金融现货的投资规模远远超过金融衍生品交易规模。这反映出外资机构已经较多地参与了境内商品和证券市场投资，必然具有较高的现货市场风险管理需求，因此对进入我国期货市场的兴趣也会比较浓厚。此外，我国期货品种体系在不断完善，定价质量和影响力不断提高，已有期货品种在国际化市场上的功能发挥也在不断增强，具备了对外开放的客观条件。例如，受市场避险因素的推动，2022年1～4月，中美利差快速收窄并出现倒挂。2月起境外机构投资中国债券规模整体下降，避险需求上升，3月以来，国内证券公司为境外机构提供挂钩国债期货的收益互换（TRS）服务，便利境外机构进行利率风险对冲，有效稳定了境外机构持有中国债券的信心。

挑战方面，第一个挑战是法律体系宏观差异较大，对境内外市场接轨形成阻碍。欧美等期货市场在诞生之初就是一个高度开放的市场，在法律规则体系建设和监管方面积累了丰富的国际化经验。而我国期货市场的国际化进程刚刚起步，需要在《期货和衍生品法》出台后，进一步完善现有的法律规则和监管体系，在各项基础法规中考虑对外开放因素，增加便利以适应市场需要，对于可能产生的管辖冲突等问题，也需要双方监管部门进一步沟通协调。

第二个挑战表现在跨境风险传递方面。大宗商品高度同质化、金融属性强、国际国内商品金融市场联动紧密等特点使各类产品价格一旦发生异常波动，很容易通过商品、汇率、资金等多个链条快速传播，造成国内外汇市、股市、债市等金融市场风险共振传导。在国内机构风险应对能力尚不强的情况下，这些都对我国跨境资金流动及金融市场风险监管提出了挑战。

第三个挑战是期货市场开放与资本项目管制之间存在两难境况。在跨境资金进出方面，期货市场本身的特有机制如当日无负债结算制度以及连续交易机制、国际化期货品种的大额汇兑等，对跨境资金划转的及时性和便利性提出了更高的要求，而现有的资本项目管制制度并不能完全满足上述要求。

2. 探索期货市场国际化路径

期货市场的参与主体、风险管控方式等与其他金融市场存在较大区别，这使得期货市场的国际化进程也带有其自身特点，不可照搬照抄其他市场的经验。我国期货市场的国际化发展路径，主要以国际化品种的开发、放宽外资准入以及加快期货公司走向世界等为主要模式，要成功实现国际化的战略目标，需要在妥善应对挑战的基础上，从法规制度建设、机构国际化发展以及“引进来”“走出去”双渠道方面多向发力。

针对监管差异挑战，中国证监会于 2015 年发布《暂行办法》，允许境外交易者和境外经纪机构从事境内特定品种期货交易，除了规定了准入门槛、参与模式等内容，还规定了对境外交易者、境外经纪机构从事境内特定品种期货交易及相关业务活动的违法违规查处和跨境执法等监督管理职责，为境内市场引入境外交易者奠定了法制基础。新颁布的《期货和衍生品法》中，专门对跨境交易和监管协作进行规定，进一步提升了期货市场监管的法律层级和有效性，但还需要交易所、中介机构等主体的内部相关配套规则逐步到位。针对风险传递挑战，期货市场各机构一线监管能力需要不断提升，充分发挥我国市场“看穿式”监管的机制优势，持续完善风控措施，有效应对开放工作对监管提出的挑战，全面做好市场开放的风险防范。针对资本项目管制挑战，期货市场需要遵从资本市场对外开放整体部署安排，根据监管要求动态调节开放战略。

下一步，相关工作可以分为“引进来”和“走出去”两条路径来做细做强。

“引进来”方面，首先要进一步推动期货市场的开放性，提高境外交易者参与度。这项工作可以从产品和平台两个方面入手，互相补充、齐头并进。一是不断创新推出适合境外交易者参与的特定品种，加速提升已有产品或新上产品的对外开放程度。比如在已有国际化品种的基础上，开发与国际惯例接轨程度更高的产品，更多考虑与现行规则制度的衔接，照顾境外参与模式、交易时间、交割规则等方面的差异，方便引入更多境外交易者。二是加强通道业务的研究探索，打造便利境内外交易者共同参与的交易平台。在现有特定品种上，我国已经有了成功的探索，丰富了引入境外主体的形式，比如铁矿石期货支持境外交易者通过境内期货公司或通过境外中介机构转委托境内期货公司的二级代理模式参与境内市场；原油期货增加了直接连接交易所的境外特殊经纪参与者（类似期货公司会员）和境外特殊非经纪参与者（类似自营会员）模式等。下一步还需要潜心打磨新型通道，在现有制度要求框架下探索灵活的交易者引入模式，同时考虑统一境外交易者参与期货市场各路径下的不同品种的账户和资金管理方式，优化保证金管理模式，便利境外交易者参与境内期货交易。

“走出去”方面，需要在大力发展好境内市场、有效防范定价权旁落的前提下，探索更加多元化的路径。一是通过产品互挂等形式与境外交易所开展灵活多样的合作，比如通过结算价授权方式，允许境外交易所上市交易我国期货市场产品，并以我国市场产生的结算价进行结算。二是继续开展与“一带一路”沿线国家的务实合作，通过研究“一带一路”沿线国家的实体产业和期货行业的发展趋势，结合我国自身优势研究探索交易所之间股权合作、设立办事处、设立境外交割库、产品互挂等合作模式。三是继续创造条件为期货公司走向全球市场提供必要支持。

期货市场走向国际化，需要各方面的努力与配合。交易所和中介机构的首要任务是转变服务意识，改变长期以来主要面向国内市场的服务理念和方式，加强与境外交易所、行业机构的业务交流合作，深入研究跨境期货业务监管合规要求，合理制定跨境期货业务发展战略和业务模式，探索创新拓展国际市场、服务国内外行业产业机构的方式手段，增强市场的全球吸引力，并不断增强市场自身对“输入性”风险的防范和抵御能力。监管制度要包容、开放、创新，既可以尝试在交易所会员中引入国外金融机构，又可以鼓励与境外市场互相挂牌上市品种，开展灵活多样的合作，这不但有利于当地交易者参与国际品种交易，也对提高上市品种的国际影响力具有战略价值。投资机构和实体企业等市场交易者也要紧跟期货市场国际化发展趋势和方式路径，明晰在国际化过程中的风险管理需求，在做好风险控制的前提下，探索科学参与国际化期货市场的战略布局和方式等。

当然，推进期货市场对外开放，也是优化现阶段境内期货市场的发展环境、提升综合实力的重要举措。双向开放可以引入境外成熟机构参与境内市场，提升机构化水平、完善交易者结构，并带来增量资金和先进的投资理念，同时通过竞争倒逼境内相关机构进行革新优化，提升市场创造力和服务质效。在这一综合过程中，期货交易所通过不断完善规则制度、深化市场服务、研发推出更多满足市场需求的产品和业务，构建出中国产品价格体系；期货经营机构通过创新改革，提升自身素质、降低交易成本、提供更优质的服务，进而壮大中介机构群体力量；市场交易者加强风险控制，更深理解期货本质与运行原理，增强运用期货进行风险管理的水平；整个行业满怀信心，以更高的综合能力迎接包括国际化在内的各方面带来的挑战，才是期货市场对外开放的真正意义所在，也是加强法治化建设、拓展创新空间、优化成长环境，以及为期货市场发展做出的所有努力的真正意义所在。

（三）鼓励创新与竞争

“*Market Maker*：*A Sesquicentennial Look at the Chicago Board of Trade*”一书描述了1848年芝加哥期货交易所成立至1998年这150年间美国期货市场上发生的巨大变化，全面生动地展现了CBOT的历史全貌。该书的中文译本《市场缔造者：芝加哥期货交易所的150年》出版时，“世界金融期货之父”、CME Group终身荣誉主席梅拉梅德专门作跋。以下是节选自该跋的部分内容①：

1969 年，当我成为芝加哥商业交易所主席的时候，我的目标就定位在把芝加哥商业交易所建成像大街那边的芝加哥期货交易所一样规模的交易所。这是我的梦想……

我认真地思考，是不是把芝加哥商业交易所进行多元化，尝试一下金融期货品种。这是一个革命的思想，因为期货交易品种一直都是局限在农产品领域……从 1972 年开始萌生的外汇观念非常成功，最终，它完全改变了期货市场的属性，把完全交易农产品的期货市场发展成为金融产品占 95% 以上的期货市场……后来，全世界都在复制这一理念，金融期货市场遍地开花……

1981 年，我们建立了迄今为止最为活跃的、交易欧洲美元的利率市场。该交易开始采用“现金结算”，而不是实物交割。1982 年，我又说服标准·普尔公司特许芝加哥商业交易所创立标准·普尔 500 指数期货市场，该市场空前成功……1987 年的时候，我觉得新的信息技术将取代过时的公开喊价交易系统。因此，我提出了最终发展成为全球 24 小时电子交易系统的电子化交易理念。目前，全球 24 小时电子交易系统是期货市场最成功的电子交易系统……

芝加哥商业交易所和芝加哥期货交易所已经知道更为有益的方法是各自开展差异化金融创新业务，而不是为同一产品进行竞争。我们也学会了相互合作……

尽管人们难以接受改变，但是，谁不接受改变，谁就要付出高昂代价……尽管我们两家交易所存在差异，但是，我们对市场价值的认同却不谋而合……强强联手将会使芝加哥市场更强大……全球 24 小时电子交易系统引领我们两家交易所走上了合并并成立当今世界上最大的期货市场——芝加哥商业交易所集团之路……

期货市场积极创新的意愿造就了它一如既往的成功，实际上，创新就

① “跋——为王学勤的新译著而作”，利奥·梅拉梅德，《市场缔造者：芝加哥期货交易所的 150 年》（【美】威廉·法龙，王学勤译），中国财政经济出版社，2011 年。

是芝加哥期货市场的突出个性。芝加哥期货交易所和芝加哥商业交易所将携起手来，把芝加哥缔造成为世界金融风险管理之都。

通过以上论述不难看出，梅拉梅德对丰富产品、拓展业务、技术变革、兼并融合、国际化视野等推动期货交易所以及整个期货行业发展的路径和方式的推崇。其中尤为重要的，是被多次强调的“创新和竞争”。

期货市场生于创新、成于创新，其能够在芝加哥诞生和快速发展，创新与适度的监管环境发挥了重要作用。梅拉梅德一直呼吁期货行业注重革新、切勿墨守成规，我国期货市场也应该重视产品业务创新和适度竞争，防止行业活力不足，产生负面影响。

顺应现货市场不断变化的风险管理需求，是期货市场前行的源动力；而期货市场能够顺利发展，则不能离开监管大环境对市场创新的支持和对发展自由空间的保护。我国期货行业面临的困境，与市场曾经长期处于整顿之中、早期监管科学化程度不够有着密切关系。我国古代的商业贸易被严重限制，重农抑商思想导致了不健康的商业发展模式，不利于交易的自由进行，也不利于机制的创新，因此在现货交易规模始终没有壮大起来的同时，也摧毁了期货市场诞生的初始环境。现阶段，国家已经充分认识到经济发展和构建优秀风险管理市场的重要性，因此给予期货市场发展以大力扶持。下一步，无论是对交易所、中介机构还是交易者，监管部门都应尽量在法制框架内营造更适宜的竞争和创新环境，从而使期货市场能充分施展才能，巧妙地解决各行业风险管理需求。

1. 优化期货产品的上市与运行管理机制

期货产品是否丰富、多元、完备，是决定交易所生存发展的命脉，也是衡量期货市场功能是否有效发挥的重要标准。对此，监管部门需要在多方面加大支持力度：

其一，便利产品上市。《期货和衍生品法》对新品种上市实行备案制，减少了审批流程、放松了上市约束。在具体落地时，监管部门需要将合约设计是否科学有效这个检验权更多地赋予市场，让交易所及时获取市场需求反馈并判断、决定如何设计产品。这样的上市方式能够更好催动市场化竞争，让产品更有生命力。

其二，减少不必要束缚。产品上市后，需要各监管部门和各市场主体以应对好、监测好、控制好风险为前提，尽量提高市场流动性、提升品种功能发挥效率，减少对产品正常交易的不必要束缚，营造良好的市场运行环境。

其三，支持交易所的适度竞争。境内期货交易所之间，以及期货交易所与证券交易所之间，在产品上市方面存在一定的竞争和互补关系。由于金融市场，尤其是衍生品市场的创新层出不穷，许多交易所在上市品种方面存在一定交叉和界限模糊的情况。这并非坏事，合理、良性、适度的竞争必然能激发交易所更多的创新激情。需要注意的是，在同一监管体系下，交易所的定位要更为清晰，不同交易所之间不仅要存在良性竞争关系，还要加强合作，共同研发新型产品、拓宽业务范围。

2. 给予交易所充足的创新空间

金融创新呼唤监管创新。期货市场坚守服务现货市场发展这一初心，需要非常敏锐及时地注意到期货与现货之间的供给偏差，时刻捕捉“现货市场需要什么”的重要信息，快速了解交易机制、结算机制等服务模式与市场需求之间的缺口，并根据需求的变化及时反应，创新上市产品合约或修订优化业务机制。这种高速的、科学的反馈，需要交易所拥有一定自主能动性，多下“田间地头”了解国家经济发展前景和真实所需，摒弃一成不变的发展模式和思维，打破垄断式发展路径，通过不断改革真正服务好市场。在这一过程中，就需要监管给予交易所更多支持和创新空间，使其在竞争中创新、在创新中发展。

关于交易所方面的创新，值得思考的问题有以下三个：

一是交易所会员类型的进一步丰富。我国期货交易所的会员目前基本上都是由期货公司组成，境外交易所会员资格一般不受机构类型限制，比较丰富多样，符合条件的证券公司、期货公司、基金公司、投资银行、商业银行等各类金融机构都可以成为会员（如表7－2所示）。例如CME的清算会员包括前述各类金融机构，其中期货公司仅占不到20%。境内交易所可以在丰富会员组成结构方面进行改革，根据市场参与者信用等级、风险承受能力等特点，筛选具备较强风险管理能力的机构成为会员，一方面纳入不同类型机构，形成多类型会员的交易结算体系，丰富会员种类，扩大业务规模；另一方面通过引入适当竞争，激励期货公司会员借鉴经验，寻求壮大自身的途径，促进行业发展。

表7-2　　境外代表性交易所会员机构类型

交易所	机构类型
CME	银行、投资银行、期货公司、对冲基金、结算与托管公司等
ICE 欧洲	银行、期货公司、证券公司、投资银行等
ICE 美国	银行、期货公司、证券公司、投资银行等
Eurex	银行、证券公司、基金公司等
SGX	银行、期货公司、证券公司、投资银行等
港交所	期货公司、证券公司、投资银行等
B3	银行、私募、期货公司、投资公司等
MOEX	银行、投资银行等
NSE	银行、证券公司、基金公司、期货公司、投资公司等

二是交易所体制转变与运行效率的提升。目前全球的期货交易所采用会员制和公司制两种运营体制。直观比较看，公司制交易所在股东法律责任、运营目的等方面更为明确清晰①。境内期货交易所中，有的实行会员制，有的实行公司制；国际上，公司制已成为主流，多数大型交易所都已经完成了由会员制向公司制的改革。需要注意的是，虽然理论上会员制与公司制差异显著，但在境内的实践中，两类交易所的运作形式差异并不明显：境内交易所都是一方面满足自主盈利，激发内部创造力，推出具有竞争力、服务市场风险管理需求的合约与工具，提升我国定价机制在全球市场的影响；另一方面在产品上市、业务推进、机制创新等环节遵从行政监管统一要求。因此，是否推动境内交易所由会员制向公司制转变只是形式之争，真正需要解决的问题是如何提升交易所的运行和管理效率。

① 会员制期货交易所不以营利为目的，在法律上是法人或公共事业性质的机构；公司制期货交易所以营利为目的，收益按股份分配，亏损则按股份承担，交易所的所有权、控制权和交易权相分离。

三是交易所的上市运作。大多数世界知名交易所都是上市公司，从境内现状来看，无论是证券交易所还是期货交易所，均没有上市运行。一般来说，上市的交易所由于产权归属清晰、决策路径清楚、问责机制明确，并遵守信息披露相关要求，设有透明的治理架构促进自身的安全高效运行，因而能够极大提升自身管理透明度和市场公信力，增强交易所内在创新能力，并为推进以兼并收购为途径的对外业务拓展创造有利条件。走上市化道路虽然是交易所未来的发展方向，但目前对这一开放性命题进行深入讨论似乎还为时尚早。不过，一些新的股权结构改革机制完全可以效仿推广，例如广期所引入社会资本作为股东①，对交易所的市场化改革起到重要作用。其他几家交易所也可以考虑股权结构的创新，这样既有利于交易所在新品种上市、管理人员激励制度以及交易所规则制度等方面进行改革，又可以使党的全面领导更加坚强有力、交易所创新基因得到充分表达。

令人欣慰的是，目前我国期货市场正在大步向更加成功、更加辉煌的方向迈进。交易所各项业务运行平稳，市场机构不断壮大，现有产品市场功能有效发挥，产品体系逐步完善；监管部门对市场主体的自由发展空间更加重视，不断推出有利于期货行业创新发展的政策改革，加速形成市场稳健发展的良好局面。相信在更多参与者的共同努力下，社会对期货的认知将更加科学中肯、更加积极正面，期货的市场功能和服务实体经济作用也必将得到更好的发挥。

---

① 广期所股东构成及股比为：上海期货交易所（股比15%），郑州商品交易所（股比15%），大连商品交易所（股比15%），中国金融期货交易所股份有限公司（股比15%），中国平安保险（集团）股份有限公司（股比15%），广东珠江投资控股集团有限公司（股比9%），广州金融控股集团有限公司（股比9%），香港交易及结算所有限公司（股比7%）。

后　记

水逝云飞，鸿爪雪泥，一晃我与中国资本市场已经结缘近三十年，期间有幸跟随期货市场的发展一同成长，作为亲历者和见证者，既欣慰于期货市场渐成蔚然大观之势，也惴惴于期货产品至今仍常动辄得咎。作为“金融皇冠上的明珠”，期货和衍生品常常因其复杂性而被人误解，甚至在行业内工作多年的人也会出现“知其然而不知其所以然”的情况。有感于此，在日常工作中，我和同事们花费了大量心血去帮助各方建立对期货的认识和了解，但想要实现对期货市场风险与功能的客观认识，尚有距离。草灰蛇线伏脉千里，要想厘清事物本质，还是要回归本源，沿着历史脉络探寻发展规律，在特性对比中加深对规律的认识。我在上海期货交易所和中国金融期货交易所的多年工作中，积累了不少研究心得，同时身处一线的监管经验，又不断加深了我对期货市场运行的理解，因此也给了我将过去的研究整理集结成册的信心。

在本书写作过程中，全球遭遇新冠疫情蔓延，百年未有之大变局加速演变，世界经济增速持续放缓，国际政治秩序深度调整，潜在风险不可忽视。近年来，期货市场上也出现了“负油价”、伦镍异常波动等事件，为市场参与者和监管者带来了新的挑战，我对这些热点问题的思考也在本书中呈现。在写作过程中，我力求由浅入深，根据期货市场历史发展组织篇章，在特性对比中寻找规律，并以期对未来进行展望，最终形成书稿。当然，书中仍然有不尽如人意之处，谨望其能对读者认识期货、发掘当前期货市场面临的机遇与挑战有些许帮助。抛砖引玉，恳请业内专家与读者不吝批评指正。

本书的完成离不开业内专家李辉、蔡向辉、陈晔和黄伟的大力支持，他们对书稿的框架与写作思路提出了很多有益的建议。本书在写作中也遇到了一些问题和细节需要求证，感谢杨建民、冯夏宗、张欣、税煜、胡逸、刘小菁、单双等为拓展本书的深度和广度贡献了智慧，感谢中国财政经济出版社王丽编辑团队提出了大量有益的修改意见和建议。

同时要特别感谢我的老领导李小雪同志和证监会分管期货行业的方星海副主席在本书写作和出版过程中予以的鼓励和支持。

此外，要感谢我工作过的单位，特别是最近十年供职的上期所和中金所；也要感谢一起共事过的各位领导和同事，他们的支持帮助以及我在不同岗位上的历练、与不同人的交流，进一步拓宽了我的视野，也丰富了本书的内容。

最后，还要感谢我的家人，感谢你们对我工作始终如一的支持和理解。

叶春和

2022 年深秋　于上海